ちくま新書

# 中世哲学入門
## ——存在の海をめぐる思想史

山内志朗
Yamauchi Shiro

1734

# 中世哲学入門

——存在の海をめぐる思想史【目次】

# はじめに

## †「中世哲学とは何か」という根源的な問い

中世哲学とは何か。そういう問いを出しておきながら私自身答えを持っているわけではない。ほぼ四十年間、憧れと絶望が絶えず交錯するような状況で私は中世哲学に関わり続けてきた。だからなのか、簡単に答えを出してしまっては、中世哲学に対して不誠実ではないかと私は思ってしまう。

この本の狙いは中世哲学への入口を提供することだ。中世哲学について概略的にでもその姿を示しておく必要はある。しかし、中世哲学という、時間的にも地域的にも内容においても、現代の日本とは隔絶している思想体系を体系的に紹介することは困難この上ないし、個人の能力を超える。したがって、中世哲学のほんの一部を私自身の遍歴と重ねながら紹介することしかできそうにない。

九世紀から十五世紀頃までヨーロッパの教会や大学で講じられた哲学が中世哲学であるのだが、それはどのような内実を持ち、現代に何を伝えようとしているのか。

中世から遡り、古代ギリシアの状況において、哲学は学問という知的営み（エピステーメー）の共通の基礎を据えるべく存在していた。哲学は知の土台を築く基礎工事であり、そしてそれを差配する営みなのだ。基礎学としての哲学を整備し、体系性を与えたアリストテレスは、途方もない天才である。時代や地域、言語の違いを超えて理解できる共通の枠組みを設え（しつら）たのである。様々に批判されることにはなったが、知の普遍性を準備した功績は圧倒的である。

哲学は普遍的な伝達可能性を問い求めるものである以上、いかに区々たる姿をとろうとも、「世界哲学」という側面を備えている。世界哲学とは、地域も時代も超えて成り立つ知的営為へのオマージュとしての言葉である。そしてさらに重要なことは、その普遍性は個別性の中に基礎を持っていることだ。決して疎漏（そろう）なるものにとどまるのではない。哲学はいつも必ず、普遍性と個別性を無媒介的に結びつける心意気の中でのみ成立する営みなのである。

古代ギリシア哲学と中世スコラ哲学は、ヘレニズムとヘブライズム、ギリシア的多神教とキリスト教一神教というように根本的に異なり、哲学への構え方においても徹底的に異なる。融合も総合も絶望的であることを知りながら、両者を結びつけることを厭わなかった。その営為の痕跡が中世哲学だと私は思う。

そういう大陸の西側の人々には自明な前提が、大陸の東側に八百年近い時間の経過の後で伝わってきた場合、東方の人々は、もしかすると、自明であるがゆえに書かれていない前提を気づかないまま通り過ぎているのではないか。東方の人間に西方由来の哲学を学ぶことは可能かどうか、そういった絶望をいつも感じてきた。私自身、頭で理解しているだけで、心ではわかっていないのではないか。

ギリシアに発する「哲学」という概念の普遍性と、それとは相反するがごとく裏側で展開されている、魂の救済への志向との間に存在している心理的な距離感を私はいつも感じてきた。だから私はその埋めがたい落差と乖離を少しでも埋めようと、無理だとわかりながら、ついラテン語の哲学書を開いてきた。

中世スコラ哲学、それが近しく感じられたのは、見捨てられている思想、いや少なくとも私にはそう見える思想だったからだ。煩瑣で難解で無意味で誰からも見捨てられた吹き溜まりの中で放っておかれた哲学なのである。だからこそ、中世哲学は、私にとっての中世哲学であり、そうあり続けてきた。

中世哲学について、ギリシア哲学に範をとり普遍的な視点から語ろうとすれば、人名と書名と概念を数多く羅列する道しかないようにも思う。私自身は、中世哲学に対しては、一人一人の墓に花と線香を上げることが最も正しい追憶と供養の仕方だと思ってきた。ここでもその巡礼道を歩みたいが、膨大な紙数を必要とし、そしてそれを行う用意も私にはない。

## †傷跡としての中世

中世哲学とは、八世紀後半から九世紀にかけてのカロリング・ルネサンスと十五世紀末との間に形成された哲学思想体系と捉えるのが普通だろう。始まりと終わりについて異説はいろいろと考えられるだろう。古代末期のアウグスティヌスの思想は中世哲学に多大の影響を及ぼした以上、アウグスティヌスなどのラテン教父も含めなければ全翼を捉えたことにはならない。終わりとして考えられるのは、バロック・スコラ哲学の星であるフランシスコ・スアレスだろうが、彼は一六一七年まで生きた以上、十七世紀もまた中世と言えないわけではない。

通常の時代区分では中世の後にルネサンスが来て、その後に近世が来て、十七世紀は近世哲学の時代である。一つの時代が一つの思想特徴で一色に塗りつぶされるわけではない以上、色別に塗り分けられる順序だった時代の進行があるのではなく、中世とルネサンスと近世が併存しても奇妙なことではない。広大な領域に分散する諸地域が文化の進行の歩みを同時にするわけではないのだが、全体的に見れば中世は徐々に十六世紀に影を潜めていったと言うべきだろう。いずれにしても十三世紀に盛期を迎え、その後十五世紀末には衰退していった思想の体系である。

中世スコラ哲学という名称は誤解を招きやすいというのも、中世哲学は、スコラ（教会付属の神学校）で展開されたというよりも、十三世紀に確立した大学で展開された哲学だからだ。スコラ哲学と言っても、実のところは名前に反して「スコラ」との関連は薄いのである。

さらにまた、スコラ哲学は煩瑣で無意味な議論を展開する学問という蔑称の意味を持って語られることが多かった。近世初頭の人文主義者が、伝統的学問体系との対立から、戦略的に破壊的な言辞を行ったためだ。その後の人々は、スコラ哲学のテキストを読みもせず、罵詈雑言の方だけ受容して流通させたのである。そして、ラテン語を学ぶことも、初等教育を受ける機会も減り、スコラ哲学を読もうと思っても読める力を失っていったのである。近世初頭には初期印刷本として膨大に刊行されたが、十七世紀以降、中世哲学は衰退していったのである。

そもそも「中世」という言葉そのものが、古代とルネサンスの間の何もない空虚な時代、「つなぎ・空隙」の時代という意味を持っていた。その意味で、中世スコラ哲学という名称そのものが、蔑称であり、傷跡の名称なのだ。中世哲学が十字架のイエスを称揚するための神学であるならば、血だらけの神学こそ中世哲学にふさわしいから、傷跡（スティグマ）として中世を名乗り続けることもよいのかもしれない。

いずれにしても、中世スコラ哲学は、ギリシア哲学とキリスト教思想の総合として整理されることが多い。この整理は誤ってはいない。しかし、心に抗（あらが）うものが起こる。トマス・アクィナス（一二二五頃～一二七四）の『神学大全』の整った形式、しかもキリスト教神学に関するありとあらゆる論点を包括している以上、内容による説明は断念して、ギリシア哲学とキリスト教神学の総合として捉えること、それは正しい整理なのだが、それは早く通り過ぎるための整理ではないのか。

というのも、その整理では中世哲学から何を導き出したいのか、見えてきにくいからだ。しかも、ギリシア哲学とキリスト教神学のそれぞれについて概観するだけで大変な作業であり、さらに両者の総合を試み、包括的に語ることは困難至極なことである。ギリシア哲学とは何かを語り、そしてキリスト教神学とは何かを語る必要がある。

問題は両者を総合することの困難性ということばかりではない。そもそもギリシア哲学とキリスト教神学は調停や総合などできるものなのか。木に竹を接ぐことはできない。恩寵や聖霊をアリストテレスの形而上学に持ち込むことなどできるはずもない。概念の枠組みが異なるものを調停などできるのか。にもかかわらず、それを十分承知の上でスコラ神学はギリシア哲学との両立を図ったのだろう。もしそうであれば、困難さへの取り組みということで歩みを知りたい気持ちも募る。

十三世紀の神学研究、トマス・アクィナスの『神学大全』において、アリストテレスの哲学、イスラーム哲学、教父哲学など様々な思想が豊かに登場するのだが、そこでそういった様々なものの「総合」がなされているとは言いにくい。アリストテレスの実体論が三位一体論と結びついていることはないし、アリストテレスの諸概念は学知についての条件を見定め、その条件を神学に与えるために、基礎として援用されているとは言える。だが、異教であるアリストテレスが神学の中心に入り込むことは当然のことながら慎重に考察されたのである。キリスト教の中心教義である三位一体論はスコラ哲学において盛んに論じられたが、それはギリシア哲学に収まることはなく、そこからの超脱を必要とした。スコラ哲学とスコラ神学とを峻別すべきなのだ。

スコラ神学は、哲学とは異なるものであり、あくまで宗教であって、非合理的なものだと考えるのも奇妙である。たとえば、アンセルムス（一〇三三〜一一〇九）においては、信仰を前提しないと理解できない議論は展開されていない。宗教的というよりも、理路整然とした論述である。神を語りながらも、合理的に議論され理解しやすい理論もある一方で、三位一体論は理解を撥ねつける理論的硬度を備えている。

私にとって、中世哲学とは、ギリシア哲学とキリスト教神学を調停した哲学や神学の流れということではない。もしそういう調停や総合や調和であったならば、ギリシア哲学とキリスト教を学び、その後で学ばれるべき学問ということになろう。

西洋中世では「先行的恩寵」と呼ばれる概念があった。何だかわからないが、心が引き寄せられ、求めずにはいられないものに向かう心のあり方のことである。この心模様は、昔から様々に表現されてきた。それなしに生きる人生は寂しすぎる。同じことは言葉についても言える。言葉というのは、その言葉が伝える意味ばかりが大事なのではない。その言葉が辿り着こうとしているものの共有の志向が人を動かす場合がある。

## †忘却された中世哲学、そして学びの困難

中世哲学の展開された場所についても心に留めておく必要がある。イスラームにもインドにも中国にも日本にもあったのではないか。中世とは西洋にのみ限られるものではない。世界的に成立するのか、中世ということに世界標準が成り立つのかは大きな問題だ。問いかけてみる価値はある問題だ。哲学とはそもそも西洋に特有のものなのか、フィロソフィアというギリシア哲学に固有の枠組みによって拘束されるものなのか、いやそれどころか視野を広げて「世界哲学」は可能なのか、という問いにもつながっていく。ここでは、まだそこまで話を広げるのは無謀でしかないが。

西洋中世哲学に戻ろう。「中世」という名称は、栄光に満ちた古典古代と、栄光の再生としてのルネサンス・近世との間に挟まれた何もない中間の空隙の時代という意味を持っていた。中世という言葉自体が蔑称なのだ。

ローマ帝国が分裂し、東ローマ帝国はビザンツとして残りながら、西方のヨーロッパにおいては、古代において盛んであった文化は衰退し、政治的にも分裂した。フランク王国が成立し、古代の文化の再生が図られるとしても、西方世界では、ギリシア語やラテン語で書かれた古典的テキストも手元にはない状態だった。

古代ギリシアの学問は、アラビアに伝えられ、そちらで継承されていたのである。それがヨーロッパに還流してきたのは十二世紀のことだった。十二世紀に至るまで、文化や思想は修道院の中に細々と継承されるにとどまっていた。十三世紀に入ると、パリやオックスフォードなど、大学が各地に成立し、ギリシアとローマの思想・文化・法律などが再生したが、それも伝統的で保守的なものであったので、近代科学と近代哲学によって乗り越えられるしかなかった、という図式が長らく支配してきた。中世哲学は近世に入って、乗り越えられ忘却されたと語られてきた。

中世哲学に入門することは、哲学の他の分野よりも困難さが伴う。キリスト教を背景としているために、キリスト教の中でもカトリックに関心のある人で特別の機会がないと中世哲学に関心を持たない。クリスチャンであっても、プロテスタントであれば、中世は古い思想であり、関心を持ちにくいだろう。

しかも、中世哲学の使用言語はラテン語である。もちろん、中世哲学を理解するのに必ずしもラテン語に通じている必要はないし、翻訳で十分なのだが、日本語に訳すと難しくなってしまう。無駄な遠回りが多くなる。英語で読んだ方がずっとわかりやすい。これは日本で中世哲学をするには大きなハンディキャップだ。日本語で考えてしまったための遠回りはしばしば起きる。

ラテン語のテキストということは乗り越えがたい障壁である。そして基本テキストだけでもあまりにたくさんある。いくら読んでもきりがないし、読むべき重要なテキストが写本のまま埋もれているとか、ラテン語のまま翻訳されていないということもある。したがって、間接的に、翻訳を通しておぼろげにしか読むことはできない。

現在の日本にも、すぐれた翻訳がたくさんある。そして、中世にいるのと同じような知的状況にある。中世人と似たような状況を喜ばしいと思えれば、これぞ中世哲学ファンである。この本は、中世哲学を読み切れないまま、微細な部分に入り込み、わからないままファンであり続ける人間や、やはりなぜか中世哲学に関心を持ってしまった人々への導きの書なのである。

中世哲学は未踏の大地（terra incognita）だ。中世という名称が、古代と近世に挟まれた、空虚な時代という意味で名づけられ、そして、その時代は信仰と封建制によって人々が喘ぐ、暗黒の時代であった、というのが長い間のイメージであった。近代が、世界と人間の発見であったとすると、中世は人間が忘却された暗い世界であった、という対比で整理されてきたわけだ。そういった中世史観に対して、様々な変更が加えられ、その対比図式がかなり打ち壊されてはきたのだが、まだまだ中世へのイメージは暗い。

## †なぜいま中世哲学なのか

なぜいま中世哲学なのか。中世哲学とは何か、よりもこちらに関心を持つ人が多いかもしれない。中世哲学は十九世紀においてはほとんど論じられなかった。しかし、二十世紀になって忘却の淵から蘇った。特に二十世紀の後半には出版物が増えた。

二十世紀の前半においては、現象学の源流ブレンターノ(一八三八〜一九一七)、独創的な実在論者マイノング(一八五三〜一九二〇)、存在論を根源的に深く研究したハイデガー(一八八九〜一九七六)が中世哲学に光を差し込んだ。ウェーバー(一八六四〜一九二〇)とゾンバルト(一八六三〜一九四一)は資本主義の起源を中世神学の中に探し求め、中世における経済活動に注目をした。カントーロヴィチ(一八九五〜一九六三)の中世における政治と宗教の構図の解明によって、中世思想が現代の課題と直結することが示されたのである。

歴史的な関心というよりも、現代における問題に直結することが示されるようになった。中世論理学が言語哲学、とりわけ意味論へ貢献する枠組みを提供するなど、非合理で素朴でもなく、煩瑣で無内容でもない、中世哲学の姿が示されるようになった。「スコラ的」というのは蔑称であり続けてきたが、中世哲学はスコラ的ではなかったのである。

キリスト教の思想としても、カトリックとプロテスタントの対立だけで考えるのではなく、東方正教会（ロシア正教）において、宗教と国家（民族）がカトリックの世界とは異なる構図を持っていること、イスラームとキリスト教の神学と哲学における交流が世界史にどのような影響を及ぼしてきたのか、考え続けなければならない課題が山積している。キリスト教的背景は西洋の思想を考える場合、不可欠の前提である。

現代のメディア的状況は、私には天使主義的であり、古代のグノーシス主義の再来の側面があるように思われる。そして中世の聖霊主義は経済学にも革命論にも変容しうる源泉となった。たとえば功績（meritum）をめぐる神学は、ルターの宗教改革にも直結したが、魂の救済と幸福のあり方についての倫理学的枠組みの基礎となった。中世哲学は、現代における哲学、経済学、政治学、倫理学の問題において復活を期し、入口の閾に足をかけ、入室を待ち構えている。中世思想の全域を覆うことは永遠の課題であるとしても、放置されたままであることは大きな損失なのである。

中世哲学に蓄積されている思想群を網羅的に紹介することは私にはできないが、そこに入る入口を示すことができればと思っている。中世哲学を一言で語ることは無謀で不可能だが、敢えてそれを夢見るとすれば、中世哲学とは未来への祈りなのである。現世における旅人の抱く未来への祈りなのだ。

**【但し書き】**

以下のところでは哲学用語の後にラテン語を付してある場合が多い。不必要な場合も多いのだが、念のためにつけてある。あまり気にしないで読み進めてほしい。英語に名残が見られるような場合も多いので、その類推で理解しやすいと思うからつけた次第である。余計な親切になっているところもあるだろう。煩瑣に思う場合には、無視してよい。多くの場合、訳語を安心して使えないことについての、読者と私自身への言い訳である。

様々な哲学用語が登場する。できるだけ説明をつけていくつもりだが登場してすぐその場で説明できない場合もある。基本的に初登場した近くのところで用語説明を枠で囲って付しておきたい。どこで説明してあるか、検索できるように索引を付しておいた。

# 第一章 中世哲学の手前で

中世スコラ哲学は、時期としては九世紀頃から十五世紀に至るまで、修道院や大学の神学部で研究され続けたキリスト教を基礎とする一連の哲学の系譜だ。時代としては、キリスト教神学の基礎を築いたアウグスティヌス（三五四～四三〇）を含めて、五世紀まで遡ってもよい。

中世哲学を学ぶためには、キリスト教の知識が必要となるが、キリスト教神学を表面的にでも学ぼうとすれば、キリスト論と三位一体論など様々な教義を学ばねばならない。ここに大きな障害がある。必ずつまずいてしまうからだ。だから、神学には立ち入らず、純粋に哲学的側面にだけ関心を絞り学ぶ者も多いし、それも一つの道である。しかし、それでは中世哲学の大部分は無縁のまま通り過ぎられることになる。

四五一年のカルケドン信条においてキリストが完全に人間であると同時に完全に神であること、神でありながら十字架上では人間としての苦難を人間として受け入れたことは、合理的に考えたい人には理解できないことだろう。しかし、哲学とは理解できることだけを対象とする学問ではない。

こういった中世哲学、スコラ神学と言ってもよいのだが、そこで展開される話題は実に多様であり、登場する思想家も学派も様々である。時代を追って、代表的な思想家を取り上げ、大枠を紹介していくという手法が普通だが、その場合には、中世哲学が全体として何を目指していたのか、見えにくくなるということがある。

ここでは中世哲学の概要について、思想家を中心にして時代ごとに追っていく歩みは取らないことにする。存在論を中心にして、十三世紀に生じた〈認識論的転回〉というものが、イスラーム哲学の影響のもとに生じ、その影響を受けて、ドゥンス・スコトゥス（一二六五頃～一三〇八）の存在一義性や唯名論の流れが成立してきた、ということを基本軸にして述べていく。

本書の論述は時として直線的には進まず、隘路に入り込んでしまうときがある。それは様々な用語説明に入らざるを得ず、まっすぐには進めないことが多いからだ。

これは、私自身が曲がりくねった道を進んできてしまったからでもある。個人史を書いてしまうことも出てくるであろうが、それは、私自身が裏口から中世哲学に入って、迷いながら進んできてしまったということがある。

表の正門から入った経験があれば、「そもそも中世哲学とは」と大上段に構えて話を始めることもできる。私の場合は何の入口かわからないまま入ってみたら、中世哲学だったのである。

そして、そこは密林で遭難してしまう場所が多くあるということもわかった。だから、そもそもこの見渡しにくい中世哲学に、私がなぜ入り込んでいってしまったのか、そこから始めることはある意味で必然的な入り方でもある。

## 1 中世哲学の門前

### †隠れスコラ哲学の徒として

一九七六年に大学に入った。迷うことなく哲学を学ぼうと思っていた。田舎の哲学青年だったので、哲学と神保町の古本屋を目指して東京に出てきた。将来のことなど何も考えないで、哲学の道を心に決めていた。西洋哲学史（城塚登編『西洋哲学史』有斐閣、一九七三年）を一冊読んで何とかなると思ってしまったのである。

当時の哲学科の主流は、カント、ヘーゲル、フッサール、ハイデガーとイギリス経験論（分析哲学）が二大潮流で、それ以外となると古代ギリシア、デカルトやライプニッツといった近世哲学、フランス思想は息をひそめて存在していた。そこには、中世哲学のかけらもなかった。そして「現代思想」の潮流は異端として話題にすることさえ禁じられている雰囲気があった。

一九八五年の夏、スコラ哲学の徒が集まった。東大哲学科の助手、大学院生、学部生が五人ほど集まってドゥンス・スコトゥスの読書会を密かに始めたのである。私もそこに加わり始めてスコトゥスに出会った。

哲学科では中世哲学は縁遠いものだった。中世哲学の講座は戦前、岩下壮一がその候補として期待されながら開設されず、そのままの状態が続いていた。東大で中世哲学の講義が開かれることは年に一コマ程度、非常勤講師によって散発的に開かれるだけだった。トマス・アクィナスの思想も知らぬまま、ドゥンス・スコトゥスという哲学者の存在の一義性という理論が注目されているらしいと、わかりもしない若者達が集まって読書会が始まった。隠れキリシタンのように、禁じられたもののごとく中世哲学は学び始められた。

一九八六年の春、四月頃だったと思う。中野幹隆（一九四三〜二〇〇七）さんから呼び出された。微かな面識はあったとしてもほとんど初対面の状態で、西神田の朝日出版社の社屋に赴いた。

その前に、雑誌の『エピステーメーII』第二号（一九八六年一月刊）に、ロバート・L・マーティンの「嘘つきパラドックスの解法」というかなり長めの英語論文を私の翻訳で載せていた。一九八五年の夏頃に土屋俊さんの紹介で、中世の論理学に関心を持っているらしいという伝聞でその翻訳の仕事が私に回ってきた。そういう経緯のためか、中野さんは私のことを長らく駒場の科学哲学出身と誤解していた。

中野さんは三月に哲学書房を立ち上げたばかりで、会社の将来をいろいろと考えていた。これからの企画を考えるときに、なぜか私に白羽の矢が立ったのである。相談した相手が私ではなく、別の人だったら、哲学書房ももう少し儲かったかもしれない。そして、私は中世哲学に深く踏み込むこともなかったと思う。

翻訳の原稿を渡すときに、中世哲学に関心があって、ドゥンス・スコトゥスを読んでいるということを話した。そのことに中野さんが興味を持って呼び出されたということだ。スコトゥスに出会った頃と中野幹隆さんに出会ったのが同じ頃だったのだ。偶然が人生を決めてしまったのである。

中野さんは独立はしたのだが、新しく哲学書房の部屋を借りることが間に合わず、朝日出版社に間借りしている状態だった。蓮實重彥の『陥没地帯』（哲学書房、一九八六年三月）を刊行したばかりの中野さんは出来上がった見本を一冊私に手渡し、上機嫌だった。「これからは哲学の時代だ。だから、新しい会社にも哲学書房という名前を付けることにした」と意気込んでいた。

哲学なのである。とても驚いた。「本気ですか？」と尋ねるわけにもいかない。青二才の分際で飛ぶ鳥を落とす勢いの編集者にそんなことは聞けるはずもない。文学部の中でも哲学科というのは陽のあたらない地味な世界だった。とはいえ、当時はハイデガー、現象学、構造主義、カント、ヘーゲルなどが盛んに出版されている時代ではあった。私は近世のライプニッツ哲学を地味に研究し、関心を中世に向けている頃だった。哲学がこれからの流行だというのはわかるとしても、なぜ私が呼び出されたのか、理解できないまま、いろんな話をした記憶がある。

哲学書房の会社が独立し、御茶ノ水駅そばのビルの一室に移ったのは、一九八六年の夏頃だったと思う。会社は狭いのでということで、もっぱら山の上ホテルで話をすることが多かった。

## †中世哲学の海に投げ出されて

ともかくも、中野さんは気の早い、気の短い人である。八六年の夏頃出た本の近刊案内に、ドゥンス・スコトゥス『存在の一義性』というのが出ていた。私のあずかり知らないところで案内が出されたので、本人はずっと知らなかった。中野さんから、ドゥンス・スコトゥスの『存在の一義性』の翻訳を頼まれる事態になって、参考文献もない環境で、よい文献はないかと探していたら、なんと新刊案内に『存在の一義性』のタイトルを見つけ、これは助かると小躍りしたら、自分が訳すことになっている本だった。相談もなしに広告が先行したのである。落語だったら笑えるが、当人として巻き込まれると笑えない。それくらい中野さんは気が早かった。私はそんな本が売れるとは思っていなかったし、中世哲学の研究もしたことがなかったし、ドゥンス・スコトゥスのラテン語にはほんの少し付き合っただけだったのである。私は本気にしなかった。

なかなか仕事を始めない私に苛立ったのか、『季刊哲学』という雑誌を企画し、さらに「中世哲学叢書」（第一期全十巻）の企画を立ち上げ、刊行予告を書店に回し始めてしまった。私は泳げもしないのに、中世哲学の海に投げ出された。溺れて、それから少しずつ泳ぎ始めた。

八七年頃から私はドゥンス・スコトゥスを研究し始めなければならなくなった。一九八八年の四月に出た『季刊哲学』第二号に、私は「〈存在の一義性〉の系譜」という論文を載せ、そしてドゥンス・スコトゥス『オックスフォード講義録』の一部分の翻訳を載せたのである。ドゥンス・スコトゥスの中世哲学における位置づけを知りたいと、よい中世哲学の入門書はないのか、という話になって、中世の論理学や、ドゥンス・スコトゥスの存在一義性、〈このもの性〉などをわかりやすく解説し、ドゥルーズ（一九二五〜九五）との関連もわかる本はないかと尋ねられた。そんな本はないと答えた。では新書サイズで書いてくださいと中野さんが言う。できないと答えると、ぜひにと言う。では書いてみましょうかと話が始まったのが、『普遍論争——近代の源流としての』（中世哲学への招待Ｉ）だった。当初企画では、全三巻の大河入門書となる予定だった。だが第二巻が出ることはなかった。中世のイスラーム哲学という限界にぶつかったからだ。

まったく無名の若者が中世哲学入門書を出すのには紆余曲折がつきものだ。『普遍論争』が刊行されるには時間がかかり、紆余曲折があったのだが、その前に一九八九年の三月に花井一典さんと共訳で出したドゥンス・スコトゥスの『存在の一義性』（哲学書房）の話が来る。これについて語ると長くなるので、後で語ることにしよう。いずれにしても、このように私は中世哲学の中に巻き込まれ嵐の海に入っていったのである。

中野さんはなぜ中世哲学に関心を持ったのだろうか。遡れば『現代思想』が一つの機縁だったのだろう。『現代思想』は中野幹隆と三浦雅士によって一九七三年に創刊され、創刊から七五年にかけて蓮實重彥はドゥルーズの紹介を矢継ぎ早に行った。丹生谷貴志のドゥルーズ論、スコトゥス論にも深く関わり、現代思想への深入りを行う方向性も考えられたのだが、中野さんは本格的に中世哲学を紹介する道を目指していたのである。

中世哲学分野への参入という、採算がとれそうもない試みになぜ中野さんがそれほど夢中になったのか、当時の私には理解できなかった。ともかくも中野さんの執念である。だが、あれほど苦労して出した私の『普遍論争』が少しは評判になっても、商売にはならなかったことを反省したのだろう、中世哲学への深入りを控えめにするようになっていった。私の方はと言うとそれとは逆に、世間では中世哲学に対する関心が徐々に高まり、中世哲学関係の原稿依頼が続々と私に舞い込むようになった。私は途方もなく疲弊していった。

どうも今から振り返って考えると、私の中世哲学への入り方に根本的な問題があったようだ。中世哲学は哲学の一分野、正確には西洋哲学史の分野であると思っていて、キリスト教と哲学との隔たりについて見通すことを閑却していた。哲学史の記述には、トマス・アクィナスは哲学とキリスト教神学の総合を行ったと記してある。楽観的にその可能性を疑いもしなかったのである。しかし、両者の絶対的懸隔と調停の不可能性に対する絶望と決断なしには入り込んではいけないことに気づいていなかった。中世の神学者は、そういった不可能性と絶望を両方背負って神学を生き抜いたように思う。これは最初に書いておかないといけない。不可能性を認識すること、そして不可能性に対する心の構えが祈りであることを知ることこそ、中世哲学に入るための前提なのである。今頃になってしみじみと感じる。

## †中世哲学を取り巻く状況の変化

中世哲学は、西欧では、一九七〇年代以降注目を浴びるようになっていた。しかし日本では圧倒的にマイナーな存在である。日本での思想の流行は海外の動向の二十年遅れだと学生の頃に習った。中野さんは未来のことを考えていたのだろう。

日本の大型書店では哲学書のコーナーは広々としていても、中世哲学のコーナーは貧弱であったり、そもそもなかったりする。それも当然である。中世哲学はカトリック神学の牙城であり、カトリックの神学校では細々と教えられ続け、教科書が用いられ、継承されていた。日本でも外国でも中世哲学は基本的に日陰者なのである。

ところが、二十世紀の後半に人々の注目が俄然向けられるようになった。中世哲学はトマス・アクィナスの名前は拝むとしても、哲学の初学者が跨いで通るだけの存在だった。それが風向きが変わったのである。それには様々な要因が考えられる。ひとつには中世の哲学者の著作の決定的校訂版が次々と刊行され始めたことである。『ドゥンス・スコトゥス全集』(一九五〇年〜)、『アルベルトゥス・マグヌス全集』(一九五一年〜)、『ウィリアム・オッカム哲学神学著作集』(一九六七年〜)、『ジャン・ジェルソン全集』(一九六〇〜六五年)などが刊行され始めた。

もちろん、それまでにも代表的な著作集は刊行されてはいた。『アルベルトゥス・マグヌス全集』(ボルニエ版、一八九〇〜九九年)、『トマス・アクィナス全集』(レオニナ版、一八八二年〜)、『ボナヴェントゥラ全集』(一八八二〜一九〇二年)、ヘールズのアレクサンダー『神学大全』(一九二四〜四八年)、ヘールズのアレクサンダー『命題集註解』(一九五一〜五七年)など、主要な思想家の全集はすでに出されていたのである。

これらは多かれ少なかれ編集上の問題を持っていた、そして、どれもフランス綴じのペーパーナイフで一頁ずつ切り開く大型の本で、背表紙も薄く、自分でちゃんと製本しないと読むのに難渋するものであった。読むのが面倒でも、二十世紀後半に次々に出された批判的校訂版の出版は中世哲学研究を大きく先に進めるものだった。

二十世紀後半の中世哲学の書籍は神学者のためだけではなく、もっと広い哲学研究者に向けてのものだったのである。ボヘンスキー『形式論理学の歴史』(英訳、一九五六年)、ベーナー『中世論理学』(一九五二年)、ベーナー『オッカム関連論文集』(一九五八年)など、一九五〇年代に中世論理学が意味と指示をめぐる先駆的な理論を出していたことに注目が集まるようになった。代示(suppositio)の理論は現代の意味論に直結するものとして、その現代性に気づかれるようになった。この代示については、かつて拙著『普遍論争』(平凡社ライブラリー版)で触れておいた。中世で展開された論理思想は古臭いものではなかったのである。そして、ジル・ドゥルーズが『差異と反復』(一九六八年)において、ドゥンス・スコトゥスの存在一義性の理論に光を与え、さらに注目が進んだ。ドゥルーズ一人が、中世哲学への扉を開けたわけではないが、その貢献度はとても高いのである。

それまでの中世哲学のイメージは、数多くの修道院や修道会があって、思想家が数多く登場し、大きな流れがつかみにくい時代だったのである。トマス・アクィナスは、スコラ哲学の最盛期を形成した大思想家として有名であったが、その特徴を把握することは難しく、アナロギアが彼の思想の特徴であるとして整理されることは多いが、それでも、全体が判然と見えてくることは私にはなかった。今でもなお、トマス・アクィナスの哲学をアナロギアという手がかりによって捉えようとする試みは多いようだ。しかし、アナロギアはトマス・アクィナスの思想のほんの一部を構成するだけでしかない。

そういった錯綜とした中世哲学の全貌をわかりやすく書いた本がほしい、という声はとりわけドゥルーズの本（『差異と反復』）が出てから強くなったような気がする。

## 2　存在とは何か

### †中世哲学における「存在」とは

中世哲学の姿は、時代の流れを追いかけ、人物を押さえ、全体を捉えようとすると、どうしても雑多なものの集塊を見出してしまう。中世哲学の中心問題は何か、それを見定めて、中世哲学に踏み込む、という進み方が賢明だ。その場合、存在と本質の関係を考える人は多いと思われるが、それが王道である。とはいえ、「存在とは何か」という問いは、哲学に染まった考え方をしない人からは、どうしてそんなことが気になってしまうのかと、訝られるだけかもしれない。

確かに、にもかかわらず存在概念の濃度と深さにこそ中世スコラ哲学の最奥部がある。幼稚園でも小学校中学校でも、「存在とは何か」を考えてみなさいという課題が出されることもないし、夕方の一家団欒のときに、家族の話題にのぼることもない。私も、子供の頃、哲学という不思議な学問に心惹かれていたとき、まさか「存在とは何か」を問う学問だとは夢にも思わなかった。私自身、田舎の実家に帰ったときに、「何を研究してるのか」と問われても、正直に「存在を研究している」と告白することはとてもできなかった。そんなことを告白された親はどんな顔をするのか、想像するだに恐ろしい。

かつて実存主義が流行したときに、伝統的な形而上学では本質が存在に先立ち、実存主義では存在が本質に先立つ、ということを読んで、少し現代の哲学がわかったような気になったのが大学一年生の頃だった。実存主義に少し胸がときめいた。だがすぐにそのときめきを忘れてしまった。

考えてみると、わからないことだらけである。存在とは何の存在なのか、何を意味しているのか、何を解明しようとしているのか、見当もつかないまま、存在論や形而上学という、あまり役に立ちそうもない学問の内実を知りたくなった。それにはギリシア哲学に遡るしかない。

ギリシア哲学の根本は「存在」にあると言ってよい。アリストテレスが「存在とは何か」を根本問題としたことに示されるように、哲学は「存在」を探究する。その場合、存在は様々な事物の存在していることをも意味するが、もっと大事なのは、様々な学問探究の基礎となり、共通の基盤をなすものとしての「存在」ということが大事だったのだ。「存在」は単純でなく、途方もなく複雑だった。姿を隠し続けるものなのだ。

中世哲学でも存在は基本問題となる。存在と本質が中世哲学の根本問題として考えられることは長く続いた。しかし、ギリシア哲学におけるような学知の基礎としての位置を持つものが存在であり、それを探求するのが哲学であるとすると、中世において、神学の基礎をなすものは「存在」であるとは言いにくい。

中世哲学において、神が主題となるとして、その神は「在りて在る者」であり、アリストテレスの『形而上学』の主題が「存在する限りにおいて存在するもの」であるとすると、両者が重なることは見て取りやすいし、多くの神学者も、中世哲学研究者もそれを道標にしてきた。そして、日本でも京都大学の山田晶（やまだあきら）（一九二二～二〇〇八）は、トマス・アクィナスにおける存在（エッセ）研究を基軸として画期的な業績を積み上げた。山田晶なしに日本に中世哲学は存在しえなかった。日本で中世哲学を考えるとき、一瞬でも彼のことを忘れてはならない。

トマスの存在論はアナロギア説として知られる。それを理解するには、アリストテレスのアナロギア説と、近世初頭のカエタヌス（一四六九～一五三四）によるアナロギア説明を読む必要があり、思ったより面倒である。そして、アナロギア説を批判したものとして、ドゥンス・スコトゥスの存在一義性説があるが、この存在一義性説がかなり難解である。さらにそこに唯名論が登場するというのが従来の図式だった。

いずれにしても、中世において存在はどのように捉えられていたのかは押さえておく必要がある。私自身は、この存在というわかりやすく、自明なものとして語られる概念に、踏み込めば踏み込むほど、違和感を覚えるようになった。

中世哲学において、「存在」は中心問題だ。にもかかわらず、存在とは何かを追い求める心で向かうとはぐらかされる。奥に進めば進むほどわからなくなってくる。だから先走りというか、独断的な見通しをあらかじめ書いておく。中世哲学に長年付き合ってきた帰結としての思いでもある。存在とは何か。アリストテレスが形而上学の根源的な問いとし、中世哲学が追究し続けた問いに簡単に答えを出せるものではない。にもかかわらず、結局わからないままで終わらせるのは、哲学からの逃亡になる。存在ということを独断的に語るとすれば、あるとかないとかいう次元の事柄というよりも、事物であれ生命であれ出来事であれ、世界の中に登場して世界を構成し始め、そのように立ち現れていて、そう記述し、語り、伝えられることが「存在」ということではないのか。

各人の世界が奈辺にまで広がるものとして構成されているのかによって、それを構成するものは変化するとしても、それが意識の審級によって覆われるものにとどまらず、ハビトゥスによって捉えられるものまで広がるとすると、存在は案外大きい領野にまで広がると思う。存在をめぐる心象イメージでしかないが、私はそのように思う。

## †ハイデガーと中世哲学

少し時間を巻き戻す。一九七〇年代における哲学迷走青年の記録だ。大学の授業には半分ぐらいしか出ないまま、下宿の狭い部屋でハイデガー(一八八九〜一九七六)の『存在と時間』に読みふけっていた。その本の冒頭で、それまでの形而上学を批判して、存在は最も普遍的で、空虚で、定義不可能で、自明な概念である、とされている。そのような見方が伝統的な西洋形而上学であり、存在の意味が忘却されてきたと記してある。

その青年は素直に伝統的な存在論の空虚さを信じた。大学の初学年で、『存在と時間』を独学で予備知識もないまま聖典の如く読み進めたが、歯が立たなかった。何度か読み返したが、やはりわからない。ただ、伝統的な存在論の空虚さということが頭に染み込んだ。どのように空虚だったのか、知るべきだと思って、アリストテレスを学ぼうと思い、やはりそれを読み始めた。哲学を謙虚に学ぼうという思いよりも、哲学の諸問題を解決してやろうという思いが強かったので、まずは敵を知るべきだと思ったところもあった。

しかも当時は実存主義が流行し、存在は本質に先立つと考えるのが実存主義で、伝統哲学は存在よりも本質を先立てていたと習った。意味もわからず、そのテーゼに飛びついて、存在ということが少しわかったと勘違いしていた。

その青年は真面目な大学生活から離れ、同じ学年を繰り返すような自堕落な生活に転じていったが、その中で少しずつスコラ哲学への憧れが芽生え始めると、実存主義への憧れも消えて、哲学史が違って見えてきた。ハイデガーへの憧れも時間が経つにつれて、ハイデガーが中世スコラ哲学に深くはまっていたこと、そしてそれから脱出するためのもがきの後で『存在と時間』に辿り着いたことも知るようになった。

ハイデガーが、中世の存在論を無視したことに憤りながらも、実はハイデガー自身が中世から近世にかけての存在論に深く入り込んでいたことを知って、意外な感じを持った。中世哲学を空虚だと否定し、存在忘却に陥っていると批判しながらも、ハイデガーの傷跡である以上、中世スコラ哲学を学ぶ必要があるのかもしれないと思ったのである。私は気づかないうちに中世の深い森に入り込み始めていた。哲学とは人生の傷跡である。

ともかくも、ハイデガーの教授資格請求論文として提出された『ドゥンス・スコトゥスの範疇論と意義論』(一九一五年)を見ると、スコラ哲学へのハイデガーの立ち位置が見えてくる。なお、この論文はスコトゥスのテキスト編集の遅れに左右されていて、この論文はドゥンス・スコトゥスの著作の範疇論のところは、フルノのヴィタリス(一二六〇頃~一三二七)の『事物の本性について』への依拠、意義論の箇所はエルフルトのトマス(生没年不詳、一三〇〇頃活躍)の『思弁的文法学』への大幅な依拠を含む。一九二七年以前においては、スコトゥス全集にはスコトゥスの著作ではないものが多数混在し、多くの混乱を引き起こしていた。偽書が正確に指摘されるようになったのは一九二七年以降であり、ハイデガーのスコトゥス範疇論は歴史的展望を提示する点において重要である。中世哲学研究からもハイデガー研究からも、ハイデガーの教授資格請求論文は邪魔者扱いされているようである。しかし、迷いの中に真実が現出しやすいということもある。私は、スコトゥス偽作テキスト問題があったとしても、学問的価値があり、とても重要で示唆に富む著作だと思う。

『ドゥンス・スコトゥスの範疇論と意義論』は、スコトゥス研究として問題はあるが、十三世紀から十四世紀のスコラ哲学の地図を得る上では照射する力を強烈に有している。というのも、十三世紀から十四世紀にかけて、つまりトマス・アクィナスからオッカムに至る時代の流れは、超越概念の拡張と志向性を哲学に組み込むこと（アリストテレス哲学へ認識論を追加すること）として捉えられるのだが、予言的にその筋道を示しているのだ。

ハイデガーは『存在と時間』（一九二七年）の刊行後、四月から『現象学の根本的諸問題』の講義を行っている。『存在と時間』がスコラ哲学から距離をとっているのに対して、『現象学の諸問題』では、内在的に踏み込んで論じている。存在と本質の関係について、トマス・アクィナス、ドゥンス・スコトゥス、スアレス（一五四八〜一六一七）を並べ、実在的区別、形相的区別、様態的区別と三つに整理している。このような哲学史整理は今では用いられないため、ここでは踏み込まない。古い整理の仕方だが、面白い論点が埋もれている。

ハイデガーはさすがにウィリアム・オッカム（一二八七頃〜一三四七）に立ち入ることはないが、その問題圏をすでに示している。オッカムの唯名論は、破壊的な存在論ではない。唯名論を普遍は名のみのものとして捉えたという整理はその記述として極めて不正確であって、まったく逆に、唯名論は不可能なもの、キマイラも、〈理虚的存在〉ens rationis もリアルであると述べる立場なのである。そして、思想史の流れは思ったよりも過激であった。オッカムは、無（nihil）も実在的であるとまでは言うことはなかったが、十七世紀になると、無もまた可知的である（intelligibile）と語られるようになる。哲学の流れは、無もまた実在的であると述べる方向性にある。

**【コラム】**

この本にはスコラ哲学の用語が多数登場する。巻末に用語小事典を付し、簡単な説明をつけるやり方も考えられる。しかしそれは少し煩瑣なので、何カ所かにまとめて用語説明のコーナーを作ることにした。完全な理解は必要ないとしても、概略的な理解は身につけないと途中から意味不明の文章ばかりになってしまう。途中で枠付きのコラムの説明が入るのは読みにくいのだが、それが必要だと思われる場合には、随時（できるだけ少なく）説明を挿入していく。ご容赦願いたい。〈理虚的存在〉は、私の訳語（山内語）である。後にまた説明を加えるが、重要な言葉なので、あらかじめ予備的説明を加えておく。一般には虚構や知性の構成物として整理される。しかし、知性の作用そのものを知性が対象化するときに、作用そのものが対象化して見えてくる。「知性が理解しているという作用そのものを理解する」という場合である。第二階の知性作用とも、知性作用への知性作用だから「反省的・反射的」作用とも言われる。関係や作用そのものを対象化しようとするときに、十三世紀の哲学者は大きな困難を感じた人も多かったが、そこにアリストテレス的哲学を超出する契機を見出した人々も多かった。十三世紀半ばのパリ大学で起こった流れであり、それを〈認識論的転回〉と呼ぶ人もいる。私が描きたいのは、この〈認識論的転回〉を踏まえた中世哲学史なのである。

ハイデガーは『現象学の諸問題』において、志向されるもの（intentum）＝ノエマに注目し、対象的概念（conceptus obiectivus）、〈理虚的存在〉の問題との重なりを見て取っている。志向性の対象となるものが、たとえ存在していないとしてもリアルなものでありうるが、そこに中世存在論の一つの焦点があったことをハイデガーは見抜いている。

『存在と時間』を読む限り、ハイデガーは中世存在論を存在忘却に陥った思想として低く評価しているように見えるが、中世哲学に並々ならぬ深い関心を寄せていたことは興味深い。その当時、中世哲学のテキストの発掘はあまりにも遅れており、その後、志向性をめぐる重要なテキストが二十世紀末に次々と刊行され研究が蓄積されていることは、中世哲学研究も時代の中で大きく変貌していることを示している。

## 3　スコラ哲学という道程

### †スコラ哲学のスコラ性——異論の列挙と論駁

スコラ哲学のスコラ哲学らしいところは、問題が出され、数々の異論が挙げられ、その後に自分の見解が出され、最後に異論をそれぞれ論駁していくことにある。その際、有力な異論、しかも様々な哲学書を精緻に分析して見出される異論を捜し出し、それらを説明し、その後で、正確に論駁していくことにその真髄がある。

異論の配列様式は十三世紀においては確立していなかったが、時代が進展するにつれ、学派や時代ごとに整理していくことが一般的となった。その結果、学説史的整理が成立し、そういう記述様式が「哲学史」として発展することになる。一つ一つの問題に学説史的展開の章が現れ、それが徐々に長くなっていき、自分自身の見解よりも、異論の紹介と論駁の方が大部分を占めるようになっていった。『命題集註解』はそのような仕方で徐々に膨大なものとなり、学問の形式の秩序をはみ出すようになっていった。『命題集』はアウグスティヌス、アンブロシウス、ヒエロニムス、ヒラリウスなど教父と言われる神学者たちの教義の集大成である。この『命題集』への註解が中世哲学の中核である以上、それらの教義を理解できなくても修得する必要がある。

『命題集註解』は中世のみならず、近世に入って十六世紀になっても執筆されたのだが、その盛期は十五世紀半ばで終えていた。たとえば、十五世紀に活躍したヨハネス・カプレオルス（一三八〇～一四四四）の『トマス・アクィナスの神学擁護』も、題名はともかく、『命題集註解』なのだが、書籍にして全七巻をなし、膨大すぎる量になっている。『命題集註解』は巨大になりすぎ、人間の頭脳に収まり切らなくなった。だからこそ、トマス・アクィナスの『神学大全』が十六世紀以降新たな神学の教科書としての位置を占めるようになる。『神学大全』は読者に対して親切な本だ。

いや、『神学大全』も日本語訳では全九十巻、ラテン語の原文で一冊の大型本にまとめても三千頁ほどになる大著である、『命題集』と同じように、大部すぎるのではないか、という疑問がすぐに湧く。しかし、『神学大全』は構成が明確であり、全体の構成を知っていれば、途中からでも入っていくことができるという点で『命題集』とは大幅に異なっている。『神学大全』は読者に対して親切な本だ。

いずれにしてもここで確認しておきたいのは、スコラ哲学のスコラ性とは、異論の列挙と異論の論駁にあり、「討論」という形式こそ、その不可欠の構成形式となっていることだ。議論の対面性と言ってもよい。スコラ哲学は「一人語り」ではない。もちろん、十四世紀のエックハルト（一二六〇頃〜一三二七頃）を嚆矢とする神秘主義の流れでは、一人語りが目立つようになっていくが、スコラ哲学は討論と論駁が基本なのである。

## †大きな地図としての中世哲学

西洋中世哲学において、九世紀から十七世紀に至るまで無数の神学者が登場する。その概要を知ることすら困難である以上、全体を見たければ中心を据えることが重要となる。十九世紀以降、中世哲学が忘却の中から蘇り、様々な仕方で研究が始まったとき、トマス・アクィナスに中心が置かれたのは当然のことであった。そして、その後に中世を見通すための概観が求められたときに、近世初頭において成立した図式、実在論と唯名論は有力な整理図式であった。それによって、十二世紀を整理することができ、オッカム以降を唯名論、それ以前を実在論と整理すれば、オッカムの末流としてルター（一四八三〜一五四六）の宗教改革を設定することができ、十二世紀から宗教改革を蓋う枠組みができるのである。十九世紀中葉にシャルル・ド・レミュザ（一七九七〜一八七五）が、アベラール（一〇七九〜一一四二）を概念論として整理する図式を提出し、従来の古い普遍論争の図式を破壊し、新しい図式を届けた。それは古い普遍論争の図式を破壊し、新しい普遍論争の図式として定着した。いずれにしても、普遍論争を要にして、中世哲学を整理する図式が確固たるものとして定着したのである。

十三世紀でも十四世紀でも十五世紀でも数多い哲学者たちを思想史の中に配列しようとして、著者の名前すら判然としない写本の山に踏み込む場合、大雑把であれ、整理図式は有効であるばかりでなく、不可欠である。どの教団に属していたか、それも一つの目印になるが、たとえば同じフランシスコ会であったとしても、実在論のドゥンス・スコトゥスと唯名論のオッカムというように、ひとくくりにできない場合もある。だからこそ普遍論争という図式は便利である。しかし同時に多くのものを隠す。リミニのグレゴリウス（一三〇〇頃〜一三五八）が十四世紀に登場し、「唯名論の旗手」(antesignanus nominalistarum) と十五世紀に評されていたとしても、彼はアウグスティヌス隠修士会に属し、いかなる意味で唯名論者であったのか、最近まで理解されていなかったのである。

思想史の流れを整理するレッテルは多くの場合大雑把すぎて、細部に入り込む場合、誤解を招く先入見になってしまう。しかし、そういった地図となる大きな図式がなければ、思想史の流れを概観することはできない。半ば眼を閉じた状態でなければ森全体は見えてこない。

中世哲学は、抽象的な概念を操作しながら、修道院や大学という、庶民とは隔絶された塀の中で営まれる高等遊戯というイメージで見られてきたような気がする。哲学や神学が、エリートのための生業であるとすれば、そう見られても仕方がない。実はかなり生々しい思想だったと思う。

十二世紀において、西欧が技術的にも文化的にも政治的にも上昇の道を歩み、しかしながらその版図は西欧の内部にとどまり、地中海の制海権もイスラームに遅れをとっていた後に、華々しい十三世紀が続き、西欧が短期間に世界の後進地域から先進的地域へと変貌していく時代は、哲学や神学においても、劇的な変化の時代だった。

十二世紀までは一方的に文化的な輸入地域だった西欧が、外からの文化的な移入を期待しなくても、独自の概念装置を無尽蔵に作り上げる生産性を獲得した時代でもあった。

ここで見たいのは、中世哲学を時代ごとに列伝風に辿りながら、古代末期から近世に到るまでの思想の流れを旅することではない。

### †急激な時代の変化とともに

中世哲学のテーマで現代から見て面白いものは、ほとんど無数にあると言ってよい。論理学や認識論がその中心である。概して乾いた思考が求められてきた。

キリスト教神学をめぐる議論は無数に存在するのだが、キリスト教の教義を前提とするもの、ペトルス・ロンバルドゥス（一〇九五頃〜一一六〇）の『命題集』を踏まえたものの場合、予備知識がある程度必要であるし、近世以降、プロテスタンティズムの流れの中では、伝統的な神学の論点が過去の文脈の中で理解されてしまうと、意義を持つとは考えにくいものが多い。恩寵の問題などは、概念の分類において様々な違いはあっても、基本的な枠組みは大きく変わることはないだろう。しかし、三位一体となると、聖霊の位置づけをめぐって、西方教会と東方教会との違い、中世と近世の違いなどが現れ出てきて、収拾のつかない事態が待ち構えている。

個々の問題を紹介するのは思ったよりも紙数を必要とするし、議論が区々たるものになる。私が知りたいのは、実在論と唯名論という対比が中世哲学を見る場合に正しい枠組みだったのかということだ。結論だけ言えば、致命的に誤っている。絶望的に間違っている。ウィリアム・オッカム以降に登場する思想の流れを「唯名論」と呼ぶのは、誤りと言ってよい。実在論も唯名論も程度と強度を有していて、二者択一的な対比を持ち込むことは許されない。それにもかかわらず、そのあたりに大きな変化があったということは確かなのだ。

いつの時代も大きな変化を宿している。西洋の中世、特に十三世紀は端から見ても途方もなく大きな変化の時代だった。

イスラーム世界では、アッバース朝の崩壊による黄金時代の終焉、ヨーロッパにおける政治、経済、軍事、文化、宗教上の劇的伸張、世界システムの成立など、大きな変化が起こった。世界哲学史的大変化であって大きすぎる変化なのでそれをここで羅列したいとは思わない。

思想の上で大きな変化が起こったのは確かだ。カタリ派、ワルドー派、ベギン派といった様々な異端、パリなどに大学が成立し、高度教育機関として発展したこと、スコラ哲学の黄金時代、イスラーム哲学の流入、貿易や流通の増加、為替など金融制度の発達、交通機関の発達、都市の発展、科学技術の進展、農業技術の進展、食糧生産の増加、人口の増加などなど、急激な社会の変化がそこにはあった。

そのような状況の中で、中世のスコラ哲学はどのように働いていたのか。実は、現在における哲学からは想像もできないほど大きな役割を演じていた。政治政策や神学政策に関わっていたばかりでなく、経済思想の変革や科学方法論の進展など、その影響力は様々なところに及んでいる。中世哲学は当時生きた思想だったのだ。煩瑣な概念の森というよりも、巨大で精密な知識のメカニズムだったのだ。

その全貌は巨大すぎるし、話題の多くは現代人にとって時代遅れでもある。しかも、中世哲学は多くの人々には馴染みがあまりない。だから、無理の前で絶望せず、私が考えている入口の話題をいくつか挙げておくことで話を進めていく。

# 第二章　中世哲学の姿

かつて私が『普遍論争』を書いて中世哲学への入門書を目指したとき、西洋哲学史の中世部分の定番的説明として、普遍論争を軸にした紹介がなされていたことを踏まえ、それを入口にして書こうとした。ところが普遍論争をちょっと調べてみると、そういった従来の哲学史は、極めて古臭い図式に基づいて整理されていることがわかった。古臭い普遍論争の図式は破壊されなければならない、その思いを持って『普遍論争』を書き進めたのである。

実在論と唯名論との対立が十二世紀にあって、両者を総合するものとしてアベラールの概念論があるという整理は大きな問題を含んでいた。根本的に誤っていると『普遍論争』では書いてしまったが、私の書き方は極論ではなかった。中世哲学者のほとんど知っていることだった。常識を大声で叫んでしまったのだ。アベラールの概念論ということは成り立たないし、十三世紀を整理することも、唯名論を位置づけることも、これまでの整理ではうまくいかないのである。しかし、唯名論とは何かという重い課題が残った。

知っている人には余計な説明かもしれないが、最初から考えていこう。実在論（リアリズム）という言葉そのものが、とても滑りやすくこの上なく間違いやすい概念だ。文学や美術において、リアリズムとは写実主義である。哲学でもリアリズムは多義的である。にもかかわらず、なぜかよさそうな真実らしい思想という風を漂わせる。だが普遍が物質的事物と同じように、事物として存在するということなどあるはずもない。だが、人間が言語を用いた途端、事物の楽園から追放されたのである。では、普遍とはそもそも何なのか。普遍があるとはいかなることなのか。

認識論においてリアリズムとは、真理とは事物をありのままに認識することだと考える立場である。日常的思考において、真理とは事物をありのまま捉えることだと思う人は多い。しかし「ありのまま」というのは心に甘いが毒となる概念だ。精神を内部、物質を外部として捉えると、精神は内部から出て行くことはできず、内部と外部を比較することはできない。したがって「ありのまま」を確かめることは、原理的に確認不可能である。真理を知性と事物の一致と捉えることはできるはずがない。越えられない境界があることは呪いではなく、道標だ。

リアリズムはギリシアのプラトンのイデア論と結びつけられ、イデアは実在するというイデア実在論、実念論などと呼ばれてきた。「イデア」とは何であるのか。イデアが実在するとしても、そのイデアの実在とは個々の事物の実在と同じなのかどうかで問題が出てくるから、考えると難しい。

そういった事情は中世の実在論でも同じで、「普遍」は実在する、個物に先だって存在するという立場が実在論とされてきたが、普遍とは何なのか、それがわからないと普遍実在論も不可解な概念である。実在論とは普遍が実在する立場と整理してしまうと、違和感を覚える。普遍はリアルであるというのは理解できるが、普遍は存在する、実在するとは言いにくい。普遍はそういう述語を受けつけない。リアルを実在的と訳してしまうと意味が変わってしまう。

実在論という言葉で普遍をプラトンのイデアに近づけ、事物のように捉えてしまうことが多い。しかし普遍とは、アリストテレスの説明を見てもわかるように述語であり、判断の中で現れてくるものだ。

ここはまだ中世の普遍論争を本格的に説明する場所ではない。中世とは大きな変革を何度も切り抜けた時代であったということを私は述べたいのだ。ただ、暫定的にでも、実在論、唯名論の説明はこの辺で行っておくべきだ。

実は、私が中世哲学において語りたいことは単純なことで、「唯名論」が中世哲学をどのように変容させ、近代哲学へと接続していったのかということである。唯名論は、中世哲学史では常に悪者である。悪者である唯名論を打倒することが中世哲学の課題であったかのような記述は多い。唯名論が中世スコラ哲学の黄金時代を破壊した元凶であると見る、アンチ唯名論の人は中世哲学の研究者には多い。そして私自身、ドゥンス・スコトゥスの哲学に関心を持っていたこともあり、実在論に近い立場で考えようとしてきた。だが、近世に至る思想の趨勢の中で、唯名論の流れを否定するわけにはいかないし、それを現代に復興させるかどうかは別問題としても、偏った理解にとどめておくことは、唯名論にとっても、中世哲学にとっても不幸なことである。唯名論嫌いとは病気なのである。

この本の目的は、実在論と唯名論をめぐる基本的問題の構造を十三世紀から十六世紀の思想史の流れにおいて整理することだが、「実在論とは何か」「唯名論とは何か」という問いから始めたいと思わない。それはなぜかというと、実在論と唯名論とを対立させて考えてしまう枠組みを避けたいからだ。この対立図式は、実在論と唯名論それぞれに関する誤りよりもっと大きな誤りに結びつくと思う。

別の図式を立てて話を進めると混乱を引き起こすので、とりあえず実在論と唯名論という分類を使い続けるが、それはあくまで作業仮説であって、氷の舟のように最後は消えていくべきものだと思う。

ただ思想の流れの目鼻立ちだけでも見ておくために、両者の全体的提示は行っておく。実在論は事物の中に真実の起源を想定し、その起源から因果的な過程を介して精神が知識を得る姿に、本来的な認識の形式を想定するものだ。因果的な媒介を重視するのは、リアルであることをレス（事物）との結びつきとして考えているからだ。

唯名論は個体を重視する個体主義の側面を持ち、イギリス経験論に結びつくような経験主義的な側面もある。事物との因果的な媒介性は最終根拠とはならない。事物にしろ概念にしろ、それ自体で独立に存立しているものをリアルと考える傾向があるように思う。暫定的な説明のまま話を進める。

## 1　革命の時代としての中世

### †中世の盛期としての十三世紀

中世の見直しを引き起こす画期的な著作の一つに、チャールズ・ホーマー・ハスキンズ（一八七〇～一九三七）の『十二世紀ルネサンス』（一九二七年、複数の邦訳がある）がある。暗い、文化のない中世というイメージを大きく変える功績を有している。とはいえ、「ルネサンス」という言葉には憤りを持つ人は少なくない。中世主義者からすると、ルネサンス（再生）という概念そのものが、中世は暗黒の時代、文化の死んでいた空虚な時代だったという前提を含んでいて、気に障るのである。

「中世」という概念そのものが、栄光の古代と再び開花した近世との「間」の空虚な時代という意味を持つからだ。「中世」という言葉を聞くたびに苛立たしい気持ちになる「中世」研究者は少なくない。かといって、「中世」に代わる良い名前が思いつかなければ、額の傷跡のようなものとして、その名前を痛みの名残を感じながら背負わなければならないとも思う。名前は案外、その存在者の命運を決することがある。

「十二世紀ルネサンス」という言葉は、十二世紀に華々しい開花があったような印象を与える。しかし、中世の盛期は十二世紀ではなく、むしろ十三世紀である。教皇権が頂点に達したのも十三世紀であり、大学制度が完成してヨーロッパが独自の思想と文化を形成したのも、十三世紀である。十二世紀に焦点が当てられたのは、おそらく十三世紀にはルネサンスが始まってしまうからだ。十五世紀のイタリアこそルネサンス文化の頂点だが、十三世紀末にジョットーの絵画など、ルネサンスの開始が見出される以上、十二世紀を中世の焦点にしたいという気持ちもわかる。なお、「ルネサンス」という言葉について一言述べておくと、ルネサンスはイタリア芸術を中心に生じたかなりローカルな現象と捉えることもできる。

「十三世紀革命」という概念を提起した研究者がいる。フェルナンド・ファン・ステーンベルヘン（一九〇四〜九三）である。「十三世紀における哲学的運動」という講義を一九五三年に行い、それが一九五五年に本として刊行され、邦訳では講義の中の見出しにあった「十三世紀革命」が表題とされて一九六八年に出版された。

ステーンベルヘンは十三世紀後半にパリ大学で盛んになったアヴェロエス主義の研究者だった。十三世紀がなぜ革命の時代だったかと言えば、アヴィセンナ（イブン・シーナー、九八〇～一〇三七）やアヴェロエス（イブン・ルシュド、一一二六～九八）の哲学がヨーロッパに紹介され、革命的な影響を及ぼしたからである。

ステーンベルヘンの整理によると、十三世紀は、①折衷的なアリストテレス主義、②アウグスティヌス的なアリストテレス主義、③ラディカルなアリストテレス主義に分かれるという。ラディカルなアリストテレス主義とはアヴェロエス主義のことであり、イスラームの影響を強く受けていることは確かである。いずれにしても、十三世紀はアリストテレス哲学が大学において広く教授され定着していった時代だった。

中世哲学の大研究者・大権威エチエンヌ・ジルソン（一八八四～一九七八）は、一九二九、三〇年に「アヴィセンナ的アウグスティヌス主義のギリシア・アラブ的起源」という論文を出している。ここで語られているアヴィセンナ的アウグスティヌス主義とは、アヴィセンナの『デ・アニマ（霊魂論）』が十二世紀にラテン語に訳され、広く読まれて成立した思想の流れだ。その『デ・アニマ』については、解説を加え敷衍したものなど、もはや翻訳とは言えないもの（超訳）が多数著されたが、そこには新プラトン主義的影響が強く見られた。そういった傾向が、アヴィセンナ的アウグスティヌス主義と呼ばれた。

十三世紀に、アヴィセンナ的アウグスティヌス主義が典型的に当てはまる思想家がいるのかは判断が分かれるとしても、十三世紀前半に活躍したオーベルニュのギョーム（一一八〇頃～一二四九）などはそう呼んでよいかもしれない。このギョームの著作にはアヴィセンナからの引用が批判の対象としてではなく多数見出され、アウグスティヌスからの引用も多い。そして、この側面はドゥンス・スコトゥスにも見出される。スコトゥスにおいて、アリストテレスの影響がかなり大きいとしても、アヴィセンナ的アウグスティヌス主義の側面は見出される。

## †カトリック神学との密接な結びつき

いずれにしても十三世紀、特に後半はイスラーム哲学の大きな影響を力強く語らなければ理解しにくいところがある。しかしながら、アリストテレスからアヴィセンナ、アヴェロエスを介して、その流れが中世哲学の基軸を構成したと考えると、姿を見誤る。中心軸は、三位一体論など神学的教義にあり、それをアリストテレス哲学が基礎づけることはできるはずがない。これは中世哲学に接する場合に銘記しておくべきことだ。

中世哲学は神学と密接に結びついている。それらのテーマは現代哲学では時代遅れ、いや化石的な思想にも見える。近世初頭の宗教改革を経たのちにカトリック神学でもあるまいと思うのも当然である。しかし、二十一世紀に入って、中世神学の精華が研究され始めたというのも事実である。カトリック神学という党派性に還元されない普遍的で独自の思想の枠組みに気づかれたのだ。

そういったカトリック神学の姿を知ろうと思えば、『命題集註解』の伝統に踏み込むしかない。これは日本における中世哲学研究の立ち遅れている点なのだ。『命題集註解』への参入なしに中世哲学の中心を理解することはできないということは、認めざるを得ない事態なのだ。『命題集註解』は十三世紀から十五世紀にかけてほとんどすべての神学者によって書かれ膨大な数になる。そしてそれらはペトルス・ロンバルドゥス『命題集』への註解なのであって、その起源を知らなければならない。

『命題集』においては、三位一体論、神論（第一巻）、創造論、天使論、人間論（第二巻）、受肉論、救済論、神学的徳論（第三巻）、秘跡論、終末論（第四巻）が論じられている。これらの中で、ロンバルドゥスの記述とはかなり独立に神学的問題の論じられる箇所が定まっていった。たとえば、第一巻第三篇は、神の自然的認識可能性、第八篇は神の単純性、第十七篇は功績論と神の絶対的能力、第二巻第三篇は個体化論というようになっていた。信仰の有無にかかわらず、神の恩寵を正面から考えようとしなければ、中世哲学は画餅以下である。

この『命題集』には、実に数多くの註解が著された。神学の教授となるためにはこの註解の仕事を成し遂げなければならないのである。そういった神学的議論の中で、以下のような問題が論じられていったのである。

少し羅列すると、受肉、位格（ペルソナ）、聖霊、功績（功徳）、恩寵、原罪、三位一体、至福直観、悔悛、義認、神学的徳（信仰希望愛）、カリタス、ハビトゥス、情念、実体変化、能動知性、神の絶対的能力などである。

このようなテーマは、アリストテレス哲学の枠組みでは扱えない。そしてそういった事柄がたくさん登場する。こういったものを、キリスト教神学、いやカトリック神学やカトリック倫理神学として、哲学とは無縁なものと見なすこともできる。プロテスタント神学もある以上、キリスト教信者であっても、上記のような極めてカトリック的話題には躊躇する人が多いと思う。キリスト教徒でないものが、これら神学的議論から哲学的な理論を抽出できるようになるためには、神学的議論を早わかりできる簡便なマニュアルが必要だ。そういったマニュアルと読みやすい翻訳があれば、中世哲学の研究は格段に進むし、それは哲学だけでなく、多くの他の領域への貢献にもなる。

## 2 準備作業として【用語解説①】

## †普遍論争の「普遍」とは何か

普遍論争については、私自身若い頃、無謀にも『普遍論争』と題する一冊の中世哲学入門書を著してしまった。ポルフュリオス（二三三頃〜三〇五頃）が、アリストテレスの『カテゴリー論』への入門書である『イサゴーゲー』において、「普遍が一であるか多であるか、精神の外にあるか内にあるか、可能態であるか現実態であるか」については、難解であるのでここでは論じないでおくと述べたことによって、その課題が中世に引き継がれて、普遍論争になったとされている。

その流れをここでもう一度復習したいとは思わないが、ごく概略は紹介しておく必要がある。「普遍」というのは、一般概念として捉えられがちだが、見逃されやすい重要な論点がある。「普遍」とは述語であり、知性の判断作用によって成立するということが最初の論点となる。述語ということも、命題ということも、知的構成物であり、その背景においてしか普遍は登場できない。

普遍の起源は認識論にある。アヴィセンナの第一志向と第二志向との区別を踏まえて、十三世紀の普遍論が始まった。志向という概念については後で説明する。

十二世紀の普遍論と十三世紀の普遍論の違いはそこにある。普遍論争は、普遍は事物か名称かという存在論や論理学の問題であるように見えて、実は認識論の問題であった。十五世紀になって普遍論の起源が忘却され、論理学の場面に限定されて普遍論争、実在論か唯名論かという対立が現れてくる。

普遍とは第二志向=概念で、これはオッカムも認めることだ。唯名論というのであれば中世の哲学者は全員唯名論者であったということになる。もちろん、それは言わない約束である。実在論的傾向は普遍論争を認識の媒介の問題として捉え、その媒介を因果論的に説明しようとする場面に現れる。視覚現象の説明や光学の現象において示されるように、アリストテレスの主語述語理論、実体論を踏まえるのではなく、別の直観的認識の枠組みでは媒介なしの説明が有力となり、その場面で唯名論的傾向が表れてくる。十四世紀以降、唯名論的傾向、媒介不要論が主流になってくる。この十三世紀に生じた変動こそ〈認識論的転回〉と呼ぶべき事件なのである。

普遍とは〈認識論的転回〉以降の時代においては、知解作用(actus intelligendi)と捉えられる。そこには対象面と作用面があり、その両者をどう考えるのか、それが問題として考えられた。しかし、形象(species)理論が有していた因果論的説明は。光学現象の説明に向いていない。抽象理論は視覚の認知をうまく説明できない。直観的認識の理論が視覚的知覚を基礎としていた音は重要な論点であり、このことと唯名論は結びついている。

十二世紀の普遍論争と十三世紀の普遍論争とは姿が異なっていて、十二世紀まで論理学（カテゴリー論）の話題であった普遍論は、十三世紀においては認識作用が普遍となり、媒介の問題として姿を現す。十三世紀の普遍論争は、アヴィセンナが導入した第一志向（intentio prima）と第二志向（intentio secunda）という枠組みを前提しており、認識論の側面が加わってくる。この「志向」という概念を十分に把握しておかないと、中世哲学はわからないままである。

十二世紀の普遍論争はアリストテレスの『カテゴリー論』を基礎としており、普遍論は論理学の内部での話題であるが、十三世紀の普遍論争は、アリストテレスの『デ・アニマ』も巻き込み、アヴィセンナの志向性理論を前提としており、論理学、認識論、存在論に跨る問題になっている。

## †十三世紀の普遍論を理解するための用語集

十三世紀の普遍論を理解するためには、以下に挙げるような基本用語を押さえておく必要がある。その段取りについて少し説明しておきたい。

これらの用語の説明に入るには、もう少し準備が必要なのだが、準備に時間をとられると、説明が長引いてしまうために、基本用語の説明に入る前に入門書が最後の頁に来てしまう可能性が高い。

またどうしても数多くの人名を紹介することになってしまう。そのためにかつて『普遍論争』を書いたときには、「中世哲学人名称辞典」を巻末につけた。今回も「中世哲学用語小辞典」をつけようかとも思ったが、本文と巻末を行きつ戻りつするのは煩瑣である。それは断念して、本文中にその都度説明をつけることを考えた。理解してから先に進むというよりは、十分な理解ができていなくても、何度か目にするうちにその大まかな意味がわかる程度で進んでいくしかない。

様々な諸概念について、わからないところを残したまま進んでいくという不親切な紹介になってしまうのだが、了承していただきたい。あくまで暫定的な説明でしかないので、理解できないことの発生はすべて著者の責任であり、わからないまま先に行ってよい。第五章でもドゥンス・スコトゥスを理解するための用語集が登場する。正確に理解しようとすると、何冊か解説書を読まないといけなくなる。ここでは以下の説明で進んでほしい。引用が登場し、これまた易しくはないが、何度か読み返していただければ思想の姿は見えてくると思う。

**知解作用・志向**

・**知解作用**（actus intelligendi）——知性認識の作用のことで、知性の認識の働きのことである。対象側面と作用側面に分かれる。これが志向・概念（intentio）と重なる。

・**志向**（intentio）――この「志向」という用語が大事になる。日本語訳としては「志向」「概念」「観念」などが挙げられる。内容においては「概念」と同じであり、知解作用のことでもある。十三世紀に、アラビア語のマアナ（ma'na）、マクル（makul）のラテン語訳として導入され、スコラ哲学の不可欠的基本用語としていたるところで使用された。中世スコラ哲学の核心を一語で表せと言われたら、私はintentioを挙げたい。それはともかく、マアナはアラビア語では、精神の構成要素となるもので、「思い、考え」程度の意味であり、マクルは知性の対象である。マアナという、由来においては曖昧な語の方がintentioの起源としてふさわしいと思う。ラテン語になるとintentioという厄介な概念として通用してしまう。それから生じる一つの問題は、「意図」という意味ですでに用いられていたからだ。この概念はこれからこの本の中で頻繁すぎるほど登場することになる。アヴィセンナに由来する起源が大事で、このルーツを忘れてしまうと話は途端に変な方向に逸れていくことは覚えておいてほしい。

**【メタ説明】**

枠の中で用語の説明をした上で、さらに枠の外に「メタ説明」を加えておく。それぞれの概念がいずれも受容されることへの抵抗力を持っているため、抵抗力を削いでおく作業が必要だからだ。それらの概念の多くは抵抗力を大いに有している。抽象性と普遍性を有しており、いったん理解されれば適用領野を広く有しているが、その分、理解されるのに手間がかかる。概念が精神に染み込みハビトゥスになるには時間と手間と反復が必要なのである。冗長なプロセスが必要なのだ。そのような断り書きをした上で、それぞれの用語に冗長性を与えるためにメタ説明を付していく。

「知解作用」というのは中世哲学に初めて触れる人には奇妙な用語かもしれないが、「知性の理解の作用」のことである。「知性理解作用」では長いので短くなったのだ。「志向」という用語は、中世哲学を理解する際に最も重要な用語と言っても過言ではない。「志向」は「概念」とほとんど同義であり、「概念」として理解して差し支えないが、一番問題なのは、「第二志向」ということである。志向への志向という第二階の作用だが、これについては後に詳しく触れる。

**可感的形象・可知的形象**

・**可感的形象**（species sensibilis）――認識された事物から抽出された認識内容で、質料性と個体性（時間的空間的規定）を有し、知性の直接的対象（対象側面）である。「形象」という、半分はわかるが半分はわからないような語が使用され、知性による外的事物の認識において説明なしに盛んに使用される。形象というのはギリシア語ではidolon（似姿）であって、ラテン語でもidolumと訳された時期もあったようだ。つまり、speciesは「似姿、類似物」ということが本来の意味だったらしい。なお、可感的形象には時間的空間的規定が含まれている。

・**可知的形象**（species intelligibilis）――可感的形象から「抽象」され、質料性のない認識内容であるが、対象側面としてばかりでなく、作用の側面も有している。概念の「素」とも言える。述語・普遍まで構成されれば概念だが、命題の中で知性の対象になっているとは言えないから、形象にとどまっている。可感的形象であれば事物の似姿だが、知性によって構成され、可知的となると、事物と類似しているとは言いにくい。つまり可感的形象と可知的形象において、「形象」は一義性を持っているのか、ということが問題になりそうだ。このあたりが、十三世紀後半において可知的形象不要論が次々と出された背景として考えられると私は見ている。

**第一志向・第二志向**

・**第一志向**（intentio prima）――知性認識の対象側面であるが、知性認識された事物は志向（知性認識の作用）ではないものである。外的事物を対象とする知性の認識作用のことだ。

**・第二志向**（intentio secunda）――知性認識の対象側面であるが、知性認識された事物は志向それ自体であり、認識された知性認識作用そのもののことである。この概念が大問題である。十三世紀後半から十七世紀に至るまで、この第二志向が後で説明する〈理虚的存在〉であるのか、無に近いものなのか、いや知性の働きはそれ自体で見ればリアルだという議論も出てきて、話は極めて錯綜したものとなる。そして、普遍は第二志向なのである。だから第二志向を追いかければ、倫理学的側面や神学的側面はさらなる密林の中の迷走になってしまうが、そうすることによってしか近づけない領域も広い。だが、中世スコラ哲学の理論的側面であれば、その姿をある程度は見通すことができると私は思う。

「志向」という用語は頻繁に中世哲学では登場する。「概念」として理解して問題ないのだが、「第一志向」と「第二志向」との対比については明確に理解し、十分に注意を払うことが必要だ。詳しくは後に改めて説明することになるが、事物を知性が認識し、その事物について有する認識作用またはその内容が第一志向である。作用と内容を区別する場合にはさらに分類がなされるが、それはここでは考えなくてもよい。考えるべきなのは、この第一志向を対象とする志向、つまり第二階の志向作用が第二志向だということである。第二志向は概念の概念、志向の志向であると言ってもよいが、これをどう捉えるかは、普遍の理解にも存在論と論理学の違いにも密接に関連してくる。この第二志向の登場によって生じた哲学的な枠組みの改変が〈認識論的転回〉と言われるものなのである。

**規定性・本性**

・**規定性**(ratio)――ratioというのも中世哲学では頻繁に用いられ、現代人を悩ませる。しかし、中世の人にとっては文脈によって意味は定まり、説明する必要はなかったのだろう。「理性」の意味で使用されることは少ないということは大事であるし、「根拠」の意味で用いられることもあまりない。ratio formalisというのも、スコラ哲学で広く使用される基本用語である。ratio formalisは「あり方、規定性」ということで、深く考え込んでしまうとわからなくなってくる。ratioにformalisが付くのは、「形相性」の説明とも重なりはするのだが、中世以降の人々がratioの強い多義性に迷わないためのサービス精神の現れと考えて、跨いで通り過ぎてもよい。

・**本性、自然本性**(natura)――トマスの『存在と本質』で出会って、難渋した記憶がある。事物が本来備えている性質のことである。日本語の「自然」というイメージや、「本性」という生物や人間が生まれつき備わったものを思い浮かべると意味が歪んでしまう。

スコトゥスにおいて、共通本性（natura communis）という用語で登場するとされている。

どちらも何気なく使ってしまいそうな概念なのだが、ratioというのは、中世哲学では迷走を引き起こす用語である。「根拠」や「理性」という意味で用いられることは文脈にもよるが、案外少ない。数学的な場面では「比」の意味になるが、多くの場合は、「規定（性）」や「あり方」と捉えた方がよい。事物や概念の備えている内実・あり方のことである。

natura、つまり自然本性というのもかなりつまずきやすい用語だ。事物が備えている内実のことなので、ratioや概念と同じように用いられることも多い。したがって、「本性」と訳しておいて多くの場合支障はない。時折、「神によって創造された」という含意が含まれる場合もあるように思われるが、存在論と論理学の場面では、神との関係は考えなくてよい。

**形相的**

・**形相的に**（formaliter）——知性認識の関係（habitudo）において、知性認識するものにおいて、顕在的に成立している側面を指す。この概念も極めて頻繁に登場してきて、二十世紀の読者を大いに悩ませた。十七世紀の哲学者は初等教育で叩き込まれるから迷いもしないし、説明もしないけれど、二十世紀人には難しい。精神による加工を加えないでもそれ自体で成立しているということである。私も馴染むまで三十年かかった。それ自体では概念としては、ありのままの姿を表すものなので、特別の注意を必要としないが、次に挙げる「対象的」とは大きな対比性があって、コントラストが甚だしいことを捉える必要がある。形相的と対象的との徹底的なコントラストが理解できないと、中世哲学の議論はほとんどモヤモヤしたままである。なお、「ありのままということ」も考えてみれば難しくて、同語反覆的にしか説明できない。

ここでまとめて取り上げる「形相的に」「対象的に」「基体的に」「実在的事象的に」というのは全部副詞として用いられる。「形相的」はとても悩ましい概念だ。しかも、近世哲学に継承されることなく、打ち捨てられた概念だ。なぜ打ち捨てられたのか。多義的であり、重要な概念なのに、議論の重荷を背負いながら、背負いきれない概念だからだ。知性による操作や働きを支える事物の側でのあり方を示しているが、とりわけ議論を解明する力を持ってはいない。私にとっては、いつも苛立つ概念である。「正味一キロかな」という場合の「正味」に近いと思う。

**対象的・基体的**

・**対象的に**（obiective）――知性認識との関係（habitudo）において、知性認識されている精神外部の事象とは独立に、精神のうちにのみ存在（tantum esse in anima）を有するものである。これまた、二十世紀人には苦手な用語である。デカルト（一五九六～一六五〇）が、神の存在証明において形相的概念と対象的概念との実在性の対比を使って論証としていたが、かなり意地の悪い論証だと思って、その意地悪さを好ましいと思うようになってしまった。これもアヴィセンナに由来し、哲学に定着させたのがペトルス・アウレオリ（一二八〇頃～一三二二）であり、それを普遍論争に適用したのが、オッカムである。対象的という言葉を使いこなせれば、中世スコラ哲学では上級者である。これから嫌と言うほど登場し、最後まで読者を悩ませることになるはずである。説明不足のままだが、以下の流れの中で反復しながら捉えてほしい。

・**基体的に**（subiective）――知性作用の様々なものや、様々な偶有性や述語を支える実在的な側面を指し、認識された事物の面にも、認識する能力の面にも適用される。したがって、「主観的」の意味でも「客観的」の意味でもない。本書では大きく活躍する概念ではない。

精神に映じる限りでのあり方が「対象的に」ということなのだが、近世以降は意味が転倒し、客観的な事態を指すようになってしまった。転換点となる時期はカント（一七二四〜一八〇四）の少し前の時代（十七世紀ドイツ）だと私は思っている。カントに影響を及ぼした認識論（グノストロギア）の流れの中で捻じれが生じたようだ。ともかくも、対象的ということで近世的な転倒に惑わされなければ、つまずくことは避けられる。

「基体的」ということは事物に帰属するあり方を指すから、認識する精神とのあり方とは別に、客観的な根拠を持って成り立っているということである。これも捻り（ひね）はない。

**実在的・事象的**

・実在的・事象的に（realiter）——知性認識の関係において、知性認識するものとは独立に考えられている対象そのもののあり方を指す。〈もの〉（res）という概念が、西洋では具体性を持ったリアルなものだったのに、イスラームでは、非存在者を含む意味を持ったために、超越概念に〈もの〉が含まれ、イスラームでの使用法も気づかれると理解しにくいという状況が生じ、混乱が起こった。さらに、実在的（realis）という語は、確固たる実在性を備えた意味合いから、十三世紀後半、〈認識論的転回〉が起きると、意味合いは徐々に実質を失い、事物の中に持っていた根拠を失い始める。事象性概念の希薄化として中世スコラ哲学の歴史を辿ることもできると私は思う。本書では、「実在的」という語で記していく。「事象的」では読み飛ばしてしまうからである。

「事象的」ということは思ったよりも面倒である。「実在的」と訳すと、「実際に存在する」という意味が表面に出てきて、大きな誤解を生み出してしまう。しかし「事象的」では哲学概念として定着していないし、言葉としてもフンワリとしすぎていて落ち着かない。「実在的」「事象的」のいずれも私の好むところではない。「リアル・レアル」では訳したことにならないので、「実在的」を選ぶことにする。事象の側に根拠を持っているのだが、しかしそれに対して知性の操作が加わっていても、事象的でなくなるわけではない。事象の側にあるあり方への追跡可能性（トレーサビリティ）のことを事象性（リアリティ）として捉えると理解しやすいと思う。

**〈理虚的存在〉**

・理虚的存在（ens rationis）――これは決定的に重要である。本書の主役であり、中心である。第二志向と〈理虚的存在〉と対象的との関係がわかれば、普遍論争については基本を理解したと言える。〈理虚的存在〉とは、知性によって構成されたありかたである。これまた十三世紀の半ばに登場し、命名の根拠が確定されないまま、頻繁に使用され続けた概念である。〈理虚的存在〉は無に近いものと解される場合が多かった。ところが外的事物の存在が捨象されて考えられると、認識対象が存在しない場合、対象側面が捨象されて、認識の作用と内容のみが問題とされて、認識作用そのものを認識対象とする自己反照的（反省的）あり方を指す場合が多くある。つまり、第二志向と〈理虚的存在〉が同じものと考えられる場合も少なくなかった。〈理虚的存在〉であるがゆえに虚構だということではなく、リアルで実在的な存在だと捉える場合もあり、それがオッカムの立場である。ともかくも、この〈理虚的存在〉は、中世哲学の中心概念である。とにかく、中世哲学を存在論の世界と考えてしまうと、裏切られることが多いのは確かである。

〈理虚的存在〉というとても扱いにくい概念が出てきたが、この入門書は、極端な言い方をしてしまえば、この〈理虚的存在〉への賛歌と言ってもよい。

さて、こういった用語説明を踏まえて普遍論争のファサードを紹介しておく。まず普遍論争において「普遍は第一志向か、それとも第二志向か」ということが問われ、第二志向であるというのが十三世紀的な解答であり、ここから普遍論争が姿を現すと言ってよい。この場面では、実在論か唯名論かという対立は、そういった立場の名称があるかないかということではなく、ほぼ全員が第二志向と考えているので、二項対立的な論争にはならない。敢えて言えば、後世の分類を踏まえると、全員が唯名論者（概念論者）なのである。

十五世紀はこういった道具立てを忘却して、普遍は名称か事物かを問うものと理解してしまった。その時点で実在論と唯名論という対比から構成される普遍論争が出来上がるのである。

## †普遍と志向

普遍は第一志向ではない。もし第一志向であるとすると、普遍が事物として存在していることになり、普遍の物象化を夢見るという、プラトニズム以上のウルトラ・プラトニズムが生じる。普遍は可感的形象でも可知的形象でもない。これは明らかだ。普遍は知性の認識作用だが、第一志向ではなく、第二志向であり、その場合に、対象となる事物（複数の個体）の現実存在を前提しない以上、対象的存在（esse obiectivum, tantum esse in anima）や〈理虚的存在〉であっても、普遍は普遍として成立しているのである。

普遍が事物（res）から独立して、その実在性を独立に持つようになって、普遍は普遍としての条件を獲得するようになった。知性の知解作用そのものを対象とすることも、普遍のあり方になっていったのである。

論理学は、第二志向と言われる〈理虚的存在〉を対象とする。そして、形而上学は実在的存在（ens reale）を対象とするということで棲み分けがなされ、その違いが後に「古い学者、伝統的学者 antiqui」と「新しい学者、現代的学者 moderni」の違いにも反映することになった。普遍が第一志向なのか第二志向なのか、ということは普遍を扱う権益がどの学問に属するかとも関連してくる。十四世紀、普遍は論理学の中で論じられるようになっていく。すると、普遍については、どうしても唯名論が主流になっていったように見えてしまうのである。しかし、唯名論が普遍に関する理論とは限らないこと、そもそも唯名論という名称が何を意味しているのかを考えるとき、実在論と唯名論という対立も根本から考え直さねばならなくなるのである。〈理虚的存在〉を扱うことが論理学の課題となり、実在的存在のすべてを扱うことが形而上学の課題となったと整理できるが、その場合、実在論と唯名論という分類は対立を表すのではなく、学問領域が異なっているだけ、つまりディシプリンの違いになる。両者の学問は十四世紀以降、分かれていった。実在論と唯名論は、学問分類に基づく方法論の違いという側面を有している。〈理虚的存在〉はもともと実在的なものとして捉えられていたが、名のみのものと見なされるようになっていき、オッカムは〈理虚的存在〉を実在的なものと見なしたのである。

普遍論争を整理しようと思えば、面倒ではあっても、第二志向の理論と〈理虚的存在〉の内実を知る必要がある。

## 3 課題としての唯名論

### †唯名論は「憎まれっ子」ではない？

唯名論は圧倒的に評判が悪い。普遍に関して唯名的＝名のみのものというばかりでなく、何であれ、その当のものを「唯名的」と記述するのは批判的な文脈においてである。「唯名論」とは言葉上の意味において、悪口を言う批判屋という様子がうかがえるのである。哲学史においては黄金時代にあった中世スコラ哲学を破壊したのが、オッカムの唯名論であるという「唯名論破壊者史観」が幅を利かせてきた。ルターの宗教改革の起源でもあり、近世哲学の主要基調でもあり、近世哲学を切り開いた立役者とも言えなくはないのだが、唯名論は、共感を持って「我こそは唯名論を支持する」と声高らかに主張する人がいないのを見ても、今も昔も、憎まれっ子として存在するために名付けられた名前、つまり呪われた名前のようだ。

そういった状況の中で、中世後期から末期にかけての唯名論の流れを追究した研究者が存在する。ルターの宗教改革の源泉として唯名論を捉え、そのオッカムとルターとの間を結びつける系譜の探究に全力を注いだ。ポール・ヴィニョ（一九〇四〜八七）、ハイコ・オーバーマン（一九三〇〜二〇〇一）、アリスター・マクグラス（一九五三〜）、コートネイ（生年非公表、一九八〇年頃盛期）などが、ルターの思想に先立つものとしての唯名論の系譜の定式化に精力を注いだ。彼らの献身的な研究のおかげでずいぶん解明された。たとえばコートネイは、オッカム以降の「唯名論」という立場と名称の形成を文献学的に追いかけた。

オーバーマンは神秘主義と唯名論の結びつきを見て取ったが、その結びつきを十分に示すことはできなかった。ここに私は決定的な契機が潜んでいると思う。つまり、神秘主義も唯名論も、勃興しつつある市民階級がそれを担う思想であり、彼らが自らの哲学的・神学的・政治的・経済的基盤の基礎づけを行うために構築していった思想であるということだ。私が示したいことの一つは、このことである。

唯名論は市民社会の基礎づけ理論であったのであり、それが内面と外面の調和をもたらすためには、つまり、ウェーバー（一八六四〜一九二〇）が『プロテスタンティズムの倫理と資本主義の精神』で示そうとしたように、営利への行動が営利への欲求に基づいていないという禁欲主義の精神が資本主義を成立させたというパラドックスを説明することが必要である。近代の人々もまた、営利のための営利が滅びの道であるということ十分に知っていたのだ。唯名論という言葉の表面に騙され、破壊的なものとしてばかり見出すのは誤っているのだ。

日本語で唯名論を理解するための土台は、渋谷克美と清水哲郎によって築かれた。唯名論嫌いの風潮の中で楽な仕事ではなかった。唯名論とは大きな思想潮流である。唯名論とは普遍の存在論的問題に還元されるものではなく、倫理的に大きな枠組みの再編を求めるものだった。それが宗教改革に結びついていくのである。それが、『命題集註解』第一巻第十七篇を舞台として闘われたのである。つまり、神の絶対的能力の問題がそこで論じられている。その論戦の火ぶたを切ったのがドゥンス・スコトゥスだったのだ。

唯名論の流れについては私自身も、「唯名論と中世における倫理学の構図」(『倫理学年報』第六十四集、二〇一五年)、「唯名論と中世末期の倫理学の構図」(座小田豊・栗原隆編『生の倫理と世界の論理』所収、東北大学出版会、二〇一五年)、「西洋中世における神学の方法と体系化――ロンバルドゥス『命題集』への註解をめぐって」(村上勝三編『越境する哲学』所収、春風社、二〇一五年)と、ほぼ続けざまに三本の論文を書いた。

この三本はすべてロンバルドゥス『命題集』第一巻第十七篇についての中世神学者たちの立場の違いを示し、唯名論者と言われる人々がどのような理論を提示したかを扱った。そこには神の絶対的能力が登場し、この扱い方に唯名論者の特徴が現れるのである。絶対的能力と対比的なものが秩序的能力なのだが、この神の絶対的能力／秩序的能力を踏まえなければ、唯名論を理解することはできないとも言われる。

この中世後期の唯名論の系譜について説明することは、古くはオーバーマン『中世神学の結実』（一九六三年）に始まり、長い間排除・抑圧されてきた唯名論にも光が差すようになった。

ありがたいことに邦訳でその流れを読むことができるようになった。オーバーマン『二つの宗教改革――ルターとカルヴァン』（日本ルター学会・日本カルヴァン研究会訳、教文館、二〇一七年）、アリスター・マクグラス『宗教改革の思想』（高柳俊一訳、教文館、二〇〇〇年）、アリスター・マクグラス『ルターの十字架の神学』（鈴木浩訳、教文館、二〇一五年）などがある。特にマクグラスの『ルターの十字架の神学』では、十四世紀の唯名論の思想が倫理学においてどのように語られ、十五世紀末のガブリエル・ビールに伝わり、ルターにどのように継承されたかを示している。また日本語で読める重要基礎文献として、金子晴勇『近代自由思想の源流』（創文社、一九八七年）がある。本書では、唯名論の倫理学的側面に立ち入る余裕はない。上記の一連の書籍を参照してほしい。

本書では唯名論の哲学的側面に注意を集中する。ここで、唯名論を一言で紹介するという無謀を少しでも果たすためには、工夫が必要だ。そこで、唯名論の三つの顔ということを考えた。

### †唯名論の三つの顔

唯名論とは何かを語るためには準備が必要で、あらかじめ前提を書いておく必要がある。さもなければ、唯名論を語ることがどこに行きつくのかわからないからだ。唯名論についての概略的なイメージは存在論、認識論、倫理学、神学の場面で、直接性を重視する傾向であり、直接的でないものとは、途中にくる媒介やメディアや組織を仲介することでしか物事は成立しないとする立場に対抗するものである。個体化においては個体化の原理という媒介の働きを持つ普遍の一種を否定し、認識論においては媒介的な役割を果たす可知的形象を否定し、神学においては、神と信者の間に位置する教会制度を否定するものである。普遍を名のみのものとして否定するというよりは、媒介性を脱却して、直接的に語ろうとするものだ。媒介には細かく分析していけばさらに媒介を設定できるから、そういう傾向に対抗することは「オッカムの剃刀」という節約の原理とも重なってくる。必要以上に存在者の数を増やすべきではない、と整理されたりするが、それは存在者の数という量的な問題ではなかったのである。

　唯名論は嫌われがちなためか、今でも唯名論をわかりやすく語る一冊の本はないようだが、唯名論を語る人々は倫理的側面に注目し、神の絶対的能力の強調を特徴として挙げる。義認に必要なものは人間の義しい行為でも功績でも恩寵でもなく、神の絶対的能力があれば、何もなくとも義とされうるということである。この意味は一般庶民の宗教生活を考える上では決定的に重要である。

## ①神の絶対的能力

「神の絶対的能力（potentia Dei absoluta）を認めることと、存在論的意味での唯名論を採用することには互いに極めて緊密な関係にあり、両者は表裏一体となりノミナリズム的な思想の明確な特徴をかたちづくっている」（小林公『ウィリアム・オッカム研究――政治思想と神学思想』勁草書房、二〇一五年）と言われるように、神の絶対的能力は唯名論において不可欠な要素である。

「人間は被造的恩寵なしに救済されることがあるか」という問いに対して、神の絶対的能力によれば可能であるという答えが出されている。神の恩寵が人間の側で受容され、それに見合う行為を伴えば救済されるはずだが。人間の側での応答なしに救済は可能であるというのである。これは神の全能によるのであるならば、人間の働きなど無関係に人間の救済は可能であるということだが、これはあくまで可能性の次元においてであって、一見極端に見える主意主義的見解は外面的行為主義や帰結主義を否定し、信仰主義を導き出すものだったと考えるとわかりやすい。これはルターの信仰義認論への一里塚だったのである。

## ②抽象的認識、直観的認識

抽象的認識と直観的認識という枠組みはドゥンス・スコトゥスが提出したものだ。現前する事物に対して持つ認識が直観的認識であり、事物が不在の状態で成立しているのが抽象的認識である。これは新しい認識の枠組みで、大きな影響を与えた。アリストテレスとトマスの認識論の枠組みは因果的に媒介された過程を重視し、その過程を追跡することが認識過程の説明となった。その場合、感覚的なものから知性的なものへの移行において必ず落差が生じる。その落差をどのように媒介するのかがその説明の要となった。

スコトゥスの認識論はアウグスティヌス的な枠組みを前提し、因果的に認識過程を再構成するよりはむしろ事物が目の前にあるのかどうか、人であれば対面的な出会いになっているかどうかに焦点があった。神学的な話題が基礎となっていて、「至福直観（visio beatifica）」へと方向づけられる側面が強かった。

アリストテレス－トマス的認識論においては可感的形象や可知的形象といった因果的な媒介が重視され、その過程を連続的に説明することが目指されたが、スコトゥス的な直観の枠組みでは媒介による因果的再構成よりは、対象が現前しているか否かが問題となった。つまり、対象との直接的な関係性が重視されたのである。可知的形象への批判が十三世紀後半以降に強くなっていたが、それは可知的形象が認識の過程を飛躍なく説明することにあまり寄与していないという論点を踏まえたものであった。イスラームから入ってきた光学の枠組みは、錯覚、残像、分光など伝統的な因果論的認識の枠組みでは説明できないことを踏まえて、新しい認識論を形成しようという意気込みに対応するものだった。認識における因果的な媒介の除去が直観的認識論の根幹をなし、これは唯名論の特徴である媒介の否定と軌を一にするものだったのである。オッカムにおいて、可知的形象は否定され、代わりにハビトゥスという習慣的能力が置かれることになった。

抽象的認識においては、知性は個物が不在のときも実在しないときにも当の個物を表象できるということが重要な特徴である。また可知的形象という道具は不必要であり、認識の過程を何ら説明していないと考えた。オッカムにおいては、可知的形象は不要であり、その代わりに提示したのがハビトゥスだったのである。

実在しないものの直観的認識を認めたことでオッカムは懐疑論者に位置づけられることになった。神は間接的に、つまり第二原因を媒介にして自分がなすことを、無媒介的に、つまり第二原因を介することなく行うことができるという原則を有していた。これは神の絶対的能力を行為すれば可能である。直観とは絶対的なもの（res absoluta）であるという主張はわかりにくいがそのような背景を持っていたのである。

**絶対的**

「絶対的（absoluta）」というのは中世哲学では決定的に大事で、しかも唯名論を理解する場合にも最も重要な概念である。現在では「絶対的」とは他に並ぶものがない、他との比較・対立を絶しているということで、最も強大な権力にふさわしい概念だが、中世では他のものから切り離されたそれ自体での在り方を指す。絶対的な事物（res absoluta）とは強力な事物ではなく、他の事物から切り離された存在である。ロビンソン・クルーソーこそ絶対的な人間なのである。並ぶもののない権力を持った人間が絶対的な存在ではない。「神の絶対的能力」という概念が登場して、被造的な恩寵を持たない人間が救済されうるか、という問題が論じられるとき、神の絶対的能力によっては可能であるとされる。奇蹟のことが考えられているのではなく、論理的可能性だけを考えれば可能だということだ。これが論理神学や認識論に適用されるとアクロバティックな議論が登場する。この神の絶対的能力を持ち込むことは、無媒介的な説明を導入することになる。そして、この絶対的能力を重視するのが唯名論であるというのは極めて重要である。

直観的認識は過ちえないという前提に立てば、不在のものについての直観的認識をオッカムが認めたはずがないという解釈になるが、これはなかなか難しい論点を含んでいる。直観的認識か抽象的認識かは、その認識の最中にある限りでは区別できず、認識の最中と、認識を区別できるメタ認識に立てる時点での認識とは区別すべきだというだろう。

オッカムの抽象的認識の枠組みはドゥンス・スコトゥスから継承したが、このドゥンス・スコトゥスの抽象的認識もまたアヴィセンナの〈純粋本質〉を抽象的認識に適用したものと考えることができる。

直観的認識は、暗黙的に現前の確認を要請している。人間は幻覚を見る場合も、幻覚を観察者として体験しながら、第三者的な視点から外なる視点を確保して幻覚か否かを同時的に判断することはできない。人間は当の現場においては、抽象的認識であろうと、抽象的認識なのかを同時に判断できないまま立ちすくんでいるのである。

## ③普遍の問題

普遍の実在性ではなく、普遍を個体化する原理の問題であり、普遍と個体化の原理との間に区別を認めるか、個体化の原理を不要とするものが唯名論であった。

人々は唯名論やノミナリズムという名称によって、名は体を表すということを信じて、名前にふさわしいものとして名称主義的に唯名論を捉える。唯名論ほど名前にふさわしくない思潮はないのかもしれない。唯名論という名前にふさわしいものが存在しておらず、にもかかわらず唯名論という名称が流通しているとしたら、唯名論という言葉が唯名論的に流通しているとも言える。

一言で唯名論を説明せよというのは暴挙だが、それに敢えて答えようとすれば、「直接的存在論の系譜」と答えたくなる。少なくとも、普遍の唯名性は道を見失いやすい道標だ。唯名論は名称の成立においても、内実においても、憎悪と対立に巻き込まれ、理解しやすさを剝奪されているのである。

ますますわからなくなってきたという方がいたら、ここでも謝るしかないが、「**唯名論は、普遍を名のみのものと捉えた**」という有害無益な説明を排除するためには必要な作業だということでご容赦を願うしかない。

次の章では、普遍論争の手前にある存在の問題から入っていく。「机が目の前に存在する」という場合の〈存在〉が問題になっているのではなく、〈存在〉という問題に向かう場合の中世人の心の構え、いや、ハビトゥスと言いたいのだが、それを少し見ておきたいのだ。〈存在〉というのは、認識する人間の方が世界というハビトゥスを構成する際、その世界の中に現れるようになる、いや、現れることを認め、気づくことを意味しているように思われる。ハビトゥスという語は「心の習慣」という意味である。バークリは「存在するとは認識されることである（Esse is percipi）」と語ったが、私であれば、「存在するとは世界の中に生じることである（Esse is nasci in mundo）」と言ってみたい気持ちになる。おそらく中世の人も似たように感じていたと思う。いずれにせよ、存在という言葉はもう少しいろんな意味を込めて使用しているが、ここでは素通りして先に行く。

# 第三章 存在の問題

中世哲学を語る場合、「存在とは何か」という問いを避けて通ることはできない。「存在」という概念の特殊西洋哲学的性格に気づいてこそ、哲学に入門することができると今になって私は感じる。私は、存在ということを普遍的で無味乾燥で自明な概念だとは決して思わない。

## 1 隠れたるものとしての存在

### †「存在とは何か」という思考の迷宮

二十世紀は、現象学と分析哲学の時代と言っていいのかもしれないが、存在論の時代とは言いにくい。実存主義は一時的に流行したが、存在論という言葉は、二十世紀の後半において時代遅れであり興味を持つことは難しかった。だから、ドゥルーズが存在の一義性を『差異と反復』で主題的に取り上げたときには私は驚いたし、ドゥンス・スコトゥスの存在の一義性にも関心を持ちにくかった。トマス・アクィナスの存在のアナロギアも時代遅れとしか私には見えなかった。だが、思想史の中で存在の問題に入り込むと、古代ギリシア、イスラーム哲学、中世哲学の諸相と、実に複雑怪奇であって、途方もなく複雑なことがわかってきた。「存在とは何か」という問い自体は泥沼であって、何気なく入り込むと抜け出ることもできず、わからないままということも起きる。とても個人的な感じ方なのかもしれないが、少なくとも私にはそうだった。存在とはクワインが語ったように、量化の問題でしかないというのであれば、そういう「存在」は中世哲学の「存在」とはまったくの別概念であるということがわかった。

中世哲学研究者においても、存在は同じような仕方で理解されているとは到底思えない。ジルソンの『存在と本質』という著書、トマス・アクィナスにおける存在のアナロギア、ドゥンス・スコトゥスにおける存在の一義性、そして両者の対比を見てもわかるように、存在の捉え方は決定的に重要でありながら、それだけで中世哲学を覆おうとすると見えなくなるところがあまりにも多いのだ。もちろん、山田晶の『トマス・アクィナスの《エッセ》研究——中世哲学研究　第二』(創文社、一九七八年)もあり、これは中世哲学研究者が必ず読まなければならない根本的書物である。

「存在とは何か」という問いは、アリストテレスの中でも中心的問題だし、中世哲学においても盛んに論じられた。存在とは何か、ということが直接論じられるわけではないとしても、神の存在証明においては、存在と本質の関係が決定的に重要になるし、存在と本質の関係は、サルトル（一九〇五〜八〇）の「存在（実存）は本質に先立つ」という言葉によっても、重要であることはすぐにわかる。

私は大学に入って、哲学を学ぶための前提知識としてアリストテレスの哲学があることを知り、アリストテレスの『形而上学』を読み始めたが、これは初学者にとって歯が立つ代物ではない。ギリシア語も学び始めたが、こちらはすぐに挫折した。

導きは必要だ。出隆『アリストテレス哲学入門』（岩波書店、一九七二年）という、アリストテレスのテキストから基本的なところを抜粋してまとめたアンソロジーの形式をとったよい入門書があり、運よく神保町でそれに出会い、購入し、それを何度も読んだ。いつかギリシア語で読んでみたいと強く思った。

存在を語るための基本的な用語、本質、ロゴス、実体、偶有性などは使えるようにはなったが、「わかった」という気にはなれなかった。言葉に出し、語り、文章にして、論じることは少しできるようになった。しかしわからないというのが正直な気持ちだった。

今でも、このわからないという気持ちは残り続けており、それは消えることはない。もしこのわからなさを気持ち悪いと感じるのであれば中世哲学、さらには哲学から出て行った方がよい。この気持ち悪さを気持ち悪いと思いながら、不快さを感じながら考え続けることが哲学だと思う。

わからなさを伝えることも任務として成立すると思う。私もまたわからないまま存在について何本も論文を書き、たくさんの言葉を費やしてきた。しかし書き連ねられた言葉は風の音のような空っぽの響きばかりで、わかったという思いは漂わない。いや、わかるとかわからないとか言うことが、存在ということに立ち向かう場合に重要なことかもわかりはしない。存在をわかろうとすること自体、暴力的ではないかと思ったりする。だから私はハビトゥスを哲学の基体だと感じる。

日本人にとって、「存在とは何か」を問うことは何を意味するのだろうか。存在とは最も抽象的な概念ではあるが、具体的なものへの志向性が込められている。だからこそ実存主義は流行し、「存在は本質に先立つ」という、どうにでも理解できるような言葉が流行の言葉となった。私もまた、実存主義では存在が本質に先立ち、伝統的哲学、とりわけ中世哲学では本質が存在に先立つという誑(たぶら)かしにまんまと騙された人間であった。

## †具体的かつ濃密な概念としての「存在」

アリストテレスは第一哲学の課題が「存在である限りの存在」であると宣言した。ハイデガーは西洋哲学における存在忘却について語り、現存在の分析論を打ち立てた。サルトルは存在は本質に先行すると語り、実存主義の基本的枠組みを提出した。

二十世紀の哲学はかなりの部分が存在の問題に向けられていたが、なぜそこで存在という無記的で平板に見える概念が問題となるのか。東洋哲学においては存在が中心問題として盛んに論じられたことはないはずで、これはとても特殊なことなのだ。存在概念は日本において今でも黒船のままである。

たとえば、目の前の机の存在を疑うということがなぜ問題なのか。デカルトの方法的懐疑においても、それは疑いのために疑うのではなく、あくまで確固たる知の拠点を探すための戦略であった。目の前の机や世界の存在に対する深い疑いが前提にあったわけではない。神の存在や死後の世界の存在であれば、存在するかどうかが大問題であるというのはよくわかる。もちろん神が存在することについて、神とは何か、神が存在するとはそもそもどういうことなのか、事物の存在と同じなのか、存在を検証できるのか、等々様々な問題が出てくるとしても、存在を問うことの意味はわかる。

しかし、一般に存在を根本問題として問うというのは、出発点として自明な問題設定ではない。アリストテレスの「存在としての存在を探求する学問が最初になければならない」という問題設定が西洋哲学のすべてを規定したからなのか。

存在を問うことは古代において、懐疑主義の隆盛により、事物の存在への執拗なる疑いのため、事物の存在を確認する作業が重要視されたことはわかる。しかし、懐疑主義の脅威が常に思想史を覆っていたわけではない。

中世においても、時代の進展の中で存在についての理解は変化していった。中世哲学は鮮やかに変化し続け、テセウスの船のように絶えず姿を改める思想の集合体であった。よって中世哲学が固定的な思想体系だったという理解は捨て去られるべきで、トマス・アクィナスにおいて頂点に達し、残りの神学者は見劣りする付随物であるという理解も排されるべきなのだ。

そして、唯名論がトマス・アクィナス神学の黄金時代を破壊したという見方も私は誤っていると思う。唯名論が中世スコラ哲学を破壊したという見方はカトリックとプロテスタント、中世と近世の戦いという枠組みに支配されており、それに東洋人が拘束される必要はないし、何より中世スコラ哲学は「唯名論」によって破壊される思想ではない。

トマス・アクィナスが存在を語る場合、懐疑主義の脅威を感じていたのか、それとも、事物の存在への深い疑いに悩まされていたのか。

中世哲学は様々な仕方で存在を語っており、トマス・アクィナスのように存在（esse）という現実態を語る人もいる。トマス・アクィナスと比較され、存在（ens）ということで、存在者として事物になってしまったような存在を問題にしたと整理される人も多く、存在（esse）と存在（ens）ということでそれほど異なったことが語られていたわけではないが、トマスが存在（esse）を事物が現実的に顕現するための容器、プロセスとして捉えていたことは初めに確認しておいた方がよいだろう。トマスは目の前の机の存在を問題にしたかったわけではなく、懐疑主義の疑いに晒されていたのでもない。

山田晶は「存在」を語る場合、それを「エッセ」と記した。これは、「エクシステンチア（現実存在）」という紛らわしい言葉と区別するために便利であるし、また「エッセンチア（本質）」という語との結びつきを明示的に示すためにも便利である。そして何よりも、「エッセ」という形はラテン語で不定法であり、動詞としての働き・現実態が示されている。中世哲学の概念の多くは活動性と動きを伴っており、それが重要な論点となるのだが、日本語では消えてしまう。「存在」という、日本語では静態的な用語ではエッセに見出される動きとその姿が現れない。だからこそ、「エッセ」という語は理解のための重要な仕掛けになる。だから、「エッセ」を頭の中で「存在」と置き直して考えてしまえば、存在の問題はするりと手から零れ落ちていく。少なくともトマスの存在論を考える場合、エッセ、エクシステンチア、エッセンチアという三概念は一時も忘れてはならない。存在に入門するための条件なのだ。

ドゥンス・スコトゥスにおいて存在の問題は、エッセという働きの側面よりも、「場・領野・平面」としての側面が重視される。別の言い方をすれば、世界をどのように見るのかということ、人間と神との関係をどのような枠組みで捉えるのかというところに核心があった。ドゥンス・スコトゥスの場合、存在の一義性の問題は神の三位一体を享受することの可能性をめぐるものであった。現世の人間が神を自然的な仕方で認識できなければ、神の三位一体を享受すると言っても絵空事である。神の三位一体を享受するのはどういうことなのか、それを示さざるをえない中で、個体性の原理が考えられたと見る方が話はわかりやすい。

中世哲学の存在問題は神学的な枠組みへの関与なしにはわかりにくくなる。哲学を神学に還元せよ、ということではない。大事なのは、中世において存在を問うことは、存在が平板で自明なものとして捉えられていたのではなく、具体的で濃密な概念として考えられていたということだ。具体的で濃密でない存在概念を論じてどこが面白いのだろう。

### †「存在」という訳語の問題性

このように「存在」という言葉には紛らわしさが伴っており、迷わせる訳語だと思う。存在というのは肯定か否定か、というイエスかノーかで答えられるような問題ではない。言葉が平べったいのだ。ギリシア語のエイナイ（存在）にしてもオン（存在）にしてもウーシア（実体、本質）にしても起伏と動きがある。ラテン語のエッセ、エンス、スブスタンチアのそれぞれにも起伏と動きがある。特にラテン語でエクシステンチアが存在論の陣営に加わるとき、その華やかさは際立っているのに、日本語で存在、存在者、実体、現存在、現実存在などと訳すると全部平板同じような姿に見えてしまう。

「存在」概念は、ギリシア語においては「エイナイ」と現れるが、「あるかないか」の謂(いい)における「存在」を表すとともに、命題における繋辞(コプラ)としての役割を有していたことは、後の哲学のあり方を根本的に規定することとなった。

繋辞に相当するものは、古代中国語にもアラビア語にも存在しなかった。これはとても重要なことだ。アラビア哲学ではアリストテレス哲学の翻訳に苦労し、人工的に繋辞を構成するしかなかった。よって極論すれば、イスラーム哲学に存在概念はなく、存在論もなかったと言ってよい。もちろん、存在論という言葉そのものが近世に入ってできた言葉であるから驚くべきことでもないのだが（存在論〔ontologia〕という語は一六〇六年が初出）、「存在」概念や「実体」概念は普遍的なものではない。これもまた世界哲学が学問として可能であるために考えるべき課題なのである。

「存在」をアラビア語に翻訳する場合、とても苦労することになる。アラビア語において、huwaという分離代名詞（「彼」の意味）が繋辞として使用された。したがって、huwaは代名詞でもある以上、「彼は人間である」はhuwa huwa insanと書かれる。これはアラビア語独自の表現だが、インド・ゲルマン語において繋辞と存在動詞が重なっていることの奇妙さを表現していると見ることもできる。アラビア語で存在をめぐる動詞が少なくとも四種類あることは、かえって存在表現の単一性の奇妙さを照射しているようにも思う。

「存在する」という述語を受け入れる基体は事物だけではなく、事態や出来事も含んでいるはずだ。そして事態が成立することとは、事態の否定から肯定へと転じることである。成立・現成は否定と肯定の交替に存在しているが、繋辞は否定と肯定を絶対的に切り離してしまう。事物の成立する相においては否定と肯定がないまぜになっているのが普通だが、ギリシア的知性は二つの相を峻別し、その形式を基本とした。「存在」という概念がインド・ゲルマン的な素性であること、そして存在概念が概念の素性とは独立に世界哲学において中心概念となりうるのかは考え直してもよいことである。

存在は端的に「ある」ということと、生成変化とは別の次元に基本形が置かれたという、少なくとも二つの特徴を与えられることとなった。後の哲学は、そういったギリシア的存在を様々に変形し、自分たちの思想にカスタマイズしながら構築していくこととなった。「ある」という言葉と概念を言語や思想の中にどのように配置し、全体の枠組みをどう設(しつら)えるかが問われている。「ある」という概念はそれ自体で空虚であっても、実に多くの概念たちを海のように招き入れる。

## †山田晶という先師、そしてジルソンの存在主義

「存在とは何か」という問題についてあらかじめ全体像を与えようとすることは無謀であるばかりでなく、傲慢でもある。よって、個別的な情景から始めたい。山田晶がどのようにして存在という問題に出会ったか、そこから始めた方が入っていきやすいと思う。

山田晶は次のように述べる。「トマスとアウグスティヌスとのテキストに即した研究を進めるにつれて、私にはどうしても承服しがたいところがでてきた」。そのため、山田晶は多くの箇所でジルソン批判を繰り返すことになる（山田晶『在りて在る者』創文社、一九七九年、xxiii頁）。「ジルソンの最高傑作は『中世哲学の精神』であると思う。晩年のジルソンは奇妙なトマス解釈に傾斜しそれに凝り固まっていった。晩年に書かれた多くの著作は、いたずらに量のみ厖大にして内容の乏しいものになっていったように思われる」（山田晶前掲書、xxiv頁）。ジルソンへの透徹した眼光による手厳しい評価は、存在を頭で知性的に理解しようとしていることへの批判ではなかったか。

山田晶がジルソンの『中世哲学の精神』を高く評価しているのは面白い。これは確かに良い本で、初学者にとっての導きの灯となる。原書が一九三二年に出され、邦訳は服部英次郎訳で出された（筑摩書房、一九七四～七五年）。絶版のまま文庫化もされないのはあまりにも惜しい。

哲学ばかりでなく、霊性面にもバランスよく踏み入り、幅広く紹介している。

おそらく、アウグスティヌスを存在論の枠内でどう位置づけるかということが問題なのだ。山田晶によるアウグスティヌス『告白』の翻訳を読むと、山田晶の人生とアウグスティヌスの人生とが重なって見えてくる。そしてその翻訳書は何よりも名文で、アウグスティヌスの苦悩を伝えており、読む者の心を打つ。翻訳であることを忘れる名文だ。

山田晶が若い頃、アウグスティヌスに難渋したというのは考えにくいことだがわかるような気がする。他方で、トマス・アクィナスの『神学大全』は文章においても思想内容においても明晰であるが、トマスは決して平明で単純な思想家ではない。

アウグスティヌスの思想もトマス・アクィナスの思想も幾層にも重ねられ、容易に思想的分類を許さないが、それにもかかわらず、前者は本質主義、後者は存在主義（エクシステンシアリスム＝実存主義）と単純に整理されがちである。ジルソンは、神を「在りて在る者」として捉え、それが何であるか（本質）がわからないとしても、その純一たる存在からすべてが流出し、すべてを包含することを読み取ろうとした。

ジルソンにおける存在探求の始原は「存在の神秘」にあり、預言者モーセに告げられた神の名「在りて在る者」において示され、それをトマスが「存在そのもの」と解釈した。ジルソンにとって、この「存在の神秘」こそがトマスの哲学探究の全体を取りまとめるものである。

その道筋の概要は次のようになるだろう。神の何性とは存在そのもの（ipsum esse）で、神は知性の彼岸にあるものである。本質とは自らを制限するようなもので、神は制限を持たないから、本質を持たない存在そのものである。その本質が存在であるような純粋存在、この上もない存在者（maxime ens）なのである。

本質とは「〜である」、存在とは「〜がある」で、存在ということからその本質を知ることはできない。神の場合、存在と本質とが同一であるから、「神とは何か」という問いに対して「神とは存在するところのものである」と答えればよい。

ジルソンの立場は、「表象の不可知論」と整理された。神に特定の述語を付与すれば、その主語＝基体は制限を受けてしまう。神の何性は存在そのものであって、したがって神は知性を超えるものである。表象の彼岸にある以上、不可知である。不可知論は知性にとって麻薬のような魔力を備えたものだ。忌み嫌う者と嗜癖に陥る者とに分かれる。

この不可知論はアナロギアによって部分的には乗り越えられ、神の存在は認識されない（esse Dei est ignotum）とも語られる。ジルソンの存在主義とは一種の不可知論なのだ。魂の眼差しは、神に向かうとき、無辺際の輝きによって跳ね返される。何ものかであるということではなしに、何ものでもありうる、同時にそのようにありうる存在が神である。

## †「器」「舞台」としての存在

この「在りて在る者」そのものが不可知であることに、ジルソンの存在主義（エクシステンシアリスム）が依っているとすれば、山田晶の立場は不可知論ではない。

神の存在の前に佇み、祈るということも有力な作法となるが、中世スコラ哲学は分析のための巨大な装置を作り上げた。たとえばトマス・アクィナスの『神学大全』によって、スコラ哲学の概念の密林にも驚異的な仕方で光が差し込む。その明るみの中に立つテーゼが以下のものである。

「エンス」（存在者）は、「エッセ」と「エッセンチア」とから合成されている。エッセとは、それを分有することによってエンスが「エクシステレ」existere するものであり、エッセンチアはこのエクシステレするエンスの「何であるか」を規定するものである。（山田晶『在りて在る者』一八二頁）

ラテン語をそのままカタカナにしただけの説明のようにも見えるが、これは簡にして要を得た珠玉たる説明である。何十年ものスコラ哲学との格闘の痕跡を共体験できることこそ、至福なのである。それを味わうために中世哲学への急斜面は存在する。この命題の深さがわかるかどうかで中世哲学の高度を測ることができる。山田晶は見上げるべき一つの頂上なのだ。敢えて言ってしまえば、エッセの中に祈りを込めてエッセを考察することがハビトゥスとなっているかどうか、そこに一つの要点がある。

「エッセ」は存在すること、「エッセンチア」は本質の意味であり、「エクシステレ」は現実存在（実存）ということだが、日本語で存在と現実存在とはどう違うのか、思考の道筋をつけにくいが、同じようなものとして考えると難渋さが増えてしまう。それならば、混同しないようにラテン語のままにしておいてもよい。

ここで暫定的な説明を与えておく。「バラがある」という場合、「ある」は存在を表し、「バラは植物である」の場合ならば「ある」は本質を表す。「バラが今ここに咲いている」という場合、バラの存在は限定されており、抽象的な存在としてではなく、具体的に時間空間の中に成立している。これが「現実存在」だ。存在とは豊かな内実を備えたまま立ち現れることだ。

存在（エッセ）ということは単調で平板な概念ではなく、精緻な内的構成を有した秩序化された概念だ。存在というのはのっぺらぼうな概念に見えて、実は複雑な構成を有している。だからこそ、アリストテレスの『形而上学』があれほど難解複雑な構成になっているのだ。そしてその存在の複雑さを反映できる言語は、ギリシア語やラテン語、ゲルマン語系諸言語だったということなのだろう。アラビア語、日本語、中国語が複雑さを反映できないのは不思議でも何でもない。

先ほどの山田晶のテーゼは含蓄が深く、存在の機微を包含的に表現しているのだ。山田晶はエッセを物が現実的に存在していくための器であると説明もする。漆の椀に料理が盛られ目の前に供されている姿を考えてもよいだろう。存在ということは、「器」と考えてもよいし、「舞台」と考えてもよい。「器」ということは卓抜な比喩なのである。

エッセは器としてある。しかも空っぽの器ではない。海の如く広大でしかも充足した〈器〉なのだ。素材として様々なものになりうるものが、具体的な姿をとった具体的相がエッセンチアである。具体的な特定の姿がエクシステンチアであり、それらはすべて一体のものであり、エッセンチアリスムとかエクシステンチアリスムなどというものがあるとは思えない。

## †エッセとエッセンチア

山田晶は「エッセンチアはエッセにおいてエクシステレする」という原則を立てた。ここでエッセというのはエクシステレの場所のことであり、これにより存在論の核心を言いつくしている。また、アヴィセンナの存在論もここに閉じこめることができる。概念は狭い場所を忌み嫌い、暴れようとするから、それを展開し、長い言葉として述べ広げることが言葉の守り人

〈哲学者〉の仕事なのである。

エッセンチアを「本質」、エッセを「存在」、エクシステレを「現実存在」という習慣を踏襲すると、「本質は存在によって現実存在する」と記されることになるが、このままでは私はほとんど理解できない。本当のことを言ってしまえば、エッセンチアもエッセもエクシステレも日本語にはならず、日本語になったものは元の姿とはずいぶん変わったものになっている。哲学用語は日本語にならないと言ったのでは身も蓋もないので、翻訳可能と言わねばならない。ラテン語を学ばなければ哲学がわからないというべきではない。それでは哲学の死であり、ラテン語のハビトゥスを日本語のハビトゥスに変換する装置〈学習課程〉が必要なのだ。

繰り返さずにはいられないのだが、「エッセンチアはエッセにおいてエクシステレする」とは実に素晴らしい命題である。道元『正法眼蔵』の「仏道をならふといふは、自己をならふなり。自己をならふといふは、自己をわするるなり」という言葉が解説を拒む真実を表しているように、〈エッセ・テーゼ〉は解説を嫌う。音読すべきだ。

カタカナで語るのは止めてほしい、という声があるかもしれない。漢字に訳した場合に意味が保存されにくいということもあるが、エッセンチアとエッセとエクシステレの関係は三つの項、トリアーデ〈三項関係〉で考えられる必要があり、この三項を日本語に置き換えて考えてしまえば、ラテン語では存在していた三項の関係が蒸発してしまうのだ。日本語だけで考えてしまえば、中世哲学はずっと舶来物にとどまる。

これはどういうことか、立ち止まって考える必要がある。エクシステレする場所がエッセであるというのは、エッセを舞台として考えるとよい。エクシステレするとは、スポットライトが当たり、いまここに登場人物が演技していることである。エッセンチアは、登場人物の役回りとして考えれば、ある登場人物は、舞台の上でその人物を演じ、今ここに表れている瞬間が「花」なのである。

桜の花にたとえれば、桜は一年の間ずっと桜であり続けながらも、春の満開のときにエクシステレするのである。エッセとは場所であり、エッセンチアとはそのなんであるかがすべて書き込まれたシナリオであり、エクシステレとは現実的瞬間的な顕現の姿なのである。

## 2　井筒俊彦という輻輳点

### †アヴィセンナの先駆的な紹介者として

中世における存在論の基本的枠組みは、エッセ、エッセンチア、エクシステレという三項図式でその概要が示されており、そこにはアリストテレスの存在論とは異なる系譜が流れ込んでいる。それはイスラームの存在論、特にアヴィセンナの存在論である。ところがこのアヴィセンナの存在論というのは、どのようにして接近したらよいのかわからない思想である。そういう状況において、アヴィセンナに接近する道を切り開いたのが、井筒俊彦だった。井筒俊彦の意義は極めて大きい。

個人的な経緯を交えながら、その道の様子を記していく。アヴィセンナは中世哲学では名前はよく知られていても、街角の大売り出しの看板のように通りすがりに読み飛ばされるだけだった。そしてアヴィセンナを読もうとして、彼の著作のラテン語訳を参照しても、読みにくいラテン語ということもあって長く放っておかれたと言ってよい。

アヴィセンナの影響を語らずして、中世哲学を語ることはできない。私は井筒俊彦の著作（『意識と本質』岩波書店、一九八三年）を読んで強くそう思った。井筒俊彦の本は目が眩(くら)むほど強烈な光を放っていた。だから私はアラビア語を学び始め、そして激しく挫折した。

井筒の学問的業績を現代の水準から見てとやかく言う人は多い。しかし彼は先駆者であり、開拓者であり、冒険者である。彼は未踏の大地に足を踏み入れた人だ。

アヴィセンナについてある程度知るためにはアラビア語の素養が必要であり、私は恥を忍んで学び始めた。しかし四十歳から始めたアラビア語は使い物にならず、結局アラビア語と英語の対訳がやっとのことで追いかけられるぐらいである。ただ、ギリシア語やラテン語で訳されるアリストテレスの哲学が、徹底的にインド・ゲルマン語系の言語によって拘束されていることがわかるようになった。アラビア語にアリストテレスの存在論を置き直してみると、アリストテレスの特殊性が如実に浮かび上がってくるのである。

アヴィセンナの哲学の特徴を知ることは現在ではそれほど困難ではないが、三十年ほど前はとても苦労した。日本語で読むには、井筒俊彦の本を読むしかなかった。欧文の概説書の邦訳も何冊かあったが、アヴィセンナが西洋中世哲学に及ぼした影響の深さを教えてくれるものはなかった。

従来、アヴィセンナの存在論は存在と本質の実在的区別、存在偶有性説として説明され、西洋中世によって乗り越えられるべき思想家として伝えられてきた。断片な思想の寄せ集めのように見えたままで巨大な哲学とはとても思えなかった。存在は偶有性であるという、小さく簡素な命題に「一を聞いて十を知る」べき含蓄のあることがわかるのに人生一回分を要した。

ラテン語の翻訳『形而上学』はぎこちないラテン語ということもあり読むのに難渋し、数少ない解説書であったジルソンの『存在と本質』におけるアヴィセンナ哲学の説明は要領が悪く、理解しにくかった。

しつこいことは承知の上だが大事なので、耳にタコができようが繰り返して説明しておきたい。偶有性とは「付帯性」とも訳されるが、実体の構成要素でありながら、本質の外部にあるものである。本質が、実体の不可欠の構成要素であるのに対し、偶有性は、①常には成り立たない、②種のすべてに当てはまりはしない、③それ以外の種にも当てはまる、という三条件のどれかが当てはまればよい規定性である。人間の場合であれば、「色が白い、歩いている」など、無数に考えられる。

本質とは必然的な属性であるということだが、この必然性をどう定義するかで立場が分かれる。様相理論に入ると可能世界論とか面倒な枠組みに入り込み、沼から出られなくなるのでここでは立ち入らない。ただ、本質が必然的属性としてあるという立場は、「本質主義」として批判の対象とされてきた。アリストテレスは本質主義者であったと批判されたのである。

本質とは何か、ということは必然性の理解と連動してくるのだが、そもそも本質があると認める立場が批判されたのである。

人間の本質は「理性的動物」である。本質とは定義が表す事物の側のあり方で、この定義が妥当かどうかは危ういが、モデルとして取り入れて説明する。本質の外部にありながら本質に随伴するものが特有性であり、人間の場合は「笑えること」である。この特有性もまたドゥンス・スコトゥスの存在の一義性において重要な役割を持つが、ここでは素通りする。

偶有性は本質に付加されるものであり、他の事物に依存するものである。実体に内在したり、内在しなかったりすることができるものという説明もある。オプションであって、本体にとってあってもなくてもよいものである。こういった偶有性は「共通的偶有性（accidens commune)」と言われた。

存在は偶有性であるという場合、こういった普通の偶有性と同じであるわけではない。アヴィセンナの立場は存在偶有性説とされるが、その真意はなかなか理解されなかった。「存在が花する」と整理されるアヴィセンナの立場が存在偶有性説であるということは、極めて重要である。

中世哲学の表舞台に立つ概念としては、実体、本質、実在性（事象性）、形相を挙げることができる。裏舞台の概念として私が考えるのは第二志向、〈理虚的存在〉、特有性、偶有性などである。超越概念も裏舞台で大活躍する概念だが、有名すぎるので表舞台の概念に数えるしかないだろう。さらに言えば、偶有性と偶然性（contingentia）という二つの概念が近世への突破口となったと整理したい気持ちが私には強くある。

## †トマス・アクィナスに誤解されたアヴィセンナ

アヴィセンナの存在論において、存在が本質への偶有性であるという説は、本質が先にあって存在がその本質に後から生じると考えることになりそうだ。これは存在と本質が実在的に異なるということになるから、存在と本質の実在的区別の典型として扱われたのは不思議ではない。

本質が先にあるというのは、たとえば青いバラという本質が先にあるとしても、そういうバラは存在しないから（現在、品種改良によって開発されたという話もあるらしい）、本質が存在に先立ち、存在が偶有するということは理解できる。別の章で詳しく述べるが、偶有性とは本質の外部にあるということであり、本質に先立ち、本質が成立するための先行的条件と考えれば、存在は本質に先立ち、広い意味で偶有性であるということになる。ここにはアリストテレス哲学になかった新しい論点が付加されている。ここに転回点がある存在の先行性を示すのがアヴィセンナの存在偶有性説であったが、それはアヴェロエスやトマス・アクィナスにも正しく伝わることなく、激しい批判を加えられることになる。アヴィセンナが存在偶有性説を主要著作で説明しなかったためだ。「存在が花する」というテーゼに集約されるようなアヴィセンナの存在論は長く誤解されてきた。

存在が先行するということは、それは本質が具体的な規定性を備えて、言語によって分節化される以前の状態でもある。本質の規定を受けて、事物は「〜である」というように言語の中に収まってくる。したがって、先行する存在は純粋本質と言えるような何ものでもない、中立無記的なものなのである。それが「馬性は馬性である限りにおいて馬性でしかない」というテーゼの意味だったのである。

純粋本質、ここでは「馬性」は普遍でも個物でもなく、中立無記的なものであるというのは、普遍論争において可能的普遍や潜在的普遍として理解され、アヴィセンナは穏健なる実在論の祖としての位置づけを与えられるようになった。

ここには、存在の先行性をめぐる重要な議論があり、それはなかなか西洋中世には理解されなかったのである。存在は回り道を介することでのみ顕現するのかもしれない。十三世紀後半トマス・アクィナス以降に理解は広まっていく。この存在偶有性説を理解し、継承したのがイスラーム世界ではモッラー・サドラー(一五七一/二〜一六四一)であり、その流れがイランのサブザワーリーに継承され、存在一性論の系譜を形作る。こういったアヴィセンナ(イブン・シーナー)に発する流れを発掘し、日本に伝えたのが井筒俊彦であった。

このようなアヴィセンナの存在理解が、ドゥンス・スコトゥスの存在一義性の基盤となるし、また中世哲学の重要概念である超越概念(transcendentalia)の母床(ぼしょう)ともなった。こういった存在偶有性説の基本的枠組みは、古代のアリストテレス註解者であったアフロディシアスのアレクサンドロスに由来するので「アフロディシアス的伝統（Aphrodisian tradition）」とも呼ばれる。

アヴィセンナの影響を考える場合、第一志向と第二志向という概念、そしてこの二つの概念を用いた形而上学と論理学の区別という話題がある。この話も普遍論争に直結するし、〈理虚的存在〉という存在論の重要問題の源泉ともなった。ハスキンズは「十二世紀ルネサンス」と語ったが、哲学の歴史から見るとステーンベルヘンの「十三世紀革命」の方が実態を表している。ともかくも十三世紀こそ、革命的断絶は見えにくいとしても革命の時代だったのである。

トマスの存在論もアヴィセンナの存在論を踏まえているが、トマスの存在論全体に大きな影響を及ぼしているとは言えない。これはトマスがアヴィセンナを理解していなかったということを言いたいからではない。アルベルトゥス・マグヌス（一二〇六頃〜八〇）はトマスの先生であったが、アルベルトゥスはイスラーム哲学に深い理解を有し、様々な場所でアヴィセンナやアヴェロエスの思想を紹介しており、その影響をトマスも大きく受けている。アルベルトゥスがイスラーム思想に心を寄せている傾向があるとしても、トマスの方は身構えながらイスラームに対しているように私は思う。『存在と本質』において、すでにアヴィセンナの思想を取り込んでいるとはいえ、かなり限定的な取り込み方である。

アヴィセンナが書いた短い「論理学」は中世では広く読まれた。たとえば志向（intentio）の定義や、「指定された質料（materia designata）」や「動物とは単なる動物である（Animal est animal tantum）」といった命題など、中世哲学の様々な源泉となっている。

トマスがこの「論理学」の内容を知っていたことは確実だが、「馬性は馬性でしかない」という〈馬性の格率〉が登場する『形而上学』の方は目にしていなかったようにも思う。もし目にしていたら「馬性は馬性でしかない」という奇妙な命題にどこかで触れていたように思われるし、このテーゼにこそ、アヴィセンナの存在偶有性説の核心が潜んでいたのだが、トマスはラテン語訳されたアル・ガザーリー（一〇五八～一一一一）の説を受け入れたのだろうが、アヴィセンナの語る偶有性を文字通りに受け止め、愚かしい考えとして退けている。十三世紀後半、一二七〇年代の〈認識論的転回〉以降において、表立って存在偶有性説批判は減っていったから、少しずつ理解が深まったと考えられる。

ここでは存在偶有性ということで、偶有性とは何か、存在が偶有であるという表面的な理解と真の理解、そしてそれが西洋中世においてどのように受け止められたのか、ドゥンス・スコトゥスの存在一義性にどのように結びつくのかが示されなければならない。

アヴィセンナの存在偶有性説というのはとても評判が悪く、十三世紀半ばには批判の矛先を向けられていた。この存在偶有性説という整理については後に詳しく見ることになるが、偶有性の意味を広く捉えなければ愚かしい考えになってしまう。この章ではアヴィセンナの存在偶有性説を見ておく。存在と本質の実在的区別という、誤解されやすい思想もこの存在偶有性説を継承したものなのだ。

誤解されたアヴィセンナの存在偶有性説が正しく理解されれば、存在の一義性への入口を提供できるのである。

## 3 アヴィセンナの存在論

### †アリストテレスへのよき導き手として

私は「中世哲学入門」という途方もない海に出てしまったが、大海を漂い続けるばかりだ。初航海のとき「普遍論争」という中世哲学についての看板図式が虚妄であることを暴いたのはよいとしても、それに代わる整理図式を出さなければならなかったのに、できなかった。存在と本質、アナロギアと一義性、個体化の問題など様々にある。ジルソンの『存在と本質』やその解説書を読むと、トマス・アクィナスにおける存在と本質の実在的区別という話が出てきてわかりにくい。さらに、その説明の中にアヴィセンナの思想が出てくるのだがこのアヴィセンナの思想というのがわからない。無視して通り抜けようと思ったのだが、ドゥンス・スコトゥスも大きく影響を受け、ガンのヘンリクス（一二一七頃〜九三）も大きな影響を受け、しかもドゥンス・スコトゥスの存在一義性は、ヘンリクスのアナロギア批判というのだ。トマス・アクィナスのアナロギアとヘンリクスのアナロギア論はどう関係しているのか。アヴィセンナを知らずして、十三世紀のスコラ哲学を見通すことはできないと悟った。

十三世紀の中葉には大学が登場してまたたくまに発展し、そこではアリストテレスの著作、特に哲学を中心として教授された。しかしアリストテレスの著作は残っているテキストが講義録で断片的な思索が積み上げられたもので、ギリシア語をラテン語に訳してもほとんど意味不明であり、ラテン語にしにくいものが多い。

アリストテレスの著作の概要をわかりやすくまとめてあるのがイスラームの思想家の著作で、イブン・シーナー（アヴィセンナ）のものはアリストテレスの著作を章ごとに要約したものもありわかりやすい。またイブン・ルシュド（アヴェロエス）のものは、一語一語にまで註釈を施しており、正確で厳密な理解が得られるものとして重宝された。

アリストテレスの著作は論理学、哲学、自然学、倫理学、霊魂論、政治学まで万学を含み、それを学問的に整備されたラテン語という当時のヨーロッパの国際共通言語で語ることができるようにする必須リテラシーであった。

神学者や医学者、政治家になるにはアリストテレスの知識は不可欠で、それを学ぶためにイスラームの思想家を学習する必要があった。特にアリストテレスの論理学（オルガノン）は万人にとって必須のツールで、これを使いこなせなければ生きていけないほどの基本的リテラシーであった。

アリストテレスの存在論とアヴィセンナのそれはかなり異なっており、後者が存在論の歴史において革命的な転回点を提供したことになるのだが、これまでそれについては十分には語られないままで、研究は進展中である。

アヴィセンナの存在把握は存在偶有性説として整理されたが、この偶有性というのが決定的に大事である。たとえばアヴィセンナのラテン語に訳された主著『形而上学』には、「人間である限りの人間の本性に存在を持つということが偶有する（accidit）と我々は述べる」とはっきり記されている。

しかし、この存在偶有性説の捉え方は西洋中世では激しく批判された。存在偶有性説とは文字通りに捉えれば、本質が先行し、その後に存在が偶有性として付加されるという考えである。これは本質の存在への先行性とも整理でき、もしそのような理論であれば西洋中世の存在論の特徴と合致するように見える。ではなぜアヴェロエスやガザーリーによって、そしてトマス・アクィナスによって批判されることになったのか。

ところが一方で、アヴィセンナの存在論は、後に存在の根源的先行性を表すものと考えられるようになった。その理解では、存在偶有性説は本質に対する存在の先行性を表すものだ。存在偶有性説について対立する理解がイスラーム思想においてあったが、そういった理解が実在的区別にもあったとすれば、問題の錯綜の中で整理しておく価値はあるだろう。そのような整理を通してしか、アヴィセンナの存在論における位置は明らかにならない。

### †存在偶有性説はなぜ批判されたのか

存在偶有性説は発端においては小さな理論として登場するが、その波及効果は大きなものだった。アヴィセンナは哲学全書である『治癒の書』の中の『形而上学』(アラビア語では『神学』であるが、ここではラテン語世界での流通名で呼ぶ)において、「存在を有することが、人間である限りの人間の本性に偶然的に生じる」と述べているに過ぎず、存在が偶有性であることを明確に表現しているわけではない。「偶然的に生じる」の箇所はラテン語ではaccidit であり、アヴィセンナの真意はともかくも本質が先にあり、そこに後から存在が付け加わるという主張がなされているように思える。なぜアヴィセンナは存在は偶有性であるという、初心者でも犯さないような誤謬に見える言説を述べたのか。

アヴィセンナは後期の著作『指示と勧告』で、次のように述べている。

本質を有するものはすべて、事物のうちに存在するものとしてか、または精神において表象されたものとしてか、のいずれかとして現成する。（中略）もしその事物が、今述べた二つの存在様態のうちのいずれでもないリアリティを有し、それらのいずれをも構成要素としない場合、存在は事物のリアリティに付加される概念である。そして、それは随伴的（lāzim）であるか、または非随伴的であるかのいずれかである。

存在の原因は本質の原因とは異なったものである。たとえば、「人間性」それ自体は或るリアリティ・本質であるが、事物のうちか、または精神のうちか、のいずれかのうちに存在することは、その構成要素ではなく、人間性に付加されるものにすぎない。（第一部第十章、引用者訳）

ここでは条件つきではありながら、存在は本質の構成要素ではないと述べられ、存在は本質に付加されるものだとされている。「随伴的」という用語については後に改めて考察するが、ここでも存在は本質への偶有性であると述べられている。

実はアヴィセンナ『形而上学』においても前後を参照するならば、他の論点とともにこのことが提示されていることがわかる。後世への影響関係という点で、ここにおいて確認すべきなのは本質と存在の区別という論点と、存在の偶有性という論点が同時に主張されているということだ。

## †「偶有性」ではなく「随伴性」？

アヴィセンナの存在偶有性説の具体的な内容とはどのようなものなのか。実は偶有性という語は、むしろ「随伴性」(lāzim) として表現されるべきことだったのだ。この点に関連して、存在と本質の実在的区別の源流とも解されるファーラービー(八七〇頃〜九五〇)の一節を挙げておく。

われわれの身の回りにある事物はそれぞれ、本質と現実存在 (huwiya) を有している。そして、本質は現実存在と同じではなく、存在は現実本質に含まれてはいない。もし「人間」の本質がその現実存在と同じであれば、精神のなかで「人間」の本質を表象するときには、その現実存在をも表象することになってしまう。これはつまり、人間の〈何であるか〉を表象するときには必ず、そのことによって「人間」の〈があること〉を表象することになり、つまり、直接にその存在を知ることになってしまう。さらに、或るものの本質を表象するあらゆる作用は、必然的にそれが存在するという判断を生み出してしまうことになる。(中略) ここから、存在ないし現実存在は、存在する事物の構成要素ではないと結論される。存在ないし現実存在は、外側から付け加わる随伴的偶有性（al-ʿawarid al-lāzim）に他ならない。存在ないし現実存在は、本質が現実化した後に、本質に付加される性質の一つではない。（『叡智の台座』引用者訳）

このテキストはアヴィセンナのものと解される場合もあるが、ここでは著者論争には踏み込まずにおく。ただ用語法においても、存在と本質の関係についても両者の思想が一致することは確認しておこう。

問題となるのは「随伴性」である。アラビア語のlāzim（ラーズィム）は付加物（adjunct, addition）などとも訳される。ラテン語ではcomitansと訳された。comitansとは「随行、護送、付随するもの」ということで、アラビア語での意味は「内在する、不可欠の、分離できない、必然的、不可避」である。つまり随伴性は本質ないし構成要素からも可分的偶有性からも区別され、その中間にあり、本質には含まれてはいないが本質から不可分で、本質に常に随伴する性質として考えられている。たとえば「人間」にとっては「笑えること」という規定がその例となろう。

また随伴性は、〈事物の本質が証示された後で、事物の性質にとって不可欠であるが、その本質から帰結するもので、その本質の構成要素とはなっていないもの〉と説明される場合もある。要するに、本質から直接帰結し、本質から切り離せないものであるが、本質の構成要素にはなっていないし、また、本質のうちに顕在的に現れていないものである。

随伴性はアリストテレス論理学における「特有性」(proprium) に対応するもので、極めて重要な論点となる。類・種・種差という本質の外部にありながら偶有性とは異なり、実体と密接に結びつき、述語となった場合には独自の命題を構成する。見当違いの恐れもあるが、カントのア・プリオリな総合判断の先駆けになるところもある。そしてドゥンス・スコトゥスにおいて、特有性は存在の様態 (passio entis) として独自の位置を占め、そこに超越概念の一群が配置されることになる。よって特有性とは可述語・述語となるもの——普遍と同じもの——において特殊な位置を占め、そこに力動性や無限・有限の落差が論じられる場面となりえた。スコトゥスの〈存在〉の一義性もまた、この特有性の領域において展開されていることは強調しておかなければならない。

ここで話を戻す。特有性は何種類かに分かれるが、特に「特有性の第四様態」と呼ばれるもので、①〈種のすべての個体に見出されること〉、②〈その種以外の種には見出されないこと〉、③〈種の個体のすべてに常に見出されること〉、という三条件をすべて満たすものがそれを充足する。したがって外延において一致し、内包において異なるものとして整理される。存在が偶有性であるというのは、通常の意味での偶有性においてではない。

## †随伴性としての存在

偶有性というのは、曖昧さを除くために特殊な意味で解されるか、さもなければ随伴性として表現されるべきことだった。この点について、アヴィセンナは別の書で説明を加えている。アヴィセンナは存在を通常の意味での「偶有性」として述べたのではなく、晩年に再考したことを書き連ねた『再考録』において次のように述べている。モッラー・サドラーからの引用である。

一般に偶有がそれ自体で存在するということは、すなわちそれがある基体にとって存在することを意味する。但し、同じ偶有でも存在だけは違う。存在以外の偶有はいずれも「存在するもの」となるためには、どうしても基体を必要とするのに反して、存在だけは「存在するもの」となるために全然（別の）存在を必要としない。従って、ある基体の中に偶有があることがとりもなおさずその偶有の存在だという命題は、これを存在に存在が付加されるというふうに解するならば正しい命題とは言えない。なぜなら、これは例えば白さ（という偶有）に存在が付加されるような場合とは違うからである。

そうではなくて、(存在という偶有が)基体の中にあることが、すなわちその基体があることなのである。これは(通常の場合、つまり)存在以外の偶有にあっては、偶有が基体の中にあることが、すなわちその偶有自体の存在である、のと逆である。(アヴィセンナ『補遺記』井筒俊彦訳、モッラー・サドラー『存在認識の道』岩波書店、一九七八年による)

これはなかなか理解しにくいところだ。「存在という偶有の基体の中にあることが、その基体があることだ」というのは極めて特殊な事態である。たとえばニタニタ笑いという偶有性はチェシャ猫という基体の中に存在しており、偶有性は基体に依存している。ニタニタ笑いだけが残り、しかもそれがチェシャ猫であるとすればアヴィセンナが述べたことと重なりそうだが、ニタニタ笑い＝チェシャ猫ではないから同じ話にはならない。偶有は基体よりも後にあるものであるから、基体であることと偶有であることとが重なるのは特異な事態なのである。

この『補遺記』は晩年に自分の著作への補足として書かれたもので、広く読まれたものではなかった。そのテキストの重要性に気づいたのは、モッラー・サドラーである。

存在は(偶有としても)他の全ての偶有とは全くその性質を異にする。というのは、存在以外の偶有の場合、それの存在は、本来的にある特定の基体に存在しているということであるのに反して、存在という偶有は、それの基体になるものを存在者たらしめるものであって、何かある基体に偶成するところの性質のごときものではないからである。

つまり、他の全ての偶有は、それが現成するためには必ず基体を必要とする。ところが存在はそれが現成するために何らの基体を必要としない。逆に基体の方で、自分の現成のために存在を必要とするのである。（モッラー・サドラー『存在認識の道』）

それほどわかりやすくなってはいないが、ここでは基体の方が存在を必要とするという論点が取り出されている。アヴィセンナの思想において存在の先行性は強く目立つとは限らないが、『補遺記』にはその側面が比較的判明に現れており、モッラー・サドラーはその側面を推し進め、存在の本原的先行性を強調した。

井筒俊彦は、『イスラーム哲学の原像』（岩波新書、一九八〇年）の中で「花が存在する」のではなく、「存在が花するのだ」と鮮やかに表現したが、この言い換えには存在偶有性説の姿、そしてその真髄が現れている。

## 4　偶有性を誤解すること

### †存在偶有性説における二つの次元

アヴィセンナの存在偶有性説において確認すべきなのは、その理論が以下の二つの次元で語られていることである。

①もしすべての事物が個体の中にあるか、または精神の中にあるか、のいずれかのあり方しかないのであれば、その事物の真実在・リアリティにとって存在は付加された概念としてあり、その意味では偶有性しかない。事物のあり方が右の二つしかないのであれば、存在は偶有性なのである。事物の概念規定に存在は含まれないから、概念規定を吟味しても、存在しているかどうかは明らかにはならない。概念の分析によって存在しているかどうかが判明するのは神だけである。

②しかし同時に、アヴィセンナは事物が右記の二つ以外のあり方を有していて、前提条件が満たされない場面でも存在は偶有性であると述べる場合もある。そのとき存在は偶有性

であるとしても、アリストテレスの可述語においては、特有的偶有性（accidens proprium）である。

アヴィセンナは「存在は偶有性である」という命題について、偶有性を通常の意味で捉えれば否定し、特殊な意味で捉えれば肯定していることになる。前節で見たように、アヴィセンナは「存在は随伴性である」と述べようとした。おそらく、随伴性が哲学用語として安定したものではないので、偶有性とも表現したのだろう。

ところが主流となったのは、アヴィセンナの存在偶有性説を批判する言説の方だった。存在を随伴性として捉えることが伝わらなかったとしても、偶有性がモッラー・サドラーの捉えたように特殊な意味で解されれば真意は伝わったはずだ。存在ということを生成する過程として、または生成の器として考えれば理解できるし、「エッセンチアはエッセにおいてエクシステレする」という山田晶テーゼを重ねて理解することもできる。存在は徐々に生成しながら、存在することの基体を自ら現実化していくのである。

アヴィセンナの存在偶有性説は彼の普遍論とも結びついている。アヴィセンナの普遍論は存在の場所として、事物の中と精神のうちという二つの場所に加えて絶対的に考察された次元を考え、その次元においては普遍の起源となる「本質それ自体」は一でも多でも、精神の外部にも事物の中にもなく、それらのすべてに対して中立無記的なもの（indifferens）としてある。つまり、すべてのものが「Aまたは〜A」のどちらか一方しか成り立たず、排中律が成立しながらも、本質それ自体はいずれでもなく、中立的にあるというのだ。これこそアヴィセンナ『形而上学』において、「馬性は馬性以外の何ものでもない」（Equinitas est equinitas tantum.）として表現されたことである。ここで「馬性は馬性である」〈馬性の格率〉と私は呼んでいる）という空虚な同語反復に過ぎないような命題が決定的に重要な命題となった。この命題が理解され影響を及ぼしたのは西洋中世では一二七〇年代以降で、シンプルな話であるはずが、直観的な理解を阻んでいる。

これは普遍を外部に措定することではない。本質それ自体は普遍ではなく、あくまで知性が事物の中に普遍を構成するのであり、普遍が存在するのは知性のうちでしかない。

このような存在偶有性説の考えに対しては、スフラワルディー（一一五四〜九一）によって存在に対する本質の先行性説という対抗理論が出されたし、またガザーリーとアヴェロエスがそれぞれ批判を加えている。ガザーリーとアヴェロエスの立場はイスラーム神学とギリシア哲学を代表するもので、対立の極にありながら、アヴィセンナの存在偶有性説については同じ批判の側に立つのが興味深い。いずれの理解も、存在偶有性説が狭義の偶有性理解を踏まえての立場だと誤解しているのであり、西欧における受容にもこの二人の批判が伝わったという事情がある。

## †ガンのヘンリクスによる解明

西欧において、アヴィセンナの存在偶有性説はどのように受容されたのだろうか。アルベルトゥス・マグヌスのアヴィセンナ批判の論点には、存在偶有性説は含まれていない。やはり、トマス・アクィナスの『存在と本質』がその嚆矢となる。

トマスは若い頃、存在と本質の関係を考察する際、アヴィセンナを典拠としていたが、アヴィセンナから存在の偶有性説を排除し、存在と本質の実在的区別を取り入れたというのが歴史的な整理である。

アヴィセンナの「存在随伴性説」から誤解されて「存在偶有性説」が取り出され、西洋中世においてはその一つの源泉から誤解された「存在偶有性説」と、そして新たに「存在と本質の実在的区別」という二つの理論が取り出され、問題の出自が確認されないまま流通していたというのが実情である。

アヴィセンナが存在は偶有性であると述べた際の要点は、以下のところにあると思う。分節化した本質のあり方に対して、未分節において分節相に先行するものとして捉えられるものは本質の外部にあるが、本質から切り離されてあるわけではない。本質の外部にあることを「偶有性」というのであればそれは偶有性だが、あくまで不可分に必然的に結びつくものとしての「偶有性」なのである。

存在偶有性説が存在の先行性の別の表現であると考えれば、アヴィセンナ『形而上学』第一巻第五章における「存在と事物は精神に第一の印象によって刻印される」と符合していることがわかる。この箇所に示された存在の一次性は、形而上学の位置づけにとって決定的な重要性を持っていた。ドゥンス・スコトゥスの存在理解の鍵はここにある。存在は我々の経験には隠されているように見えながら、なぜ第一に精神に刻印されていると言えるのか。その問題意識からスコトゥスは存在の一義性と直観的認識の理論を組み上げていったのだ。

この存在の先行性は、後にモッラー・サドラーが存在の先行性を解説して、「花が存在する」ではなく、「存在が花する」というように語られるべきだと述べたことに結びつく。そしてこの事態こそ、井筒俊彦が何度も繰り返し強調したことだ。

アヴィセンナの『形而上学』においては、本質と存在の区別が存在偶有性説や独自の普遍論と一緒になって提示されており、存在偶有性説は批判された。しかしながらこれは実在的区別として、姿を変えて受容されたと考えることもできる。かたや、ガンのヘンリクスにおいてはアヴィセンナの偶有性をアヴィセンナの本意に沿って解釈する道が示され、受容されながらも実在的区別は否定されるという入り組んだ関係が現れる。

ここで少しヘンリクスについてコメントしておく。中世の三大哲学者としては、トマス・アクィナス、ボナヴェントゥラ、ドゥンス・スコトゥスが挙げられ、第二組目の三大哲学者としてはメロンヌのフランシスクス、エギディウス・ロマヌス、ガンのヘンリクスが挙げられる場合がある。ここにはアルベルトゥス・マグヌスやペトルス・アウレオリが入っていないではないか、という批判もあり、いろんな挙げ方があるのは確かだが、いずれにしてもガンのヘンリクスは生きている間の盛名や影響力において重要でありながら、それに見合う研究がなされていない大思想家である。二十一世紀に入って研究が盛んになりつつあるが、まだまだ不十分である。そして、この本で考えている存在一義性や〈認識論的転回〉の流れにおいても重要である。

トマスのアヴィセンナ偶有性説についての理解は中身に踏み込んだものではなく、『形而上学講義』(一二六九〜七二年)において次のように記している。

アヴィセンナは存在は実体ではなく付加物(aliquid additum)を意味すると述べた。彼が存在についてそのように述べたのは、他のものから存在を得るあらゆるものにおいて、事物の存在は本質とは異なるからだ。(中略)しかし、アヴィセンナは正しい語り方をしていないように思われる。事物の存在は、確かに本質とは異なっているとしても、偶有性の仕方で付加されたもの（aliquid superadditum ad modum accidentis）と考えられるべきではない。存在はむしろ本質の原理（principia essentiae）によって構成されているようなものである。

（トマス・アクィナス『形而上学講義』第四巻第二講義、引用者訳）

トマスは、アヴィセンナのテキストがもっと手に入り、存在偶有性説の具体的内容に踏み込む機会が与えられたならば賛意を示したに違いない。私はそう思う。存在が現実態（actus）であることは、存在の根源的先行性を意味するものとしての存在偶有性説と対立するわけではない。両者の思索はかなり重なっている。

しかしながらアヴィセンナをより肯定的に受容するためには、ガンのヘンリクスによるアヴィセンナ存在論の解明を経なければならなかった。

ガンのヘンリクスは当時用いられていたアヴィセンナ『形而上学』のラテン語訳に批判的な眼差しを向け、極めて好意的にアヴィセンナの存在論を理解しようとした。要するに、存在偶有性説においてアヴィセンナが特殊な意味で偶有性を用いていたことを理解し、テキストに即して理解するようになったのである。

第四章

# 存在の一義性への道――第一階梯

ここから、存在の一義性への道が始まる。ドゥンス・スコトゥスの存在の一義性についてはドゥルーズが『差異と反復』で華々しく紹介した。それが正しい読みなのか誤読なのかについては拙著『極限の思想　ドゥルーズ――内在性の形而上学』（講談社、二〇二一年）で詳しく論じた。ドゥルーズの読みは誤読ではあるが凡庸な「正しい読み」よりももっと正しい読みであることを示した。というのも、スコトゥスにおいて一義性の意味は大きく変容しているのであり、その点を見逃して古い「存在の一義性」でスコトゥスを読み、ドゥルーズを批判しても意味がないのである。

では、存在の一義性とは何か。存在の一義性とは、表向きは、存在は神と被造物について同じ意味で述語づけられるという極めてシンプルな理論である。存在の意味の空虚さと自明性と普遍性がこれ以上にないと言えるほど明確に見出されるのが、存在の一義性ということになりそうだ。一見したところ、面白さや複雑さなど期待できないように見える難解至極な理論であるが、すでに前章で触れたように、存在の一義性はアヴィセンナの〈本質存在〉という独自の存在論を前提としている。そしてアヴィセンナの存在論は新プラトン主義の影響を強く受け、『アリストテレス神学』——アリストテレスの著作ではなく、プロティノス（二〇四／〇五～二七〇）の『エンネアデス』の後半をアラビア語に翻案解説した著作——などを通じて発出論的側面を有していた。発出論とは神という一なる存在者から万有が生じてくるという枠組みで、そういうアヴィセンナの力動的な存在論を基礎にしているものが静態的な存在一義性を構成するとは考えにくい。

そういった背景を抜きにして考えれば、一義性とは名前もその概念も同じということであり、正しい三段論法を構成するのにふさわしい条件を構成するものだ。そのように考えれば、キリスト教神学の特殊な枠組みについてやギリシア哲学についての予備知識がなくても、理解できる哲学的な枠組みのように見える。

ところが実際にドゥンス・スコトゥスのテキストを読んでみると、存在の一義性の理論は複雑で何を言おうとしているのかわからない。アナロギア説を批判していることは最初にわかってくるのだが、このアナロギア説がトマス・アクィナスのアナロギア説ではなく、ガンのヘンリクスのアナロギア説である。アナロギア説もわからないし、トマス・アクィナスの考えと、ヘンリクスの考えが違うのかどうかもわからない。その結果、存在の一義性が何を批判しようとし、何を狙ったものなのかもわからないというのが多くの読者の感想だと思う。

さて、本書もだんだん話が錯綜してくることになる。以下ではスコトゥスのテキストを引用することが多くなるが、必ずしも十分に解説する余裕もないところが出てくる。とにかくスコトゥスのテキストは一読しただけでは歯が立たない。スコトゥスには偽書が数多くあり、昔のスコトゥス全集（ウォディング版）でわかりやすく、ああなるほどと一読で思えるものは偽書であった。しかも、このわかりやすいものを基礎として二十世紀の前半までのスコトゥス像が作り上げられてきた。

わかりやすいものだけ読んでもスコラ哲学の中心には入れないため、難しいとしても敢えて引用していく。理解できない引用も多いかもしれないが、その場合は重要部分をゴシック体で強調し、そこを押さえれば大枠はつかめるようにし、先に進むという方法をとることをお断りしておく。

## 1 イスラーム思想の中の一義性

### †イスラーム哲学史におけるモッラー・サドラー

ここで、ドゥンス・スコトゥスの存在一義性に踏み込む前に、少しだけ遠回りすることにしよう。前章とのつながりということもある。モッラー・サドラー『存在認識の道』（井筒俊彦訳・解説、岩波書店、一九七八年）に触れておく必要があるからだ。前章でアヴィセンナの存在偶有性説に触れたが、まだ釈然としないと感じる人は多いだろう。

イスラームにおける存在一性論と、ドゥンス・スコトゥスの存在の一義性とは似ているのかどうか、気にする人は少なくないだろう。言葉が似ているのだから。だが、関連が言及されることは多くはない。イスラームの存在一性論が語られる場面で存在一義性に触れられることはないし、逆に、スコトゥスの存在一義性が論じられる場面で存在一性論が言及されることもない。いずれの考えにおいても存在はすべてのものに先行し、第一なるものである。この存在の先行性ということが、ギリシア語であろうとアラビア語であろうとラテン語であろうと記述しにくいのである。スコトゥスの一義性の前にモッラー・サドラーの存在一性論を語ることは無駄ではないし、私はそういう回り道をして初めて理解できた。

さて、イスラーム哲学の流れを簡単に見ておく。モッラー・サドラーは井筒俊彦を読んできた人には馴染みの人物だが、それほど知られているわけではない。

どの時代の人かを知るために、イスラーム哲学史をなぞっておく。イスラーム哲学は第一期が九世紀から十二世紀末まで、第二期が十二世紀後半・十三世紀前半から十七世紀半ばまで、第三期が十八世紀サファヴィー朝の末期から現代まで、と大まかに分類される。

第一期を代表する哲学者はキンディー（八〇一頃～八六六頃）、ファーラービー、アヴィセンナ（イブン・シーナー）、ガザーリー、アヴェロエス（イブン・ルシュド）であり、第三期最大の哲学者がサブザワーリー（一七九七～一八七八／八一）である。第二期はイブン・アラビー（一一六五～一二四〇）とスフラワルディーという二人の大思想家に始まり、その二人の思想を組み込んだ「超越的哲学」の伝統を決定的な形で確立したのが、サファヴィー朝哲学界の最高峰をなすモッラー・サドラーである。

モッラー・サドラー（Mulla Sadra 一五七一／二～一六四〇）はサドル・ディーン・シーラージー（Sadr al-Din al-Shirazi）とも呼ばれる。十六世紀以降のイスラーム世界において、最も重要で影響力のあった思想家である。古来ペルシアの詩人の都として有名なシーラーズに生まれ、イスファハーン学派の師ミール・ダーマード、アーミリーに学んだ。聖地メッカへの七回目の巡礼の途上、バスラの都で死んだ。

彼はアリストテレス学派、照明学派、グノーシス派、シーア派などの神学を統合し、彼の造語した「メタ哲学・超越的哲学（ヒクマ・ムタアーリア）」のもとに壮大なる哲学・神学体系を描き出そうとした。モッラー・サドラーの著作はサファヴィー朝に開花したイラン・ルネサンスの記念碑的作品とも言われる。彼の思想は一方でアヴィセンナとスフラワルディーの思想、他方でイブン・アラビーとシーア派グノーシスの思想という二つの側面を総合したものである。また、モッラー・サドラーの独自な概念である「超越論的哲学」は、存在をリアリティの唯一の構成要素と見ることを基礎としていた。存在は彼にとって個体であり、内的に分節化された力動的プロセスで、同一性と差異性の唯一の源泉であった。彼の存在論もまた、被造物の世界をすべて覆うような壮大な理論体系が目指されていた。

### †『存在認識の道』における存在論

モッラー・サドラーの主著は『四つの旅』（正式には『知性の四つの旅に関する超越論的哲学』）で、その存在論を簡潔にまとめたのが『存在認識の道』だ。イスラーム哲学における存在と本質の問題に関する簡潔にして深淵なる著作で、井筒の翻訳は途方もない業績である。これはアヴィセンナに発するイスラーム存在論の流れを押さえるのに重要で、西洋中世の存在論をとの比較を考える上でも大事な本だ。

モッラー・サドラーはその著書の中でアヴィセンナの存在論を受け継ぎ、誤解されていた存在偶有性説を存在の根源的先行性（asālat al-wujūd）として定式化した。存在の根源的先行性とは概念的思惟の領域では本質がまず存立していて、その後に存在が偶有するが、概念化以前の実在界においては順序が逆でまず存在があるということだ。そして存在の一性（wahdat al-wujūd）とはイスラーム存在論の基本テーゼである。

さて、そういった根源的にある存在は、本質によって様々に限定され変様するというよりも、存在がそれ自身で様々に自己を限定し、変様・現成しつつ顕現する。換言すれば、唯一なる実在としての存在が無限に異なる様相をとって顕現するわけである。これが存在の類比性（tashkīk al-wujūd）で、モッラー・サドラーの存在論の第二の柱を構成している。類比性はアラビア語ではタシュキークである。

タシュキークは訳しにくいが重要な概念で、英語では「存在の体系的曖昧さ（systematic ambiguity of exitence）」と訳されたりもするが、一方で「アナロギア的段階性（analogical gradation）」という訳もあり、こちらの方が意味を伝える。要するに、存在が段階的に推移する強度の階梯を形成し、その階梯の各々が個別性を有した本質として顕現すると整理してもよい。井筒の言葉を借りると、「本質は存在の内的自己分節である。外から加えられる外的限定ではなくて、存在自身の内奥から起こってくる自己限定である」となる。ここに、西田幾多郎の述べた「一般者の自己限定」に通底する存在論の枠組みを見て取ることも可能である。

タシュキークはアナロギアと結びつけて説明されることが多いが、西洋中世のアナロギアと直接関連づけるのは避けた方がよいと私は思う。アナロギアは基本的に分断の思想であるが、一義性は連続の思想である。そして、タシュキークもまた連続の思想なのである。

というのも、このタシュキークにおいては存在の一性が重視されていて、西洋中世のアナロギアでは、存在の一性は否定されているのである。存在の先行性、存在の一性、存在のタシュキークは、すべて大枠においてドゥンス・スコトゥスの存在一義性にも当てはまると私は思う。モッラー・サドラーとドゥンス・スコトゥスとの間に影響関係はもちろんないが、両者はアヴィセンナを共通の源泉としているのであるから、類似した枠組みを双方が独立に作り上げても不思議ではない。それは案外当然のことなのである。いずれにしても、ドゥンス・スコトゥスの存在一義性と、モッラー・サドラーの存在論は基本的に枠組みにおいて対応し合っている。このことを示しているのが、モッラー・サドラーの『存在認識の道』なのである。

## 2 アナロギアとは何か

## †スコトゥスの一義性とトマスのアナロギア論

次にアナロギアを大まかにではあるが見ておく必要がある。アナロギアと一義性は対比的に用いられ、中世存在論の二大理論のように見える。実際のところ、アナロギアは盛んに語られても、スコトゥスの存在一義性は近世に入って学説史や哲学史が成立してからもほとんど注目されてこなかった。神と被造物について存在は同名同義であるという説は心惹かれるものではなく、一義性を論じたスコトゥスの主要テキストもわかりにくい。注目されなかったのも不思議ではないというか、当然のことである。

さて、アナロギアという言葉はアリストテレスが定式化し、中世哲学でもよく用いられると記されている。だが、近世のスコラ哲学で大きな話題ではなかったから、中世では実際のところどうだったのか。

存在のアナロギアという考えが、トマス・アクィナスの存在論の特徴として語られることは現在においてもしばしば見出される。しかしこれをトマス・アクィナスの思想の特徴として取り出すのは、様々な意味で望ましくないと私は思っている。私はトマスをスコトゥスの論敵として捉えてしまい、心穏やかにはトマスを読めない時代が長かった。私は今では素直にトマス・ファンになってしまった。トマスを好意的に見ているのだが、それでもアナロギアは案外小さな理論で、トマス自身それほど重視していなかったと思う。

トマス・アクィナスの存在論は山田晶が示したように、存在のアナロギアなどという小さな理論に収まるものではない。とはいえ、アナロギアがトマスと結びつけられてきたことはある。ジル・ドゥルーズはトマスとドゥンス・スコトゥスを対比的に整理し、アナロギア説と一義性説に整理した。確かに、トマスの思想とスコトゥスの思想は極めて異なり、対極的と言ってもよいほどだが、スコトゥス自身は敵対しようとはしていないし、中世から近世にかけての学説史的整理においても、両者がそれほど遠い系譜に属しているわけでもない。スコトゥスは『形而上学問題集』第四巻においてアナロギア説に明確に賛成し、一義性を批判している。ここに見解の変化や時代的発展を見るなどいろいろな解釈があるが、大きな枠組みにおいて発展はあっても根本的変化はなかったと私は思う。後で少し検討したいと思うが、ここでは先を急ぐ。

アナロギアは基本的に、①帰属のアナロギア、②比例のアナロギア、③不等性のアナロギア、という三種類に分けられる。不等性のアナロギアは気にしなくてよく、前の二つのアナロギアの方が大事だ。

日本語でこのアナロギアの論理を示すことは楽ではない。というのも、同一の語で表現されることが要点であり、言葉が「絆」になっているのだ。ラテン語で表現すれば絆関係が現れても、日本語ではその絆関係が反映されないことも多い。西欧語では一般的な名詞と形容詞、そしてそれらが実体とその性質とに対応しているという前提があってアナロギアが成り立っており、動詞・名詞・形容詞の間の派生語関係がアナロギアにおいては重要である。よって、トマスのアナロギア論が『神学大全』では、第一部第十三問「神の諸々の名について」で論じられるのは当然のことなのである。

ここではラテン語で考えておく。日本語ではアナロギア関係は表現できないからだ。sanusという形容詞は「健康的」という意味で、これは「ソクラテスは健康的だ」「或る食べ物は健康的だ」「あなたの顔色は健康的だ」というように使えるが、その場合、「健康的（sanus）」は同義的・一義的に使われているわけではない。ここで挙げた例では、「健康という性質が内在している」「健康の原因となる」「健康の徴となっている」ということで、異なった意味を持つとされている。しかし「ソクラテス」という実体に帰属しているという点では共通であるので、同じ意味ではないが、ソクラテスという一つの実体に帰属することで一なるものとなっている。つまり一なるものではないが、一なるものに関係づけられる点で共通だとされるのである。この帰属類比がアリストテレスにおいて中心的な位置を占めていたし、トマス・アクィナスにおいてもそうである。究極的には神に向けて一なることが帰属類比なのである。このアナロギアは実体が何であるかを認識させる点では有力な道具ではないし、そのように意図されて用いられているのでもない。

これに対して比例類比というものがあり、典型的には脊椎動物――肺＝魚――エラという図式で表現される。これは機能の同一性ということだ。このように認識の道具としてアナロギアを捉えれば素通りできる概念であるが、アナロギアは『神学大全』第一部第十三問においては神の認識の可能性に関連して論じられている。トマスの神学観の中で提出されている以上、簡単に素通りできる道具ではない。スコトゥスの一義性も純粋存在論の問題としてというよりも、神の認識と神と被造物との関連をめぐる神学全体の構図の問題である以上、その枠組みが見えてくることで全体が見えてくる。

アナロギアとは、言葉によって統一されるものが、どのような存在論的な基盤を有しているかという話なのだ。アナロギアは大きな存在論体系への入口なのである。

## †トマス・アクィナスの神学観

トマスによると、人間知性は自然本性的に備わった能力によって神の本質を見ることはできず、人間知性に適合した認識対象は質料的事物の何性であるという。確かに、人間知性はこのような可視的事物の本性を通じて不可視の事物の認識に上昇していくことはできるが、限界はある。自存する存在そのもの(ipsum esse subsistens)を認識するのは神の知性だけであり、神の本質を認識することは人間の自然本性的能力を超えている。ただし、神の本質の認識が人間知性に閉ざされているのではない。

神がその恩寵により、自ら被造的知性にとって可知的なものとして結合する（se coniungit）のでない限り、人間が神をその本質において見ることはできない（『神学大全』第一部第十二問第四項）。

神を認識するためには、超自然的な用意が付加されるのでなければならず、知的能力の増大、つまり、知性の照明・啓示が必要である。聖教は学知（scientia）であるとしても、知性の自然的光によって明らかになった基本命題から出発する学ではなく、神および至福者たちにおける知の光によって明らかになった基本命題から出発することが必要である。神学は聖教であって、学知の一種とはいえ特殊な意味での学知であり、むしろ知恵である。神をその本質において見る者は神において一切を見ることはない。認識の道を貫き通すことで、その到達点に神が存在するのではない。

「この世の生に従って生きる人間の魂にとっては、神の本質を見ることは不可能である」（『神学大全』第一部第十二問第十一項）というように、神の自然的認識が否定された後で神の名前が論じられる。名前とは認識の後に与えられるものだから、自然的認識が与えられないのに「神」という名前が与えられるのはどういうことか論じられ、その文脈でアナロギアが出される。アナロギアは神を自然的に認識することの不可能性に対して、いかなる啓示が要請されるかを仄めかしている。

「在るところの者」という名称は、神に固有な名称「存在そのもの ipsum esse」を表現する。そしてダマスケヌスの「神について語られる如何なる名称よりも根源的なものは「あるところの者」なる名称を措いてはない」という一節をトマスは引用し、「それは自らのうちに全体を抱擁するところの、いわば無限なそして無規定的な実体の大海のごときものだからである」という言葉を援用する（『神学大全』第一部第十三問第十一項結論参照）。ダマスケヌスの言葉は、ドゥンス・スコトゥスもまた決めぜりふとして用いており、異なる方向性を持ちながら、二人とも援用しているのは途方もなく面白い。トマスのアナロギア論とスコトゥスの一義性とが重なるところがあるというのは見逃せない。

ともかくも、アナロギアは神による啓示を要請し、存在の一義性は要請しないという点では大いに異なる。

### †アナロギアの早わかりのために

ここではトマスのアナロギア論を正面から分析するのではなく、近道を通る。十八世紀の哲学辞典の中からアナロギアの項目を紹介したいと思う。アナロギアはアリストテレスに登場し、帰属類比が扱われていた。中世においてアナロギアは受容され、特にトマス・アクィナスがそれを受け入れ、彼の思想の特徴とまで見なされるようになった。やはり帰属類比が基本である。ところが近世に入ってカエタヌスが『名称のアナロギアについて』という著作を著し、アナロギアにおいては比例性のアナロギアが基本であるという整理を行ってしまった。アナロギア論の歴史にも様々な屈曲がある。なおかつ、アナロギアには不等性の類比というもう一つの類比もある。丁寧に悦明しているとそれだけで一冊の本になる。

ここでは十八世紀初頭の哲学辞典（エチエンヌ・ショヴァン『哲学辞典』第二版、一七一三年）を利用しよう。「類比」の項目を全訳する。

類比には、三種類のものが一般に考えられている。第一のものは不等性の類比（analogia inaequalitatis）、第二のものは帰属の類比（analogia attributionis）、第三のものは比例性の類比（analogia proportionalitatis）と言われている。

不等性の類比物（analogia inaequalitatis）と言われるのは名称が共通であり、その名称に関して定義（ratio）はまったく同一であるが、秩序または本質的形相に関しては、分有の程度が同じではないものである。たとえば「動物」は「人間」と「けもの」に関して、類比的なものと言われる場合である。確かに両者は名称と「動物であること」という規定に関しては一致するが、「人間」は「理性的」によって限定されている動物の本性を分有しているのである。この「理性的」という種差は、「動物」を「けもの」に限定する「非理性的であること」よりも完全なものである。従って、帰結は次のようになる。人間における動物的本性は、動物における動物的本性よりも、完全な仕方であるということである。ただし、端的な動物的本質によってではなく、付加された「理性的」という種差によってである。このようなわけでこの不等性の類比は、一義性と両立することができる。というのも、「動物」は一義的なものだからである。別の言い方をすると、不等性の類比物と言われるのは、いかに完全性において不等性があろうと、その不等性が介在しているのではなく、むしろ類比的なものの一方がもう一方への本質的な依存の方が介在しているものである。このような類比が実体と偶有性、神と被造物との間にある。偶有性は実体に、被造物は神に依存するからである。

帰属の類比物と言われるのは、名称は共通であって、名称に関する定義も名辞に関して同じであるが、名称に関する関係的あり方 (habitudo) では異なるものである。別の言い方をすると、帰属によって類比的な名辞とは、あるものから別のものへの秩序によって、多くのものに語られるようなものである。そのようなわけで「健康な・健康的な・健康に役立つ (sanum)」はこのような種類の類比によって類比的なものと言われる。

なぜならば、「健康」はまず健康さを有する動物に適合し、そしてその次に「薬」、「脈拍」をも意味表示するように拡張されるのである。たとえば、動物のうちに存在する健康さのように、同一の名辞の定義は保たれるが、関係（respectus）は様々である。というのは、「脈拍」は記号の秩序を有し、「薬」は起成原因の秩序を有するからである。

比例性の類比物と言われるのは、定義は端的に異なるが、比例的な仕方で類似しており、そのために共通の名称を分有しているものである。このような類比が、魚の骨（spina）と骨（os）との間に見られるように思われる。というのは、魚の骨におけるあり方は、骨が動物におけるあり方と同じだからである。同様に、同じ類比が視覚（visus）と知性（intellectus）との間にある。というのは、知性もまた知性に相応の仕方で見る（videre）と言われるからである。（エチエンヌ・ショヴァン『哲学辞典』第二版、引用者訳）

この最後の比例性の類比が中心的なアナロギアとして位置づけられるのは、近世初頭のカエタヌスにおいてである。比例性の類比の話でも多少複雑なところがあるが、問題となるのは、存在一義性は確かにアナロギア説を批判するものだが、そのアナロギア説とはトマス・アクィナスのものではなく、ガンのヘンリクスのアナロギア説ということである。そして、ヘンリクスのアナロギア説はトマスのアナロギア説と造りが違っており、このあたりが面倒なところである。大事なのはアナロギア論が神の不可知性と結びつくことであり、ガンのヘンリクスの立場もこれと同じであり、この点をスコトゥスは批判する。そして神の認識可能性を語るのが存在一義性なのである。

### †ガンのヘンリクスのアナロギア説

このヘンリクスのアナロギア説は、花井一典氏と私がドゥンス・スコトゥスの『存在の一義性』の翻訳を作るときにとても苦労したところだ。当時、日本ではヘンリクスの研究をしている人は加藤雅人氏以外にはいなかった。

ヘンリクスの所説の概要は、対象の認識はどのようになされるかということから始まる。偶有性から始めて本質に至る認識は可能であるが、神について偶有性は存在しないから、偶有性から本質に至る道はない。そして、この本質はそのままでは感覚に与えられるものではなく、認識できない。神について語られることは山ほどあるが、それらは神の本質ではなく、神の本質の周り (circa naturam) を表現しているだけだ。神の本質を知ることができるのは自然的認識によるのではなく、照明によるしかないというのがヘンリクスの考えである。

ヘンリクスの道筋はアヴィセンナの存在論を忠実に受容し、さらに独自の新プラトン主義的な証明学説を重ねているためわかりにくい。スコトゥスの批判は「一般共通性において神と人間が同じ存在の元にあるならば、その存在は空虚なものになるし、神の個体本質に辿り着こうとすると、否定的にしか認識できず、照明によって与えられるしかない。したがって神の自然的認識はいずれにしても不可能である」と説明できる。スコトゥスは、神の自然的認識は可能であると考え、強く主張するのだ。しかも、存在の一義性は神の自然的認識の可能性だけを目指したものではない。神と被造物が豊饒なる存在の海の中で融合しているというイメージもあったのだ。詳しくはこれから述べるが、そういうイメージを得るのに私はずいぶん時間がかかってしまった。

先を急ぎすぎたようだ。もう少し手前に戻って話を見直していく。

## 3　存在一義性が目指す場所

### †存在の一義性という黒い淀み

トマスのアナロギア説に対するスコトゥスの一義性説が対決の舞台として整理されることは多いのだが、すでに見たように、スコトゥスの批判の対象は必ずしもトマスではなく、むしろヘンリクスの方だった。

スコトゥスはアリストテレスも評価するが、アウグスティヌスとアヴィセンナの立場を評価することが多い。トマスやヘンリクスは否定神学の立場にあり、スコトゥスは肯定神学の立場にあるのだ。だからこそ、トマスの説を批判することも多い。

さらにトマスにおいて、人間知性の本来的な適合対象は質料的事物なのだが、スコトゥスは存在そのものだと捉える。これは哲学の構えの根本的な違いなのである。認識論の枠組みにおいても、トマスは間接的個体認識の系譜に属し、スコトゥスは直接的個体認識の系譜に属している。トマスは感覚や質料性を重視するアリストテレス主義に立つのに対して、スコトゥスは直観を重視するのだからトマスと対比的になることは多いのだが、一義性について本来の敵はトマスではない。認識論の枠組みにおいて、アリストテレス主義とアウグスティヌス主義は枠組みが異なるのである。

存在論の場面にとどまり、もう少し丁寧に見ていく。トマスとスコトゥスは対比的に扱われる。これはドミニコ会とフランシスコ会を対比させ、それぞれの特質を際立たせようとする十四世紀の戦略だったように思う。両者は対比的な道筋を辿ることも少なくないが、全体として見れば中世思想の大きな枠組みの中で対極に立つような関係にはない。

存在の一義性について、神と被造物について存在は一義的なものだという見方では表層しか見えてこない。これは深く難解な豊饒さを有しており、黒い淀みのようだ。

スコトゥス用語が多数登場し、すべてを覚えなくても十数個は覚える必要があるし、さらに、神の認識の場面と、神と被造物との存在論的合一の次元という複数の層で考える必要がある。そしてそれらを結びつける概念が、**〈個体本質〉**と**「無限なる実体の海」**というダマスケヌスに由来する言葉なのだ。

長い間この黒い淀みの淵に立ちすくみながら考えて、やっとそういう景色が見えてきた。

## †個体本質とは何か

どれから説明を始めればよいのか悩ましいが、〈個体本質〉から始めておくのはよい方法だと思う。スコトゥスの存在一義性を理解するための最大の鍵となるのは、神の〈個体本質〉だと思うからだ。そして、この〈個体本質〉は被造物の個体化原理である〈このもの性〉と重なるところが多く、存在一義性と個体化論が結びつく論点が見出される。神の存在を認識するとは一般概念としての存在を認識することではなく、神に固有な存在を認識することだが、それは無限存在というより、三位一体の神というキリスト教に固有な個体性を持った神の存在ということだ。神においては普遍性と個別性が一つになっている。もちろん、このことは哲学的に理解することは難しいのだが。

## 〈このもの性〉

〈このもの性〉haecceitas——〈このもの性〉については第七章で詳しく論じるとしても、それまで待たせるわけにもいかないので暫定的な説明を与えておきたい。これは〈此性〉と訳したこともあるが、日本語としてどちらも落ち着かない。ここでは哲学用語としての硬さを避けて〈このもの性〉を採用する。スコトゥスは存在の一義性を力強く探究しながらも、同時に個体性の原理にも独自の理論を展開し、それが〈このもの性〉として定式化された。〈このもの性〉haecceitas という用語自体は、『パリ講義録』や『形而上学問題集』など特定のものにしか登場せず、個体化論が詳しく展開される『オルディナチオ』や『レクトゥラ』には登場しないので、スコトゥス自身の用語なのか長い間疑われてきた。特に〈このもの性〉が何度も登場する『形而上学問題集』はテキストが長い間混乱した状態のものしか手に入らなかったので、怪しげに見られてきた。

また、〈このもの性〉は近代的な個人主義につながる個体原理として、個人が重視されていないように見える中世において特異な概念であることもあって、昔から注目されてきた。だが、その内実を具体的に考えると、スコトゥス自身の記述もわかりにくく、数多くの研究にもかかわらず謎めいた概念のままである。

共通本性がたとえば「人間性」としてあって、それを限定して「ソクラテス」が成立する場合、このソクラテスという個体を成立させるものは、「ソクラテス＝この人間」と記述すれば、「これ」という代名詞に対応するものなので代名詞を抽象名詞化して haecceitas が得られる。「この人間」はラテン語で hic homo だが、抽象名詞化する場合には hic の女性形 haec が用いられ、haecceitas（haeceitas とも記される）になる。「ソクラテス」における〈このもの性〉は、「ソクラテス性（Socrateitas）」と具体化される。では、この〈このもの性〉の具体的内実は何であるのか、スコトゥス自身、「個体的存在実質」「究極の実在性」「個体化の原理」などと言い換えていても内実については説明を加えておらず、それが何であるか知解可能ではないとも述べていて理解が難しい。具体的内実については第七章で検討する。

そして一義性の理論においてはスコトゥスの実在論、形相的区別の目指すところも見定められる。一義性の理論は必ずしも完成しなかったのだが、目指していたものを見据えなければその全体の姿は見えてきにくい。そしてオッカムが批判したのは、スコトゥスが個体化の原理を措定していること、形相的区別を想定したことだ。スコトゥスが目指していたものを批判するのだが、それは目指している思想そのものを批判していたのか、それともスコトゥスの方法を批判していたのか。オッカムの批判は外側からの批判ではないのかもしれぬ。そしてここにこそ、スコトゥスとオッカムの立場の違いを理解する鍵がある。

〈個体本質〉は神の個体性を表現するものでラテン語ではhaec essentiaとなり、これはhaec（これ）とessentia（本質）から合成されている。何気ない用語であるように見えるが、スコトゥス形而上学の輻輳点に位置する概念だ。

本質という語は多義的だが、ここでは〈個体本質〉に登場する道筋に注目する。一般に存在（esse）とは「存在するか（an est）」という問いへの答えとして与えられる。たとえば、「野いちごはあるか」との問いに「野いちごはある」というように示されるが、本質の方は「野いちごとは何か（quid est fragaria vesca?）」という問いへの答えとして与えられ、それが本質である。これは何性（quiditas）とも言われるし、類と種差からなる定義としても、類と種がいずれも普遍であるから普遍と置き換えることもできる。

本質（essentia）の存在（esse）に対する関係は、「である（本質存在、相在）」と「がある（現実存在、現存）」という対比で説明されることも多いが、アウグスティヌスに由来する有名な実例では、本質と存在は、正義（iustitia）が正しいこと（esse iustum）に対する関係に等しいとされている。存在・エッセ（esse）というのは、中立的な無規定性ということではない。「机が存在する」という場合、日本語では机の内実が示されることなく、存在だけが示されて内実は無規定的にとどまるものとして考えられやすいが、そうではない。本質という潜在的にとどまり、そのままでは無規定的なままにとどまるものが存在という相の中で規定性を顕現し、具体的な規定性を得るということが存在・エッセということだ。

神について認識するとは神の本質を認識することであり、本質は「何であるか」を示す。ところで、神においては存在（esse）と本質（essentia）は同一である。神は「在りて在る者」であり、本質と存在は同じものである。つまり神の本質、神の固有な本質、神の〈個体本質〉とは「何であるか」という問いに対して、「在る者」ということだ。「神が在る」ということが神の本質をすべて表しているのである。

**†スコトゥス哲学の軸としての神の個体本質**

ここで**被限定性** determinabile—**限定作用** determinans—**既限定態** determinatum という中世存在論の三項図式で考えるべきだと思う。被限定性とは無規定的なノッペラボウではなく、様々な規定性が潜在的にとどまり具体化していない状態だ。それが徐々に現実化し、規定性が現実化し、存在を得る。存在・エッセとは現実態（actus）であるというのは、日本語で存在を考えてしまう人間がどうしても見逃しやすいところだ。完成し、すべてが現実化し、既定性に落ち着き、すべてが完成した静態性においては昆虫の標本のように存在・エッセは失われてしまう。存在を、最も普遍的で空虚で定義不可能で自明な概念と捉えることは中世においてはなじまない。そんな存在概念を誰が喜ぶだろうか。中世は存在を豊かに語り、その様々な姿を語り分けていた。存在・エッセ（esse）と現実存在・エクシステンチア（existentia）を重ねて考えて存在から内実を奪い取り、空虚なものにしてしまったのは近世の罪なのだと私は思う。

話を中世に戻す。ところが、神において神の存在と本質は同一である。これは中世神学を考える場合に決定的に重要であるし、神学への予備学として捉えられる哲学においても決定的に重要である。だが、この難題はアリストテレスには課されていない。この課題を引き受けてこそ、神学の門を通ったと言えるのであり、門の外の知と門の内の知が総合されるというようなことは言葉面のことなのだ。

トマス・アクィナスにおいても同じだろう。ギリシア哲学とキリスト教神学との総合を試みた、総合を行ったというような予定調和的な整理は読まないで通り過ぎるための口実として都合はよいが、地図としては役立たない。

「神とは何か」という問いに、「神はある」ないし「神は在りて在る者である」と応えられる。そのような神の特有の本質が神の〈個体本質〉である。三位一体の神はキリスト教に固有な神だが、それは〈個体本質〉とは言わない。

〈個体本質〉（haec essentia）において〈これ〉（haec）という指示語は本質に適用され、本質を個別的な本質として限定する。しかもその限定の仕方は、存在に何か外的な原理を付与することによってではない。これは重要なことであり、この論点は被造物にも適用される。この人（hic homo）は、人（homo）の現実存在以上のものは含んでいないのである。個体化とは外から何かが付け加わって成立することではない、ここにスコトゥスの個体化論の要点がある。そしてそのような個体化論であるからこそ、個体化の原理を不必要とした唯名論と接続するのである。

どこに困難があるのか。〈個体本質〉は〈これ〉（haec）という指示詞によって何も付加されず、同じものが繰り返されている。これは自同的関係とも言える。神の〈個体本質〉とは極めて特殊な本質のあり方をしており、神学とは神をこの個体本質の観点から対象とするものである。そして、この〈個体本質〉は極めて多くの真理を包蔵したものなのである。神の〈個体本質〉という用語はドゥンス・スコトゥスに固有のものであり、これがスコトゥスの哲学の軸となる。存在論は「何（quid）」と表記される事物に向かうものと考えられがちだが、スコトゥスは「誰（quis）」という人称性を持ったものに向かう。スコトゥスの個体化論の核心はそこにあるはずだ。個体化原理は人称性の手前までしかいかない。それは個体化論の呪いではなく、祝福なのである。

## †スコトゥスの神学

　形而上学の第一の対象となるものは神ではない。神学の第一の対象は形而上学とは異なり、神であるが、それはいかなる意味においてなのか。神学が学知（scientia）であるとすれば、それは学知としての条件を満たさなければならない。学知としても、算数や幾何学のように自然本性的な光において知られる原理から発するものもある。トマスは神学をそのような意味での学知としてではなく、神と至福者たちの知から発するものだと考える。神から啓示されたものが伝承され、間接的に教えられるものを原理とするというのである。

**　スコトゥスは、神学を自然的な学知として捉え、そのために、神は人間知性にとっての自然的に認識可能で、第一の適合対象であることを示そうとする。それには三段階の条件を満たさなければならない。神について、自然的認識可能性、第一の認識対象、適合対象であることを示す必要があるが、その根拠になるのが存在の一義性なのである。**

　至福者とは天使と天上の霊魂だが、そういった非質料的な霊魂の認識がなぜ現世の人間の認識の根拠を提供できるのか説明は困難である。その困難を十分に承知の上でトマスは神学を体系化した。哲学と神学の調和的総合を目指したという教科書的整理がよく見受けられるが、そんな安易な道筋をトマスが語ったとは信じることはできない。神学とは常に徹底的に困難な道筋であり、スコトゥスの辿る一義性の神学もまた難渋である。

トマスも神学を、神の神学、至福者の神学、人間的な神学など、様々に分類する。スコトゥスの方はそこに、**神学それ自体**（theologia in se）、必然的な神学、偶然的な神学も加える。

これら神学の分類は『オルディナチオ』の序文において詳しく展開され、存在の一義性の論じられるための舞台を設定するものになっている。しつこく繰り返しておくと、存在の一義性とは神学が成立するための可能性の条件なのである。この『オルディナチオ』の序文は、哲学と神学の関係をどう捉えているのかが示される場所なのだ。神との直接的対面的認識が強く目指されている。それが現世において可能だというよりも、可能性を示そうと、対面的認識の場面を見果てぬ夢のように追い求めるのだ。そういう見通しがなければ、スコトゥスの議論はいつも進む気力を削ぐほどに難しい。

存在の一義性が論じられるのは、第一巻第三篇においてなのだが、その準備が序文においてなされている。

> **神学とは、神を〈個体本質〉の観点から対象とするものである。それはちょうど人間に関する学知が、ある特定の普遍的な観点や偶然的な観点からではなく、人間である限りにおける人間を対象とする場合と同様である。**（『オルディナチオ』序文一六七節、引用者訳）

神の〈個体本質〉という用語は、スコトゥスが『命題集』への解説を行い始め、それを仲介としてまとめる作業の中で辿り着いたものだ。スコトゥスの作り出した独自な概念である「直観的認識（cognitio intuitiva）」が個体を対象とするものであることとも連動してくる。

**神学それ自体の全体、神の神学、至福者の神学いずれにおいても、第一の主題は個体本質（essentia ut haec）であり、至福者によるその直視（visio）**こそ、形而上学における存在の認識と同様に、第一の主題となっている。そして、この至福直観は神学としてあるものではなく、主題の完全なる非複合的な把握と同じようなものとしてあり、自然的な仕方で学知に先行するものである。（『オルディナチオ』序文一七〇節、引用者訳）

神における個体性は確かに唯一者という側面を有する。しかしそれは多と対比される一ではなく、すべてを含むという意味での唯一性である。神は人間知性にとっての第一の対象であるが、第一の対象であるということは、その対象に関する真理をすべて包含する限りにおいて第一の主題であるという前提を備えている。

スコトゥスは『オルディナチオ』の序文で、神学の対象は、個別者としての〈個体本質〉

(essentia haec ut singularitas) であることを強調し、〈個体本質〉は本原的にかつ潜在的に自らについての多くの真理を含んでいるということも強調する。

神の神学であれ至福者の神学であれ人間の神学であれ、神学はすべて、あらゆる存在者を対象とし、それらについての認識可能なものの観点から考察する。つまり、**〈個体本質〉としての神の本質への関係において考察する。**というのも、関係は、関係両項の認識なしには認識されないからである。そして、この個別者としての〈個体本質〉(haec essentia ut haec) への関係は、個別者としての〈個体本質〉の認識なしには認識されえない。したがって真の言い方をすれば、神学はあらゆるものを対象とし、神学は不完全性を含むことはないところのあらゆる認識なのである。(中略) **神の知性のなす認識こそ、或る認識可能なものへの関係における、つまり、〈個体本質〉への認識可能なものの関係における、あらゆるものの認識なのである。**ただし、この〈個体本質〉は被造物の関係の終端とはなるが、人間によって自然的に知解可能な属性という仕方においてあることはない。

(『オルディナチオ』序文二〇六節、引用者訳)

神学それ自体は神の知性が行う神学であり、そして、そこにすべてのものが含まれているということはライプニッツの可能世界論を先取りしている。そして、様相概念の改革（可能性概念の拡張）もライプニッツを先取りしている。

### †神学の成立条件としての一義性

神の知性が認識可能なものすべてを対象とするということは神の本性から導き出されるが、スコトゥスは神におけるすべてのものの認識可能性がしかるべき根拠を持っていて、その認識可能性は人間の認識とも多くの点で共通だと考える。だからこそ、神の神学と人間の神学を結びつけようとし、その媒介項として至福者の神学を持ち出すのである。そしてこの至福者の神学はトマスにおいても明確な位置を占めている。至福者の神学とは人間の認識可能性の限界を問うものなのである。

スコトゥスの『命題集註解』第一巻では神学の成立の可能性とその対象が扱われた後、第一篇において享受の問題が扱われ、第二篇で神の存在と一性、さらに三位一体が扱われている。ここではまだスコトゥスの本領は未展開のままだが、第三篇になって序文での準備が働き始める。

第三篇は三部構成で、第一部が神の認識可能性、第二部が似像（vestigium）論で短く、第三部は似姿（imago）論である。

この『オルディナチオ』の第一巻第三篇で存在一義性が論じられる。もう少し後の第八篇でも存在一義性が論じられるが、論じ方の場面が少し異なっている。この二つの箇所が存在一義性のメインスタジアムなのだ。両者の内容上の違いについては後に論じる。

第三篇第一部第一問は「神は現世の人間知性にとって自然的認識は可能なのか」、第二問は「神は現世の人間知性にとって自然的認識の第一の対象であるのか」、第三問は「神は現世の人間知性にとって適合的な第一の対象なのか」と並べられている。

第三問はトマス・アクィナスの「人間知性にとっての適合的な第一の対象は質料的事物である」という説への対抗という意味合いも含まれているが、主たる論敵はガンのヘンリクスである。ヘンリクスの議論に従うと、抽象的で空漠たる存在概念としての神の認識か、さもなければ個体性を備えた神については認識不可能で、せいぜいアナロギア的な認識しか得られないとする隘路を避け、個体的な神の認識を人間知性の第一の対象として打ち立てることで、神学の基礎づけを図ろうとする。

現世の人間知性にとって神の自然的認識は可能か。スコトゥスは可能であると答え、トマス・アクィナスとは異なった答えを出した。トマスによれば、それは可能ではない。現世において神を見た者はいない以上（見たと語る者は多数存在するとしても）、自然的認識は可能であるとはどういうことか。天上における至福直観、神と人間とが顔と顔とを合わせての対面的直視

(visio facialis) については直接言及されていないが、その可能性とそこへの道行きを踏まえた議論であることは予想できる。現世の人間知性にとって神の自然的認識は可能であるというスコトゥスの主張は激しく強烈なもので、卒然と主張できるようなものではない。

自然的ということにも注意が必要だろう。自然的 (naturale) というのは超自然的 (supernaturale) と対比的に用いられる。超自然的とは奇蹟の起きることだけに限定されるのではなく、神の恩寵に発することにも用いられる。存在一義性の議論場面に神の恩寵は登場しない。そして意志的 (voluntale) ということが出てくる。超自然的と意志的ということは重なり合い、これが自然的と対比的図式を構成する。

自然的な認識の場面における認識可能性は、意志的場面での関わりの前提になっている。ドゥンス・スコトゥスが意志の自由と偶然性を強調したことは重要であり、存在の一義性がそれと無関係とは考えにくい。

**†密林に入りゆくスコトゥスの理論**

存在の一義性が主題化されている『オルディナチオ』の第一巻第三篇第一部での問いは、神の自然的な認識の可能性に引き続いて、神は人間知性の自然的認識において第一の対象であり (第二問)、第一の適合的対象である (第三問) と進んでいく。

スコトゥスが求める強い意味での存在の一義性には、①神は人間知性に自然的な認識対象である、②神は第一の認識対象である、③神は人間知性の適合的な認識対象である、という三つの要件がある。現世の人間知性が現実的に認識可能でないにもかかわらず、学知としての神学が可能であると言うためには、神が神学の本来的な対象であることを示さなければならない。それが存在の一義性であった。しかし認識の側面におけるその論証は途中で方向性を変え、存在論の場面で神と人間との一体性が語られることでその目標が図られると整理できる。

最初に「一義的概念」とは何かが説明される。スコトゥスの説明は淡泊で、彼は「一義的概念とは、同一の主語について同時に肯定かつ否定すると自己矛盾を引き起こす条件を備えた概念である」と説明する。

そこから、スコトゥスは確知していることと不明であること（迷うこと、疑うこと）を使って一義性の特質を示す。たとえば、ある概念を確知しているが、その概念が二つのいずれかであることに迷う場合がある。あるものは存在であることは確知しているが、無限であるか有限であるかについて疑わしい場合、その存在概念は無限存在と有限存在について中立的であり、その両者の構成要素として含まれているというのが一義性証明の一番目である。

この論法は『命題集註解』第一巻第三篇に登場し、中世において盛んに批判されたもので、私には覚束ない論証に見えて少しがっかりした記憶がある。もちろん、そう考えてはならない。

証明は全部で五つ出されているが、一番有名なのはこの最初のものなのである。

スコトゥスは、神を現世の人間が自然的な仕方で本来的な仕方でつまり、「このもの（個体）」そのものを「この本質（個体本質）に即して」（sub ratione huius essentiae）現実に認識することはできないが、可能性、しかも拡大された可能性の領域に収めていると考えている。現世における人間の神学は恩寵を待つしか与えられないものではなく、拡大された可能性の意味において人間知性にも自然的に獲得可能なものである。

次の第五章でスコトゥスの用語について説明を加える。スコラ哲学には難解な用語が数多くあり、何のためにこんな煩瑣な区別をするのだと思うことも多く、煩瑣哲学と言われるのもうなずける。アリストテレスの用語を取り入れ、その後イスラーム哲学者のアラビア語経由の註解や解説を取り入れる。統一的なラテン語訳が定まらないままで、一つの語の訳語が複数あることはもちろんのこと、同一の語が異なった意味で用いられることもあり、大学や国が違えば同じラテン語でも同じ意味ではないということもあった。当然、複雑になってくる。

しかしアリストテレスという共通の知の基盤がある限りでは、理解可能性は妨げられない。そういう知の共通性の上に成立したのが中世ヨーロッパの大学だ。だからこそ、アリストテレスが必ず学ばれた。とはいえ、十三世後半以降、多様性は拡大していく。スコトゥスの哲学が難解だと言われる理由は、彼の議論の立て方が緻密で複雑ということもあるが、緻密な哲学は他にもたくさんある。

スコトゥスの難解さは新しく議論の道筋を作り、密林に入っていくところにある。自分で独自の問題の構築を考え、その新しい問題の構図を表現するために独自の用語を作り出してしまうため、新しい枠組みと新しい独自の用語が同時に登場してしまう。

存在の一義性は面倒な議論だが、箱根の関所と同じで、通り抜けない限り目的地には辿り着けない。要は、第一巻第三篇と第一巻第八篇の二つの難関を通り過ぎればよいのだ。この二つを通り過ぎれば、あとは唯名論を通り抜ければ道中も終わりとなる。

第五章
# スコトゥスの基本概念についての説明

ここで道中を歩み切るための道具、つまり、スコトゥスの存在一義性を理解するために必要なスコトゥス用語を最小限度紹介する。数を絞っているがそれでもかなり多くなり、初めて目にするものも少なくないだろう。私もまた、スコトゥスの存在一義性のテキストを翻訳しようと思い立ち、第一巻第八篇の翻訳を途中まで行った。一九八八年四月刊行の『季刊哲学』第二号「ドゥンス・スコトゥス——魅惑の中世」に十数ページ分の翻訳を載せたが、訳註における用語説明の方が訳文よりも多くなってしまった。膨大な用語説明が必要で、わからない概念が並ぶ。スコトゥスが精妙博士（Doctor subtilis）と呼ばれたのは無理もない。

初めの一文から意味がわからず、一つの文章にわからない用語が三つぐらいずつある。それを読み進めるのは苦行に他ならない。しかし今思えば、スコラ哲学に慣れるためにはわからないままであっても、お経を読むように音読を続けるべきであり、読みを一回一回重ねていくうち、一つ一つの概念に馴染みが出てくる。一文ずつ理解すれば一語一語も理解でき、理解できない時間を大事にしてこそ、その後に理解できる。深く降り積もった雪の巨塊が春先の気温の高まりの中で、地面に春の花を密かに準備していたように、理解していない時間が理解をゆっくり育てるということもある。だがここでは早目に通り過ぎよう。

膨大に存在するスコトゥス用語を一つ一つ説明していくと何冊にもなる。ここでは、必要最小限度のそれまた何分の一かを説明しておく。理解できなくてもお経のように眺め、音読してみるとよい。理解するよりも、ハビトゥス化すべきだ。

私はというと、どうしてこうも要領の悪い説明ばかりなのかとイライラしながら研究書を読んでいた。いくら読んでもわからず、いつも怒りの後に絶望を感じていた。ハビトゥス論者になってやっと苛立たなくなった。

これらの概念は煩瑣であり、理解したとしても思想全体の理解にはあまり役に立たない。今風に言えばコストパフォーマンスの悪い概念が、ドゥンス・スコトゥスには多く見られる。

## 1 存在論の基本概念【用語解説②】

### †存在実質・端的に単純・共通本性

小概念という用語が存在するわけではないが、スコトゥスのテキストを読んでいると、説明されればわかるが、馴染みがないので半分わかって半分わからないというような用語が多数登場する。中世哲学には数多くそのような概念が存在し、説明が困難なので理解できないまま使い続けるしかないものも多い。ここでは正確な説明ではなく、つまずきやすい概念をまとめて簡単に説明し、その後、難解な概念について説明する。

なお本章の説明の理解に難渋する場合、用語説明の枠の中だけ読むのでもよい。急ぐ場合は本章を飛ばして第六章に入り、必要に応じて後で振り返るという急ぎ足の旅もある。

**存在実質**

**・存在実質**（entitas）——存在者（ens）が備えている内実のことで、「存在性」と訳すと気が抜けたサイダーのようになり全然わからなくなってしまう。「何性・概念規定（quiditas）」や本性（natura）や規定（ratio）などと区別せずに用いられる。〈このもの性〉と同義語である個体的存在実質（entitas individualis）という用語を見て重々しく感じたが、個体性（individualitas）と同じことだから「存在実質」を重々しく考えなければそれでよい。

## 端的に単純

・端的に単純（simplex simpliciter）――一つの語で表現され、それが他の複数の概念に分析できない概念である。「単純概念」と言ってもよい。単純であるから説明の難しい概念である。存在の一義性の議論においては限界的究極的な分析の場面が繰り返し登場し、その場面を表現する用語が様々に登場し、お互いがお互いを説明し合う、循環説明になりがちだ。限界的概念はほとんどすべてが定義不可能であり、いつも不分明さを残す。〈存在〉ということが限界的な概念であるのだから、それは甘受するしかない。そのような限界的な次元で判明さを求めるのは甘えでしかない。「最終的差異、究極的差異」「個体的差異」「純然たる限定概念」「純然たる被限定概念」といったものも全部そうで、究極的な事態の羅列なのである。そしてそれらの多くは、本質が本来備えていた可知性を十分には持つことができず、「本性の縁暈（えんうん）（circa naturam）」に漂うと述べられたのも当然のことなのである。先を急ぐ。

「端的に単純な概念」というのも限界的な概念の一つである。端的に単純ではない概念に一義的であるというのは質料的だろうと非質料的であろうと、いわゆる存在者と言われるものであるがゆえに、道筋は難しくはない。問題は、端的に単純な概念についての存在一義性である。

この「端的に単純」というのも難しい概念ではないはずだが、迷いの源泉である。しかし、それに与えられている位置は極めて高く、存在の一義性の議論全体を担う役割を与えられている。にもかかわらず、説明が足りず、定義できないのだから説明できないのもわかる。しかし、定義できないということは論証されるものではなく、論証の原理となって論証を構成することだ。つまり、「端的に単純」な概念が準備されていなければ論証は成立しない。どう扱うかいつも迷う概念だ。

**共通本性**

・**共通本性**（natura communis）——この用語はスコトゥス哲学、特に彼の実在論を表すものとして多用されてきた。たとえば「この人間（hic homo）」という場合、そこから二つの構成要素を抽象化して取り出すと、人間性（humanitas）と〈このもの性〉（haecceitas）が取り出せる。前者の人間性は普遍でもあるから、共通するもので「共通本性」と呼ばれ、ドゥンス・スコトゥスは共通本性を実在する普遍として捉えたと見なされ、実在論者とされてきた。

まず、スコトゥス自身は「共通本性」という用語をあまり使用しなかったということがある。共通本性を〈このもの性〉が限定することで個体が成立するという図式は、スコトゥスの弟子たちの整理であることがわかっている。

また、アヴィセンナにおいて「馬性は馬性である限りにおいては馬性でしかない」という〈馬性の格率〉は、この共通本性の源流的なあり方である。馬性はそれ自体では個物でも普遍でもない、というのがこの格率の意味である。可能的にまたは潜在的に事物の内に普遍があるというような、穏健な実在論の原型としてこの馬性の格率が受け止められることになってきたが、ここでの本性は共通なものというより、共通性が成立する前の中立無記的な状態である。natura communis とは、その意味では「共通性成立以前の本性」のことだったのである。ともかくも、「共通本性」は中世哲学の説明で頻繁に用いられるが使い方が難しい。

この「共通本性」という言葉も中世哲学の本には実に頻繁に登場する。ドゥンス・スコトゥスの〈このもの性〉の説明にも、共通本性を個体化の原理としての〈このもの性〉が限定し、個体が成立するという説明はしばしば見かける。スコトゥス自身が〈このもの性〉をあまり説明しないか、様々な説明はありうるのだが、誤解を広げてきたことも事実である。

まず、この共通本性というのはアヴィセンナの馬性の格率を踏まえて使われ始め、個別とも普遍ともいえない未分化な記述の次元を指しているから「共通」なのではなく、共通と言える以前の次元を指している。だから、共通本性と普遍性は異なったものである。共通本性を普遍の一種として説明する場合も多いが、誤りである。根本的に重要な論点なのだが、混乱した記述はよく見られる。

また共通本性はスコトゥス哲学の特徴をなすかの如く書かれるが、スコトゥス自身はほとんど用いたことがなく、スコトゥス派、つまり弟子たちが使って広めたところがある。実のところ、スコトゥス哲学は弟子たちによって作り上げられた側面が大きい。四十三歳前後で亡くなり、圧倒的独自性を持つ体系が未完成のまま残された以上、弟子たちが完成させようとしたことは理解できるが、夾雑物を持ち込んでしまった。

この共通本性で理解しておくべきなのは馬性の格率で言われていることである。しつこい書き方になって申し訳なく思うが、馬性である限りの馬性ということは知性による限定を受ける以前の中立的な記述の対象であり、事物の中に存在しているのではなく考察の様態であり、個物と普遍に中立的で「それは何か」という問いに対しては何ものでもないと語るしかないものなのである。「一体それは何なのか」と問うことで事物の理解を得ようとする精神には理解しにくいが、理解の仕方を別の枠組みで持っている人には理解しやすい概念のはずである。

## †事象性・形相性・本原的に異なる

**事象性**

**・事象性**（realitas）――事象性の元になるのは**〈もの〉・事象**（res）なのだが、それらすべてが扱いにくい。一方ではリアルに生活の中で出会う実物というニュアンスもありながら、イスラーム哲学において〈もの〉（アラビア語ではシャイウと言われる）が刹那滅の側面を持っていて、存在と非存在の絶え間ない交替として説明される場合もあった。西洋中世では超越概念の一つとして位置づけられると、イスラーム哲学の名残は常にある程度意識されながらも安定したものとなる。

　事象性（realitas）は「リアリティ」や「実在性」と訳してしまうと余計な意味が入り込みすぎる。キマイラも事象性は有しており、実在的というと奇妙になる。イスラームでは〈もの〉にあった刹那滅の相があったが、西洋に入りresになるとその側面は消えて受容され、翻訳された場合にその名残が残る。しかし、実在性やリアリティには届かないままだ。

　事象性というのは「机」の場合「天板があること」といった規定性、〈もの〉が〈もの〉

として成立している規定性のことだから、「実在性」という訳が似合わないことはわかる。「机が目の前にヴァーチャルにではなく実在していること」ではない。仮想と実在という対比は関係ない。

花井氏と訳した『存在の一義性』では「事象成分」という訳語が考えられた。厳めしい訳語になったが、意味は出ている。

この「事象性」ということは、「実在性」と訳されることもあり、それはそれでよい。客観的に実在していると考えたり、カントの「客観的実在性」と重ねて考えたりしない限り、誤りの原因にはならないからだ。なぜカントの「客観的実在性」の意味が中世の伝統から転倒してしまったのかを説明するには十七世紀ドイツのグノストロギア（認識論）の話が必要なのでここでは避けるが、カントの用語法は中世スコラの伝統を逆転した仕方で継承しているのがとりわけ面白いところである。

**形相性**

**・形相性**（formalitas）――「事象性」と似ているようだが、形相性（formalitas）というのは使われ方が異なっており、形相（forma）の抽象名詞で形相性ということではない。これはドゥンス・スコトゥスの独自な用語法で、安定した使われ方も見られないし、形相的区別（distinctio formalis）、形相的に（formaliter）という用語で頻繁に用いられるが、いずれも定義されないまま用いられる厄介な用語である。

近世スコラ哲学で用いられた『哲学辞典』にも必ず説明は載っているが、迂回的な説明ばかりで要領を得ない。長年の経験から早わかりの理解を独断的に提供したい。「形相的に」とは、「本質規定として」という訳語を考えたこともあるが、事物に客観的に知性の考察とは独立に備わっていて、それが知性に分節して現れているあり方を示している。

しかしこれは何性・概念規定（quiditas）とは少し違う。何性・概念規定は「何であるか」という問いへの答えとしてあって、あくまで「Xは～である」という場合の「～」に入る。命題の述語に位置し、あくまでアリストテレスの論理学の枠組み、カテゴリー論の舞台で機能する。

形相性はそういったアリストテレス的な論理的な枠組みの枠外で機能する。たとえば、「「人間は理性的動物である」と定義する」といった定義の場面や、「人間である限りの人間は動物ではない」といった「である限りの（quatenus）」といった内包的な文脈でも機能する。

山内流に早わかりで考えると、事象性は様々な規定性が一つの基体の中に客観的に収まるという統一性へのベクトルで考えられているのに対して、**形相性は、知性の側に様々に分節して現れる場合の、事物の側での規定性の分節相のあり方を示している**と思う。「事象において」という表現は、その後に「同一、一つ」という語が続く場合が多い。「形相的に」とくると、「同じ」と続くことはなくて「異なる」とくる。

形相性は命題の中で真理を担う場面というよりも、命題化される前に真理を可能にする条件の場面で働き、前論理的なものとも言える。しかしながら、理虚的なものでしかないということはない。形相性とは、知性に向けての事物における分節相であるというのが私流の説明である。

個物において、スコトゥスは共通本性と個体性の原理〈このもの性〉との形相的区別を主張し、それをオッカムが否定したという哲学史の一般的説明があるが、この形相的区別が事象的区別＝実在的区別（distinctio realis）と概念的区別（distinctio rationis）との中間に設定されたことは、「形相的」という概念が担っていた課題を示しており重要である。「形相的区別」は曖昧である、中途半端であるなどと様々に批判されてきたが、中途半端さを引き受け続けるために生まれてきた概念だと私には思える。

形相性というのは、スコトゥスの哲学をわかりやすく解明する概念ではないのだが、スコトゥスがこだわった概念であり、スコトゥスの哲学への態度が示されている概念であるため、私は大事にしたいと思う。
なお、概念的区別はens rationisを〈理虚的存在〉と訳したので、「理虚的区別」とする手もある。こちらの区別については、「概念的区別」で意味を表現できるので、そちらを採用した。

「形相性」は、「形相」とはあまり関係がない。スコトゥスとスコトゥス学派、そして近世のバロック・スコラ哲学ではよく見かけるが、あまり伝統的な用語ではない。「事象性」と同じものと考えて支障はない。ただ、「形相的」という言葉は知性の働きに先行して、その根拠となる客観的側面を指すことが多いから、言語において述語として表現される事物の側の一契機と考えておいてよいと思う。

したがって、それほどこだわらない限り間違うことはない。「形相的に（formaliter）」という言葉は少なくとも六通りの意味で用いられ、スコラ学者は初等教育でその使い分けを習うので自由自在に使いこなすが、現代人にとっては難物である。事物の側で客観的に成り立ちながらも、言語による分節化される以前のあり方を指すものと私は考えている。

**本原的に異なる**

・本原的に異なる（primo diversa）――この「本原的に異なる」というのが、決定的に重要なのだが、他の概念と連動し合って理解しにくい。極限的な事態を説明する概念が様々に登場して、それらが循環的に説明されるために、堂々巡りになってしまうのだ。

**端的に単純なものは、相互に離接的であって、いかなる共通点もないということが「本原的に異なる」ということで、そしてこの本原的に異なるものという、存在論的に媒介しえないもの相互の間にも一義性が成立しているということがドゥンス・スコトゥスの認識論的な場面における存在一義性の狙いなのである。**

或るものと別のものが異なる場合、ある点で一致し別の点で異なるのが普通である。一致するところがあるからこそ比較もできる。いかなる点でも一致しない、全面的に異なるというのが、本原的に異なるということである。これは極めて特殊な差異である。そして一義性の枠組みにおいて決定的に重要な概念である。

すぐ次のところの引用箇所が「本原的に異なる」についての根本テキストであり、最も詳しく説明されている箇所である。最重要テキストである。循環的な説明なので、判然としないところは残るが、要点は、被限定概念（determinabilis）と限定概念（determinans）という乖離した二概念の間に成り立つことが「本原的に異なる」ということであることが重要である。なお、この被限定概念と限定概念は、スコトゥスのテキストを離れて説明の文においては、被限定項、限定作用と意味を盛り込んで使用する場合もある。

この「本原的に（primo）」というのはラテン語としてかなり軽い言葉であり、一般的な用語であって、哲学的な基本概念としての明確な意味を持つような言葉には思えない。これは「最初に」といった日常語である。トマス・アクィナスなどの用例では起源や根拠を示す次元で術語的に用いられているし、アリストテレスの用語法を踏まえてスコトゥスが独自の強い意味を込めて用いているようだ。「原因や媒介を介在させないで直接的に」成立している場面に適用され、「ア・プリオリ」に継承される側面もある。認識の起源ではなく、根拠の与えられ方として理解すれば、「本原的に異なる」を「ア・プリオリに異なる」と読み替えても大きなずれは起きないと思う。

この「本原的に異なる」は議論の前提として想定されている基本前提用語・原理であり、循環的にしか説明できないものであって、論証されるよりは、論証を構成する原理であることを十分に理解しておく必要がある。

次の箇所は、「本原的に異なる」が重要な役割を果たす一節である。

結合的存在が事物において可能的概念と現実的概念から合成されているように、自体的には一なる結合的概念も可能的概念と現実的概念、ないし被限定概念と限定概念（conceptus determinabilis et determinans）から合成されている。したがって、**結合的存在は分析されると、端的に単純なもの、すなわち、究極的現実態と究極的可能態へと還元される。これらは本原的に異なり、いかなる共通点も持たない。**（中略）**概念においても、端的に単純ではない、単純概念はすべて自体的には一なる概念ではあるが、被限定項と限定項とに分解される。一方は何ら限定概念を含まない純然たる被限定概念であり、他方は何ら被限定概念を含まない純然たる限定概念である。その純然たる被限定概念が存在概念であり、純然たる限定概念が究極的差異の概念である。したがって、両者は本原的に異なり、いかなる共通点も持たない。**（『オルディナチオ』第一巻第三篇第三問一三三節、邦訳二一三頁、引用者改訳）

説明が困難である諸概念が同時に凝集して登場し、一義性の核心部分を構成している箇所だが、宇宙の始原たるビッグバンのように、高度に凝集した複数の概念が爆発して存在論の過程を引き起こしているように見える。ほとんど理解不可能と言ってもよいし、単純なことを用語は変化していきながら迂回的に繰り返し記述しているとも見える。共通性を何ら持たないものが結びつき合い、別次元の共通性を形成する。存在の外部はないから存在が共通性の領野になるというのが、存在の一義性の話である。

このことを言い換えれば、次のようになる。**この純然たる被限定概念である〈存在〉と、この純然たる限定概念である究極的差異との間に一義性が成り立てば、すべてのものに一義性が成り立つことになる。本原的に異なるものの間に一義性が成り立てば、存在の一義性は論証されたことになる。**

このことによって、神が人間知性の第一の適合対象であることが証明されたかといえば心もとない。まだまだ説明すべき用語がたくさん残っている。

## 2　自体的述語という難物【用語解説③】

### †自体的述定（第一の自体的述定・第二の自体的述定）

ここで、自体的述語という難物を扱う。もちろんのこと、これを扱わないで通り過ぎた方が、「中世哲学入門」にはふさわしい。でもそれは、サッカーとアメフトを「だいたい同じ」と扱う程度の大まかさを伴うことになる。理解できるというよりも、祈りの対象でしかないのかもしれないが、一義性理解の鍵だと私は思うので敢えて踏み込む。

**自体的述定**

**・自体的述語**（praedicatio per se）——この「自体的述語」という概念もなかなか厄介である。『存在の一義性』のときは「本来的述語」という訳語を選んだ。ただ「本来的」というと、正当性が宿るようで私には使いづらい。「自体的」というのはいかにも訳してみましたという感じで解釈する勇気が込められていない訳語だが、こちらを選ぶ。「自体的」というのは日本語として意味が浮かびにくいのだ。

無媒介的にそれ自体で成立していることが「自体的」ということの意味で、正反対が「偶有的に（per accidens）」で、付属物やオプションによって成立しているということだ。自体的とは存在論、認識論、倫理学のいずれにおいても基礎概念であるが、それを判別する基準は明確なものではない。いずれにしても、この「自体的」というのは議論の最も重要な場面で登場しながら隠れた姿で働くことが多い。そして、「第二の自体的述定」の場合に現れるように、自体的の第二番目のあり方が眼目となる。明晰に解明できなければ議論が成り立たないと考えるのか、難点にもかかわらず支援するのかで、哲学への根本的態度が分かれてくる。

「自体的」という用語は「アリストテレス風」であるが、「アリストテレス風」という言葉があるのではない。アリストテレスは自分で独自に多くの哲学概念を作り上げ、自分の考えを自分の用語法で表現しており、哲学用語のかなりの部分はアリストテレスが作り上げたものだ。新しい概念を作り上げることによってしか、見えてこない哲学の風景がある。ドゥルーズも哲学とは新しい概念の創造であると語ったが、それはとても正しいことだと思う。

新しい概念によって世界に新たに切り込みを入れていかなければ、世界はすぐに動かない死体に変じていく。アリストテレスが提出した自体的（ギリシア語では「カタ・ハウト」、ラテン語ではper se）は、他の言語では訳しようもない独自の意味合いを持っている。中世スコラ哲学はこの「アリストテレス風」に揺り動かされ続ける。中世のスコラ学徒もこのアリストテレス語法に違和感を覚えたとしても、まずは学ぶしかなかった。

字面だけの説明になるが、「自体的」というのは可述語（普遍）の中で類、種、種差、特有性について言われ、偶有性だけが偶有的述語となる。**或る主語の「何であるか・何性」＝定義の中に含まれていることである。概念として含まれているということなのだ。**

「自体的」という語はスコラ哲学における極めて基本的な用語、最重要用語であり、使われる場面が非常に多い。存在に適用されると実体を構成することになるし、認識の対象に適用されるとそれ自体で明証的に知られることを指す。自体的な述定というように、命題に適用されるとそれ自体で真であることがわかる、媒介も論証も必要なくそれ自体で真であることがわかるのが「自体的な命題」である。「人間は動物である」「人間は理性的である」というように定義に含まれているが述定される場合は明らかに真である。要するに、直接的な自明性が成立するのが「自体的」ということである。

**第一の自体的述定**

・第一の自体的述語 (praedicatio per se primo modo) ―― **主語（実体）の本質の内に述語が含まれている場合が「自体的」ということだ。**「線」が「三角形」に含まれる場合が挙げられる。これは「第一の自体的」ということだ。「ソクラテス」を例に挙げれば、「ソクラテスは動物である」「ソクラテスは人間である」「ソクラテスは理性的である」はそれぞれ「ソクラテス」についての**類、種、種差を表し、「第一の自体的」述語となる。**これは「本質的述語」と言い換えてもよいし。分析的命題と言うこともできる。命題としては真であることが明らかで、実体の本質的構成要素を表すものである。しかし〈存在〉ということが実体の構成要素なのか、それとも、実体が成立する条件なのかは問題であり、アヴィセンナが〈存在〉は偶有性であると述べたのは、実体の構成要素というよりは、実体が現成するための条件であることを示すためだったことは思い出しておく方がよい。というのも、アヴィセンナは存在一義性の始祖であり、スコトゥスもそのことを意識して、存在一義性を語っているからだ。

第一の自体的述定は、個体に対して「類、種、種差」といった定義に含まれるものが述語となる場合で、その命題が真であるのは確かである。こちらはあまり問題ない。次が途方もなく大問題である。

**第二の自体的述定**

・第二の自体的述語（praedicatio per se secundo modo）――「自体的」にはもう一つの意味があり、これが存在一義性のわかりにくさを構成している。**述語の本質の内に含まれている主語のあり方だ。**「直と曲にとっての線」「奇と偶にとっての数」である。「線は直線か曲線のいずれかである」「数は奇数か偶数のいずれかである」という命題を考えればよいのだが、それぞれ述語に「線」や「数」が入っていて、冗長な表現になっているから「線は直か曲のいずれかである」「数は奇か偶のいずれかである」の方がより正確だ。**離接的様態は対立両項がそろえば自体的述語となり、しかもそれが第二の自体的述語となるのである。**

**第二の自体的述語となるのが、アリストテレスの挙げた五つの普遍の中では特有性である。「人間は笑えるものである」という場合の「笑える」が特有性であり、「笑える」は「人間」の本質に含まれていないが、相伴って成立している。**「笑えること」に「人間」であることが含まれているのである。アリストテレスは「線は直か曲である」という例において、「直か曲」を第二の本来的述語として挙げた。主語となる「線」のすべてに常に、「線」以外のものに妥当せず、それだけに妥当するものとして出されている。**特有性は本質ではないが、本質とは異なる仕方で不可分な仕方で実体を構成しているのである。**

スコトゥスがこだわるのは類、種、種差という本質的述語の次元ではなく、特有性の次元であり、そこに現れる力動性を取り出すために存在の一義性を語り、そこに無限性の論点を組み込む。

こちらは大問題である。述語が主語の定義に含まれていないのに、直接的に真であるような命題とは何か。定義に含まれていないが、人間に固有な性質であれば自体的述定であることはわかるし、それを第二の自体的述定というのもわかる。ではその基準は何か。「その種の個体のすべてに常に、その種にしか妥当しない」というのが特有性（proprium）のあり方で、その特有性が第二の自体的述定をなすというのがアリストテレスの説明である。「人間は笑えるものである」という場合、「笑える」は人間の定義に含まれていないが、「笑えること」は「人間」が含まれていると考えることもできる。概念として含まれていないが、それ自体で真であるというのは、カントであればア・プリオリな総合判断というものだ。しかしここでカントを持ち出しても説明にはならない。あくまで、中世哲学内部での説明の方法を考えなければならない。

しつこいようだが冗長であることを顧みず、ここで繰り返しておく。大変面倒な概念なので説明することに申し訳なさを感じてしまうが、辛抱強くお付き合い願いたい。〈第二の自体的述定〉においてスコトゥスは次のように説明する。「第二の自体的述語となる様態は定義を付加分として（ut additum）として持っている。なぜならば、主語は様態の定義の中に置かれてあるからである」。

これはどういうことかというと、「人間は笑えるものである」という場合、「笑えること」は「人間」の本質や定義の中に含まれていない。しかし、「笑えること」は人間の本質を「付加分として」持っているという。概念において人間の本質を含んでいないとしても、外延において重なるのだから、必ず本質を相伴っていると語る。つまり随伴していて、様態は潜在的に本質を含んでいるということになる。ということは、「人間は笑えるものである」は、「人間は笑えるものである［＋理性的動物である］」というように、隠された付属分を伴っている。したがって、「人間」という主語は、「笑える」という様態に含まれているということになる。だからこそ、様態は「すべてに」「常に」「それだけに」伴うものとなるという説明である。

スコトゥスが「特有性」という語よりも「様態」という語を用いるのは、伝統的な用法から少し逸脱していることを自覚していたためかもしれない。このように、本質という基本的部分を付加分として（ut additum）含むということは、存在と離接的様態にも当てはまる。「存在は無限か有限かのいずれかである」ということにおいて、その述語に主語である存在が含まれていて、これが存在の一義性なのである。離接的様態を理解するためには、この第二の自体述語を知っておく必要がある。

この「付加分」ということはアヴィセンナの存在偶有性説では随伴性という概念で登場し、形而上学的錯綜の根本原因の一つになっている。日常言語や日常言語を洗練させた哲学言語では、語るに語れない事態の出来（しゅったい）だと思う。人工言語で整理すれば混乱は雲散霧消してしまい、語るべきことを失う。錯綜をして錯綜たらしめている問題を探りたければ、錯綜の中にとどまるしかない。この辺に存在一義性の最深部がある。これは確かである。

**様態**

・様態（passio）——特有性（prorpium）という語ではなく様態（passio）という語で表現し、無限性と有限性の両方の領域を統一的に論じるために、離接的様態という独自の道具立てを取り入れる。

しかも同時に、存在そのものである神を人間知性の第一の適合的対象とし、神の個体本質を認識可能性のうちに収め、そしてその神が潜在的にすべてのものを含むという意味で第一なるものとしての位置を与え、そういう神の絶対的首位性の枠内で神学を構成しようということなのだ。人間の認識の限界を見定め、拡張しながら、神学を秩序だって構成しようとする巨大な理念がそこにはある。

passioとは「受動、情念、苦しみ、受難」という意味があるが、「性質、様態」の意味もある。ギリシア語でいえば前者はパトスに対応し、後者はパテーに対応する。ギリシア語では別の概念がラテン語では一語になってしまった。スコトゥスは存在一義性論の中でpassioを頻繁に使用するが、それは「様態」の意味であり、「特有性」と同じものとして用いている。存在論の場面では「様態」の意味で用いられるということにさえ注意しておけば、とりあえず問題はない。次に登場する「離接的様態」という一義性論において、最も重要な概念を理解するための準備だ。

**離接的様態**

**・離接的様態**（passio disiuncta）――「無限－有限」「必然－偶然」「現実態－可能態」「独立－依存」「絶対－相対」「単純－複合」「一－多」など排反関係にある諸様態のことである。スコトゥスの言う様態（passio）とは、アリストテレスの普遍（可述語）で言えば「特有性」と対応する。

離接的様態は矛盾対立するというよりも、排反的な関係にある。矛盾するものであれば上位の類があるのに、離接的様態ではそういうものはない。

スコトゥスは離接的様態という概念を思いつき、一義性を主張しようとしたように思う。一義性論の重要な狙いは無限性と有限性を媒介する論理を設定することだ。無限と有限の絶対的乖離を維持したまま、無限の距離を媒介する論理を考えなければならない。アナロギア論において、無限と有限との間の落差は解消されることはない。

端的に単純なもの相互、そして本原的に異なるもの相互の間に媒介性は成り立たない。無媒介的な直接性がそこにあり、しかし媒介し得ぬという点では無限に落差がある言ってもよい。「本原的に異なる」こと、「端的に単純な概念」、超越概念、究極的差異といったものがすべて同列に並んでいるように見えることは、実は当然のことなのである。

しばしば登場する概念なのでここでも再びしつこく説明しておくと「端的に単純な概念とは、他の先なる概念へと分割できない概念のことである」。つまり、見かけ上は一つの用語で、単純な概念であるように見えて先の概念に分割可能なもので、定義不可能な概念でもある。

説明したい用語は数多いが、ここでは絞るしかない。あと三つだけ説明して一義性の第二階梯の説明に入るしかない。

残りの三つとは「超越概念」「内在的様態」「形相的区別」で、いずれも難解な概念である。実は超越概念の多くが内在的様態でもあるということもあり、話が重なる。まずは超越概念から始めることにする。

## 3 極めて難解な三つの概念【用語解説④】

### †超越概念についての概略

次に超越概念である。この問題を少し本気で考えようと思えば、エルツェンの『超越論的思考としての中世哲学』(Jan A. Aertsen, *Medieval Philosophy as Transcendental Thought: from Philip the Chancellor* (ca. 1225) *to Francisco Suárez*, Brill, 2012) という七百五十六頁の大著の紹介が必要なのだが、ここではほんの概略だけにとどめる。

**超越概念**

**・超越概念** (transcendentale (sig.), transcendentalia (pl.), transcendens (sig.), transcendentia (pl.)) ——使用する人や時代によってどれを使用するかは様々だが、単複を含めてほとんど同じ意味で用いられる。この「超越概念」も軽く論じようとしても一冊の本になるほどの大きな概念である。特定のカテゴリーに限定されることなく、あらゆるものの存在実質として含まれているものであり、〈存在〉を中心に、〈一〉〈善〉〈真〉〈或るもの〉〈もの〉という六つのものから構成されるのが通常である。ドゥンス・スコトゥスはこの超越概念を「離接的様態」「純粋完全態 (perfectio simpliciter)」にまで拡大する。この超越的概念が説明されるのが第一巻第八篇第一二問一一三—一一五節においてである。これに

ついては後に論じる

〈存在〉と互換的であって外延的に等しく、それらの概念が含まれる命題において超越概念に換えても真のままである。もちろん文脈によっては互換的ではなく、超越概念は普遍的である。なお「純粋完全態」は自由意思、知恵、真、善といった倫理的な美徳であり、神と被造物に共通するとされた。

先ほど、アラビア語で〈もの〉はシャイウと言われることに触れた。アラビア語のシャイウは特異な概念であり、存在と非存在を含むとされる。事物は刹那滅の相にあり、存在と非存在が交互に交替するものとされる。奇妙な想定だが、神の全知全能と慈悲によって事物の同一性が与えられていると考えていたようだ。この刹那滅の事物は個物であるが、世界はこの刹那滅の個物のみからなると考えたのがムータジラ派であり、それを批判して普遍もまた存在すると考えたのがアヴィセンナだった。この経緯はともかく、このアラビア語での特殊な意味合いはラテン語の res にも入り込んでいる。その独自な意味合いのため、そして形式名詞としての「もの」と区別するため、超越概念については〈もの〉と表記する。

超越概念については、数冊の研究書を必要とするぐらいに広大な概念である。簡潔な説明でわかるような概念ではないが、この超越概念の拡張ということに存在一義性が関わり、近世哲学を介してカントの超越論的哲学まで関わってくるため、暫定的であれ説明は不可欠である。

超越概念は存在と同様にすべてのものに当てはまるため、「超越」という言葉にふさわしいものではなく、超越していないあらゆるものに適用される平板な概念である。しかし全存在者への適用可能性ということを無限と有限、つまり、神的なものと被造物の世界の両方に跨る概念として捉え直そうとしたのがドゥンス・スコトゥスの革新であった。

「存在、一、善、真、或るもの、〈もの〉」という六つは超越概念であってすべてのものに妥当し、神と被造物の両方を含むはずだが、アナロギアによって捉えられる以上、神と被造物は一つの超越概念に包含されるとしても、そこには隔絶が存在したのである。中世神学の真実はここにある。超越概念に見出された統一性は、アナロギア的統一性でしかなかったのである。超越概念が全被造物に及ぶ妥当性を獲得するには、一義性が前提とされる。したがってスコトゥスにおいてこそ、超越概念は本来の姿を獲得することになる。

スコトゥス以前の超越概念はすべての事物を包括するものであったが、神がそこに含まれることは論じられなかった。これは基本的に被造物の世界についての概念だったのである。アリストテレスの存在が基本的に被造物の領域に限定されていたのに対し、中世スコラ哲学はアリストテレスの存在論を受容するとき、そういった有限的存在論の枠組みを意図せずして受け入れたが、ドゥンス・スコトゥスは意図的にアリストテレスにおける存在論の限界を超脱しようとした。

## †スコトゥスにおける超越概念

したがって、超越概念は六つの基本的なものに加えて、離接的様態と純粋完全態を含む。そしてこの述語上の位置づけが特有性に相当し、特に六つの超越概念については存在の特有な(proprium)様態になっている。様態、特有性という五つの普遍の中での四番に来るものが一義性において繰り返し登場してくることは枢要な事柄である。

超越概念は難物であるが、素通りするわけにはいかない。『オルディナチオ』第一巻第八篇で集中的に論じられる。なおこの第八篇こそ、スコトゥス哲学の超越概念の扱いにおいても、一義性についても「キーテキスト」と言われるところである。特に第三問一一三―一一五節で論じられる。一一三節と一一五節については訳文を挙げておく。

「知恵ある、善なる」というような、神の述語はどのような性質のものなのか。〈存在〉は、十のカテゴリー(類)に分類されるに先立って、無限と有限に分類される。というのは、〈存在〉は、有限と無限の一方、つまり「有限」の方が十のカテゴリーの共通規定を

> なしているからである。こうして、**〈存在〉に該当しながら有限と無限に中立的なもの、または無限的〈存在〉に固有なものとしての〈存在〉に該当するものはどのようなものであろうと、カテゴリーに限定されることなく、限定に先行して〈存在〉の規定になっているのである。それ故にまた、すべてのカテゴリーを超える超越概念、〈存在〉の規定をなしている。神と被造物の共通規定は何であろうと、有限と無限に中立的なものとしての〈存在〉に該当するものなのである。**つまり、それらは、神に該当すれば無限なものとなり、被造物に該当すれば、有限なものとなるのである。このように、**神と被造物の共通規定は、〈存在〉が十のカテゴリーに分類されるに先立って、〈存在〉に該当している。したがって、このような条件を満たす限りは、どれも超越概念に算えられるのである。**（『オルディナチオ』第一巻第八篇第三問一一三節、『存在の一義性』邦訳三〇七頁、ゴシック強調は引用者による）

超越概念が神と被造物の両方に適用されるばかりか、超越概念の内実にまで変更が申し出されている。超越概念は存在と同じように、すべてのものに妥当することでカテゴリーを超えているものであるが、一部のものにしか当てはまらないとしても超越概念であるとされている。つまり、「知恵」というのはすべての〈存在〉に共通ではないのに、超越概念とされている。

これは神と人間の両方に適用されるがゆえに超越概念なのである。ここでも、神と人間の両方を包括する存在論を目指すというスコトゥスの理念が顕在化している。超越概念とは最高類であるが、その普遍性のありかたは複数の種を包含しているからではなく、他の上位の類に下属していないことによる。

ここで超越概念についてのさらに重要な説明が、一一五節でなされている。

**〈存在〉は、互換的単純様態——たとえば、一・真・善——ばかりでなく、対立するものが排反的関係にある別の様態（離接的様態）**——たとえば「必然か、偶然か」・「現実態か可能態か」・その他の離接的様態——をも有している。**ところで、互換的様態は超越概念である。**何らかのカテゴリーに限定されない限りでの〈存在〉に随伴するものだからである。同様に、**離接的様態も超越概念であり、離接両項のどちらの項も超越概念である。**離接的様態の両項も、被限定項を或る特定のカテゴリーに限定することはないが、離接両項の一方の項は形相的に特殊なものであって、〈存在〉の一方にしか適合しないからである。例えば、「必然か、偶然か」の分類における「必然」、「無限か有限か」の分類における「無限」がそうであり、他の離接関係においてもそうである。**「知恵」も、さらにその他、神と被造物に共通な規定はすべて超越概念でありうる。もっとも、これらのうちには神にし**

**か述定されない規定もあるが、神と或る被造物に述定される規定もある。超越概念とは、超越概念である限りにおいて、第一の超越概念、つまり〈存在〉と互換的な場合を除けば、あらゆる〈存在〉の述語となる必要はないのである。**（『オルディナチオ』第一巻第八篇第三問一一五節、『存在の一義性』邦訳三〇八～三〇九頁、ゴシック強調は引用者による）

### †内在的様態・形相的区別

**内在的様態**

・内在的様態（modus intrinsecus）——内在的様態はとても難渋する概念でスコトゥスの独自な用語である。様態という同じ訳語でpassio（様態）があるが、ここでのmodusは「様々なあり方」ということである。スピノザの『エチカ』においては実体、本質、属性、様態という階梯において実体が構成されていた。スピノザの場合、直接無限様態、間接無限様態、有限様態というように、無限実体である神が時間空間の中で個物として有限様態において顕現する様（さま）が描かれていた。スコトゥスが内在的様態という場合、限定される基体との特別な関係が考えられている。離接的様態において、一方の項が基体を限定するあり方が内在的様態に示されている。内包的無限性とも関わってきて、スコトゥスの説明もはなはだ切れ味が悪い。超越概念が〈存在〉を限定するあり方にも内在的様態ということが見出される。これは「強度・度合」のことなのだ。

スコトゥス自身も内在的様態の説明において、苦難の道を歩んでいるように見えるが、それはおそらく当然のことなのだ。両立しがたい反対向きの二つの課題を両方とも解決しなければならないのだから。これはどういうことか。〈存在〉を神と被造物に限定する差異が無限と有限で、これは内在的強度（gradus intrinsecus）と言われる。

**無限や必然といったものは、最終種差**（究極的差異）**であって端的に単純である。究極的差異は〈存在〉に対して内在的様態であり、これが何を意味するかと言えば次のようなことだ。無限存在とは、存在が無限という内在的様態によって限定されていて、合成的に見える。確かに、無限存在は端的に単純とは言えない。無限と存在に分割できるからだ。しかし、この結合は実在的区別を持つものではない。**そして、概念的区別（distinctio rationis）でしかないとは言えない。ここで形相的区別という、また厄介なものが導入される。要点は何か。無限存在である神は至高の単純性を持ちながらも、無限の多様性と何らかの仕方で根拠ある区別を持った特別な存在者であるということだ。つまり、至高の単純性と多様な区別を両立させなければならないのである。一見すると、相矛盾する二つの条件を満たさなければならない。それが存在の一義性で、悪循環（circulus vitiosus）としか表現しえないような難問の閉じた円環が登場している。オッカムはきっとこの円環を解き放とうとしたのだ。そのように見ない限り、スコトゥスとオッカムの論理学上の親近性は説明できないと思う。彼らは同じフランシスコ会士であり、同じ精神を汲んでいたはずだ。無限は属性のようなものではなく、存在実質の内在的様態なのである。

**形相的区別**

**・形相的区別**（distinctio formalis）形相的非同一性（non-identitas formalis）という場合が多い。この概念は何も語らないまま通り過ぎたい概念で、実在的区別と概念的区別の中間にある区別である。デカルトは中間的区別として様態的区別（distinctio modalis）というのを持ち出すが、それでよいようにも見えるし、スコトゥス自身の語り方がよくわからない。実在的区別というのも、知性の作用とは独立に事物において区別されると言っても実は曖昧であり、デカルトが精神と身体の間に設けた実在的区別も曖昧である。しかし精神と身体は切り離せないとしても、独立しているということをデカルトが論証しているとはまったく思わないが、理解できないでもない。スコトゥスの形相的区別となると、形相性相互の区別として考えるとしてもわかりはしない。形相性は述語、概念として取り出されるものではない。「延長するものとしての人間は分解可能である」「理性的なものとしての人間は分解不可能である」という命題を並べた場合、「としての（quatenus）」という接続詞が形相性を切り出す働きを持つと私は推理した。述語・概念・普遍という次元と形相性の次元は異なる。そして、この形相性はアヴィセンナが「馬性は馬性以外の何ものでもない」と語った〈純粋本質〉と結びつくことも予想できる。区別の根拠が知性の作用の側にはないとしても、事物の側にあるのでもない。スコトゥス自身も曖昧さを知りながら、それを使っていたと考えるしかない。

形相的区別はスコトゥス形而上学における中心的概念である。定義において区別されるが、事物においては常に一つで分離不可能なものは形相的に区別される。知性と意志の区別が挙げられる場合が多い。形相的区別において、二つのものは事物としては切り離されないが、知性の作用に先行して区別されるものである。この区別は神の三位一体におけるペルソナの間にあり、個体化の場面では共通本性と個体化原理との間にもある。これは形相性と形相性との違いであるのだが、この形相性の定義もなされない以上、形相的区別はわかりにくくなるし、スコトゥス研究者は誰もがこの曖昧さに難渋してきた。私もいくら考えてもわからなかったが、そのわからなさは本質的なわからなさであって、スコトゥスがその不分明さの責を負うものではないと思うようになった。スコトゥスの難しさはスコトゥスの責任ではない。存在論そのものの本質なのである。

一方が他方なしにありうるとすればそれは実在的区別であり、そして精神の外部にあるものは相互に実在的に区別される。形相的区別が存在せず、それが実在的区別に還元されるとすれば、すべての区別は実在的区別か概念的区別である。普遍が個体から区別されるのはスコトゥスにおいては形相的に区別されるものだったが、オッカムにおいては実在的に区別されるものとなり、普遍が実在的に個体から区別されるものではないから、スコトゥスの普遍論を否定できる。しかしスコトゥスにおける普遍と個体の関係は形相的区別であって、オッカムの批判は効いてこない。

オッカムは矛盾律を最終的な基準としたいので、矛盾律が当てはまらない形相的区別の領域を認めるわけにはいかない。しかしスコトゥスからすれば、わかることを成立させる領域が「わかる」ということの妥当範囲に入らないように、矛盾律の成立する領域、矛盾律が適用できない領域のことを考えているのだから両者は相容れることはない。

形相性とは定義を前提させる定義以前の領域であるから定義されることはなく、形相性相互の区別が判然と示されることはない。

たとえば「人間」の定義において、本質となる「理性的動物」と特有性をなす「笑えること」は、一方は定義で、もう一方は定義の外部であり別々のものであるが、二つの事物となることはなく不可分であり、しかも常に同じ事物の内にある。

　形相的区別に関する限り、スコトゥスとオッカムは賛成と反対ということで真っ二つに分かれるが、この対立は古い実在論と新しい唯名論、中世と近世の分水嶺をなすものではない。さらには、両者は命題の主語・述語、本質と偶有性というアリストテレス的枠組みにおいてでもなく、非アリストテレス的存在論を目指していた点において共通する部分の方が大きいと私は考えている。これで説明を尽くしたわけではないが、本文に戻る。


**内在的様態は存在の概念規定的・何性的限定ではなく、強度なのだ。**具体化する（contrahens）というスコトゥス好みの用語が似合う話題の世界なのだ。度合・強度（gradus）もスコトゥスが存在一義性を語る場合に欠かせない用語である。神の存在は無限存在だが、その無限性は内包的無限性（infinitas intensiva）である。

具体化するcontrahensとは収縮、凝縮、圧縮することであり、determinans（限定作用）という語もほぼ同じ意味でスコトゥスは用いる。contrahensにおいてもdeterminansとしても、被限定項・限定作用・既限定態という存在論的な三項図式を構成できることは重要である。

　被限定項（determinabile）も限定作用（determinans）もそれぞれ端的に単純である。両者は本原的に異なっており、度合において異なっており、限定作用は被限定項の内在的様態となっている。

無限存在とはスコトゥスにとって単純な存在で、一見すると合成体のように見えるが、それは記述(descriptio)においてでしかない。

**神と被造物とは概念において本原的に異なることはなく、一なるものとなっている。神は内包的無限性を備えているとされる。そこには無限に多くの段階が度合として連なり、一つ一つが区別されながらも、しかしそれにもかかわらず全体として一なるものとなっている存在、それが無限存在としての神なのだ。**

類や種や種差と言えば、概念において別個のものとなってしまうが、スコトゥスは神を単純なものと論証することで、神と被造物との統一的包含(continentia unitiva)を説明しようとする。統一的包含については次の章で説明する。いずれにしても、スコトゥスが純白といった強度による説明にこだわるのはそういった背景なのだ。

類を下位の種に分割するのは種差であり、内在的様態ではない。白さが純白と中途半端な白さ(中白)に分類される場合、白さの度合・強度は種差ではなく、内在的様態である。何性を何ら変化させないからである。

もっと説明したい用語はあるのだが、用語説明ばかりでは飽きるし、わからないまま考えていくしかない。またここに戻ってきて読み直してほしい。

## 第六章　存在の一義性——第二階梯

用語説明で手間取ってしまったが、それは必要不可欠な準備であった。こういう準備をしておかないと、存在一義性はなかなかその姿の全体がつかめないのである。ドゥルーズの存在一義性に関心を持ち、ドゥンス・スコトゥスの存在一義性を知りたいと思う者は少なくない。しかし、ドゥルーズから入ってきた人たちがつまずくのはスコラ用語の多さで、しかもわかりやすい解説書がない。本書はドゥルーズ・ファンにとっても存在一義性入門書となることを目指しているが、用語説明が面倒であれば読み飛ばして先に進み、後で戻ってきてもよい。

さて、質料的事物の本質が現世の人間知性の適合対象であるというのがトマス・アクィナスの考えだった。スコトゥスによると、人間知性にとっての第一の対象は質料的事物ではなく、存在そのものである。

神の認識可能性をめぐる論点の中で存在一義性が展開されているのが第一巻第三篇の議論である。前章で用語解説に少し踏み込んだが、こういう回り道をしておかないと一義性の議論がまったくの空念仏になってしまう。

次に扱う一義性の存在論的側面は、私にはスコトゥスの思想の最終局面だと思われるが、それは彼の生前に完成されないままにとどまった。その意味では彼の「白鳥の歌」なのかもしれない。

## 1　認識論的一義性

### †一義性についての復習

もう一度、一義性の最初の場面を振り返ろう。前々章の復習である。スコトゥス『オルディナチオ』第一巻第三篇の主題は、神の認識可能性であった。そして、それが自然的に認識の可能性、神が第一の認識対象であるか、神が第一の適合的認識対象かという順番で論じられるのである。スコトゥスの答えは、それらすべてに「諾」と答える。スコトゥスのテキストは難しいので、ゴシックで強調したところを読んでいく便法も望ましいものとしてお勧めしておく。ゴシックで記されたところは、理解困難であり、丁寧に説明すれば、この本は途方もなく厚いものになる。しかし、哲学書は音読されるべき場合もある。音読もまた、身体に深い沈澱を残す。音読でもよいので、読んでほしい。

> 本問（**「神はこの世の知性に適合する第一の自然的対象（primum obiectum naturale）であるか」**）に対しては、簡潔に次のように述べておく。つまり何であれ、潜在的な適合性（adaequatio virtualis）を理由に、人間知性の第一の自然的対象であるというわけにはいかない。その理由は、神ないし実体についての考察に述べた。したがって、**第一の対象が存在しないとすべきか、さもなければ、そこに見られる共通普遍性（communitas）から第一の適合対象（primum adaequatum）を探り当てるべきかの二者択一となる。**ところで、〈存在〉が、被造物と非被造物、実体と偶有性とに同名異義的＝多義的であるとすると、これらはいずれも人間知性の本来的認識対象（per se intelligibilia）である以上、人間知性には第一の対象といえるものが存在しないことになるように思われる。それは潜在性（virtualitas）、共通普遍性いずれの意味においても変わらない。しかし先の第一問において「〈存在〉の一義性証明」に提示した立場を貫くならば、**人間知性に（適合する）第一の対象が存在することは何らかの仕方で保証されるのである。**（『オルディナチオ』第一巻第三篇第三問一二九節、『存在の一義性――定本　ペトルス・ロンバルドゥス命題註解』花井一典・山内志朗訳、哲学書房、一九八九年、一三九～一四〇頁、ゴシック強調は引用者による）

ここでも、いくつかのスコトゥス用語を覚えなければならない。まず、「本来的認識対象」「知性の自然的対象」「適合性」というのは覚えておく必要がある。

「適合性（adaequatio）」は「一致」とも訳される。真理の定義において「事物と知性の一致」という定式がよく出されるが、そこにも adaequatio が出てくる。ただ「一致」というのは誤解を招きやすい。色は目に適合し、味は舌や味覚に適合し、音や鳥の鳴き声は聴覚に適合している。適合というのは対象と能力との関係で、認識される対象と認識する能力との対応・一致が適合性なのである。

**質料的事物の本質を人間知性の適合対象とするのがトマス・アクィナスの見解だった。**認識の対象となるものは第一の対象か、それに属するものである。

神を第一の適合対象とする立場にヘンリクスがいる。スコトゥスはこの路線を継承する。そして、第一ということは、共通普遍性の観点からではなく潜在的なもののかのいずれかで、潜在力では不十分であり、第一の適合対象はないか、さもなければ共通普遍性の観点かのいずれかで探すしかない。神は共通普遍性と潜在性の両面で第一番目にある。神の自然的認識の可能性のためには、一義性が成立していなければならない。これがスコトゥスの根源的な目標である。

次の一節は認識論的場面における存在一義性の宣言的口上である。ここもゴシックの箇所に注意してほしい。

〈存在〉以上に普遍的なものはなく、しかも〈存在〉は最終種差（differentia ultima）と自らの様態（passiones）への本体述語（dictum in quid）ではないために、（知性の）本来的認識対象すべてにとって一義的な本体述語（univocum dictum in quid）となるという意味での普遍ではなかったのだが、もしそうだとすると、本来的認識対象（per se intelligibilia）すべてにとって本体述語となる共通普遍性に基づけば人間知性にとって第一の対象となるものはないことになる。にもかかわらず、**私は人間知性にとって第一の対象となるのは〈存在〉であると述べる。なぜならば、〈存在〉は共通普遍性と潜在力の両方において二重の首位性（duplex primitas）を備えているからである。**（中略）**〈存在〉は本来的認識対象、つまり類、種、個体、これらすべてに属する本質要素、さらに非被造的〈存在〉においては、共通普遍性の面で首位性を持つ一方、本来的認識対象に含まれるすべての可知的対象、つまり最終種差と〈存在〉の固有様態という形容述語においては潜在力の面で首位性を誇っている。**（『オルディナチオ』第一巻第三篇第三問一三七節、『存在の一義性』邦訳一五一～一五二頁、ゴシック強調は引用者による）

**本体述語**

**・本体述語**（dictum in quid）――この本体述語というのも少し面倒だ。本来的述語は名詞として（in quid）述語づけられるか、形容詞として（in quale）述語づけられるかに分かれる。「ソクラテス」の場合、「動物」と「人間」は名詞であり、「理性的」は形容詞なのである。「動物」と「人間」は本体述語となり、「理性的」は「形容述語（praedicatum in quale）」となる。名詞形で述語づけられる形式的なものでしかないように見えるが、スコトゥスはこだわる。

一見すると文法的な説明で、特に「本体述語」と「形容述語」とに分けることは重要ではないようにも見える。しかし先走りすると、存在論のプロセスが限定されるもの（determinabile）――限定するもの（determinans）――限定されたもの（determinatum）という枠組みを基礎としているならば、派生語の命名（denominatio）に関わってくる。文法の問題ではなく、存在論の問題なのである。

本体述語は概念が名詞として述語づけられる場合であり、概念と概念とが何の加工も受けずに結びつく場面で命題の基本形を構成する。この本体述語に一義性の基本形が見出されるが、一義性は概念と概念との基本形ばかりでなく、形容詞と名詞との派生語関係、主語と述語、知性と事物との間にある落差の場面に適用される場合、拡張的に使用される。それが無限と有限との間の絶対的落差を架橋するものとなるとき、さらなる変容を遂げるしかない。そして、この大きな変容を一義性に与えたのがスコトゥスの最後の試みだったのだ。

**人間にとって神の自然的認識が可能となるために、〈存在〉が被造的〈存在〉と非被造的〈存在〉との一義的な本体述語となることが必要条件であったが、**同じことが実体と偶有性についても言える。なぜならば、人間知性を直接に触発して認識作用にもたらすものは実体ではなく、ただ可感的偶有性だけであるから、実体について何らかの本体述語を得るためには、（本体述語と）同系の概念が偶有性の概念から抽象可能でなければならないからである。（『オルディナチオ』第一巻第三篇第三問一三九節、『存在の一義性』邦訳一五五〜一五六頁、ゴシック強調は引用者による）

## †繊細かつ大胆な提案としての一義性の展開

被造的と非被造的というのは、有限と無限に置き直すと、離接的様態であることがわかる。被造的なものは可感的であり、そこから非被造的なものに至るという道筋が考えられるが、それは無理であることがヘンリクスの論においてすでに示されていた。ヘンリクスの隔絶的神学においては、恩寵が与えられなければ神と被造物との間の乖離を超えることはできない。

だからスコトゥスはヘンリクスに対抗して、神の方が人間知性の適合的な第一の対象であることを示すことで、神の自然的認識の可能性を論証しようとしている。ヘンリクスは神の自然的認識の可能性を否定し、スコトゥスは肯定する。自然的な認識対象であるということから、第一の適合的認識対象であるということを示すのではなく、第一の適合的認識対象であることを前提して、そこから自然的認識対象を示すのは、論証の順番からすると逆転しているようにも見える。

一義性論証の冒頭部において、すべてのものは無限か有限かのいずれかでなければならないとして、存在であることについて確知しながらも、存在が無限であるか有限であるかについて判断に迷う場合、〈存在〉が無限か有限かのいずれかという離接的様態に含まれているとするならば、一義性は示されていると言えるかもしれない。無限か有限かの代わりに、非被造的と被造的に置き直してもよい。

**〈存在〉はすべてに一義的である。しかし、〈端的に単純〉ではない概念に対しては一義的な本体述語となるのに対して、〈端的に単純〉概念には、被限定概念**（determinabile）**な**

**いし被派生語的な意味で（denominabilis）一義的である。**（『オルディナチオ』第一巻第三篇第三問一五〇節、『存在の一義性』邦訳一六四頁、ゴシック強調は引用者による）

一義性についての途方もない拡張がここでなされている。存在はすべてのものに一義的なのである。そして、同時に解明しきれないような新しい概念を次々に登場させる。ここにスコトゥスらしさがある。問題を掘り進めるのに新しい道具が必要であることに気づき、それを考案する。しかしそれらの新しい概念を仕上げて登場させる余裕もないまま、分析の道具として用いる。先走りすると、存在の一義性は神の認識可能性に関わるとするばかりでなく、神と人間との関係をめぐる新しい構図を提出しているのだ。アウグスティヌス的なビジョンであるから新しいとばかりは言えないが、神について否定神学が主流であった時代に肯定神学を提出するために一義性を展開したのである。それは繊細かつ大胆な提案だったのだ。

次に登場するテーゼは、先ほど登場した存在の一義性のテーゼの繰り返しである。二重の首位性、二つの側面で存在が第一番目に来るということが、存在一義性が主張しようとしていることだ。

**〈存在〉が二重の首位性を備えていることが明らかとなった。すなわち、〈端的に単純〉**

**ではないすべての概念に対しては本体述語としての共通普遍性の意味で首位性を有し、〈端的に単純〉なすべての概念に対しては、自ら及びその下位の諸存在の包含する潜在力の意味で首位性を有している。**（『オルディナチオ』第一巻第三篇第三問一五一節、『存在の一義性』邦訳一六四〜一六五頁、ゴシック強調は引用者による）

存在は共通普遍性と潜在性の二つの面を合わせ、すべてのものに首位性・先行性（primitas）を有するのである。モッラー・サドラーが存在に見出した存在の一性、存在の第一位性、存在のタシュキークがここでも見出される。サドラーが存在に見出した三大規定はアヴィセンナの存在論、存在偶有性説に起源を発するものだった。サドラーのタシュキークとスコトゥスの潜在性がほぼ同じ論点となることは見て取りやすい。時代としてはスコトゥスの方がモッラー・サドラーの二百年ほど前である。

ラテンスコラ哲学における存在論とアラビア哲学における存在論が不思議にも調和し合う事態は、両方がアヴィセンナに由来する以上、不思議ではない。しかしそれでもなお、不思議な感情を引き起こす。

## 2 存在論的な一義性

### †一義性の二つの頂き

ここでやっと一義性の存在論的側面に入ることができる。それが集中的に論じられているのが『オルディナチオ』第一巻第八篇なのである。第三篇と第八篇の関係もわからないまま、とにかく両方とも大事だと思って、『存在の一義性』でその両方を花井一典氏と訳した。若さとは無謀であると思う。そして、あんなものをよく出版したとも思う。訳した人間も無謀だが、二人とも一年間以上、そればかりやっていたのだ。

愚痴めいた昔話はともかく、存在の一義性とは神の自然的認識だけを目標とするものではなく、神と人間との一性の可能性の領域を求める。無限と有限を結びつける道筋が求められるが、それは類の共通性に求められはしない。ここにスコトゥスの真骨頂が現れる。

ここで第八篇に入る前に、第三篇と第八篇との関係について触れておく。『オルディナチオ』第一巻第八篇でも存在一義性が論じられているが、第八篇第一部のテーマは神の単純性である。神の単純性と一義性がなぜ結びつくのか、一見するとその理路は見えにくい。第八篇も二つの部分に分かれ、第一部が神の単純性であり、第二部が神の不変性であり、第一部が長く、第二部は短い。

第八篇第一部の第一問は「神は最高の単純であるか」、第二問は「被造物に単純なものはあるか」、第三問が「神または神についての形相的述定が類の内にあることは、神の単純性と両立するか」、第四問が「知性の作用の先行する本質的諸完全性の区別が神の単純性と両立するのか」である。

第一問、第二問は比較的わかりやすいし、道具もシンプルで紙数も少ないため通り過ぎても問題はない。ところが第三問と第四問はとても難解である。多くの研究者は、ここにスコトゥス形而上学の頂点があると述べている。

ここに存在一義性の核心が示されているとなれば読んでいくしかないのだが、実は読んでもなかなかわからなかった。かつて花井氏と二人で翻訳を行い、第三篇と第八篇（第四問を訳す余裕がなかった）の翻訳を成し遂げた。正直なところ本を出しても、結局、存在一義性は何だったのかと花井氏も私も思案に暮れるありさまだった。

**実は訳すことができなかった第八篇第四問こそ、〈個体本質〉と実体の無限の海というダマスケヌスに由来する表現とが契合し、存在一義性の姿を完結するものだったのである。**実際のところ、スコトゥスの筆も錯綜の中で道を見失っているようにも見えるのだが、ここでは第八篇第四問の行く末も含めて説明を試みる。仮説と推測を重ねるしかないのだが、そのような方法しか残されていないのである。

第八篇第三問は存在論における一義性の枠組みの頂点と言える箇所だが、その次の第四問は存在論としての一義性が神に至る被造物のあり方を示していると思われる。第四問は完結していないように見えるが、スコトゥス哲学の目指していたところを示していると私は思う。

存在一義性の結構を述べておくと、スコトゥスの一義性には、少なくとも次のような二つの階梯がある。

・一義性の第一階梯（認識論、神の認識可能性）
・一義性の第二階梯（存在論、continentia unitiva）

前者は第一巻第三篇（第一部）で論じられ、後者は第一巻第八篇（第一部）で論じられる。そしてそれぞれのところで、存在の一義性の論じ方は異なっている。前者（認識論）において存在一義性が要請され、後者（存在論）において存在一義性が前提されていると説明できるように思う。第八篇において神の認識可能性は論じられることはなく、神が無限の多様性を含みながらも単純であって、被造物を統一的に包含している（continere unitive）ことが述べられている。

神と被造物との間には或る非対称性が存在している。被造物から見て神は無限に遠く、神から被造物を見れば区別はなく融合している。別の言い方をすれば、被造物からの認識論的な道程において、神は道程の目的地にありながら無限に遠い。しかし、逆に神は被造物を掌に載せて融合しつつ見守っている。このようなイメージは仏教にもあり、珍しいものというよりも、様々な宗教が普遍的に共有しうる枠組みかもしれない。無限に遠いものが実は存在論的には一致して一つになっているというのは、様々な仕方で語られてきた。このような非対称性が成立しているからこそ、無限に多くの個体が新たにこの世界に誕生しては消滅し、それが繰り返されていく。

## †スコトゥスの短すぎる人生

存在論的一義性の側面は最初から明確に登場していたものではないように見える。スコトゥスは最初、アナロギア説をとっていた時期があると考えられるからだ。認識論的な場面で一義性説を打ち立てるようになっても、その考えが個体論や救済論、そして存在論的な体系に直結しなかったように思える。『オルディナチオ』第一巻第三篇と第一巻第八篇に一義性論が分かれ、しかもその第八篇の構成が紆余曲折し、ためらいがちであるのはその表れと思える。それが最晩年の『任意討論集』では最終的な地点を見据えたような記述になっていくが、それでも完成する時間はなかったように思える。スコトゥスになぜ時間が足りなかったのか。それは、スコトゥスに与えられた人生が短すぎたからだ。四十二歳で死んだとされてきたスコトゥスの人生は、中世においてはそれほど短いものではなかったのかもしれない。最近の研究ではスコトゥスの生年は一二六三年という説が出されている。一三〇八年十一月八日没は確かなことで、四五歳手前で亡くなったという説が出されている。こちらの方が正しいと私は考えている。私もここでは一二六三年生まれ説をとる。

スコトゥスの研究家ステファン・デュモンは精緻な学者だが、彼の最新研究によると、スコトゥスの人生の流れは通説とは異なるという。一二八〇年代前半、パリで講義をしたと推測される。一二八〇年代から九〇年代にかけてケンブリッジで神学研究を行い、一二九〇〜九一年、オックスフォードで神学研究を始める。その後一三〇三〜〇四年にはパリで『命題集』を講義するが、一時的にフランス国王からパリ退去令が出てイングランドに避難した後、間もなくパリに戻る。一三〇六〜〇七年には、『任意討論集』を完成させている。

一二九七年から九八年にかけて、スコトゥスは個人的に大きな思想的変革を遂げた。スコトゥスが三十四歳、あるいは三十五歳のときで、オックスフォードで『命題集』の講義を行っていた。この年代は暫定的ではっきりした年月は不明なのだが、様々な推理の上で次のような時系列を考えることができる。

一二九〇年代の前半、スコトゥスはアリストテレスの著作の検討に専心し、論理学や言語哲学に関心を向けていたが、神学的な問題に深入りすることはなかった。しかし一二九七年から九八年にかけて大きな思想的発見を行う。それが『レクトゥラ』第一巻第三十九問に示される新しい偶然性の捉え方である。これは「共時的偶然性（synchronic contingency）」と呼ばれている。

その内容は以下の通り。トマス・アクィナスにおいて、人間知性は善を提示されてそれを選択しないことはできない。しかしスコトゥスは、意志が関与する領域においては常に反対を選択することが可能であると考える。概念における矛盾においても、意志的選択の関わる矛盾的対立においても、矛盾する両項の乖離を超えることは人間に許されることではなかった。スコトゥスはその可能性を発見することで主意主義、新しい偶然性を発見したのであり、それが離接的様態という乖離した矛盾対立両項を超越概念の中に組み込み、無限と有限を媒介する存在論的体系としての「存在の一義性」の舞台に近づくことになる。

神学という巨大な、いや巨怪ともいうべき体系に秩序を付与する基幹的思想を、しかも教団の根本思想に符合する形で生み出せる思想家は稀であり、奇蹟というしかない。スコトゥスはフランシスコ会の思想に一本の筋を通すことのできる思想を生み出しえた希有の思想家であり、そのことにフランシスコ会上層部は気づいたのだ。一三〇四年から一三一三年にフランシスコ会総長を務めたゴンサルヴス・ヒスパヌス（一二五五頃〜一三一三）もその一人で、彼はスコトゥスの天才を見抜いた。

スコトゥスの発想の巨大さにフランシスコ会の上層部も気づき、一二九八年にはスコトゥスは『命題集』の講義を始め、神学研究に踏み込んでいく、一三〇一年、オックスフォードで神学のマギステルとなり、一三〇一年の夏遅く、海峡を越えてヨーロッパの知識の中枢パリに赴く。その後、一三〇八年のあまりにも短い生の終焉に向けて、思想においては圧倒的に濃密な強度に満ちた時期を駆け抜けた。

一三〇三年から〇四年にはパリから避難し、ケンブリッジで『命題集』を講義した後、一三〇四年から〇六年にかけては再びパリで講義し、一三〇六年から〇七年にかけては短い間ながら神学教授を勤め、最後はドイツのケルンに赴き、早すぎる死を迎える。滞在期間を計算すると、パリに二年、オックスフォードに六カ月、ケンブリッジに六カ月、パリに一年半、ケルンに一年半いたことになる。つまり、スコトゥスのスコトゥスらしい思想はこの十年間に展開されたのである。

そして彼の最後の時期、おそらく一三〇六年から〇七年にかけてダマスケヌスの「実体の無限な海」という概念への集中的な祈りともいうべき思想が結実していく。そこにドゥンス・スコトゥスの「白鳥の歌」が込められていると私は思う。

## †存在論的認識論というモチーフ

そしてスコトゥスの哲学においても、認識論的一義性と存在論的一義性との間には非連続性が成立しており、理論として接続していないように見える。では、それはどのような非連続性なのだろう。それは二重真理ではなく、両者はむしろヤヌスの二つの顔なのだ。存在一義性の極北は第一巻第八篇第三問と第四問にある。これをどこまで解きほぐせるのか。

『オルディナチオ』第一巻第八篇第三問は「神、ないし神の本質規定をなす述語（aliquid formaliter dictum de Deo）が類の内にあることは、神の単純性と両立するのかどうか」という問いである。なかなか難しい表現だが、「神が〈存在〉である」と語ることと神の単純性とは両立するかということである。〈存在〉は類（genus）であるのかという問いは、中世哲学ではよく問題とされた。

本質規定をなす（formaliter）は「形相的に」と訳すこともできるが、要点は知性による操作が加わる以前の場面を指す。「類の内にある」とは上位概念があるということだ。存在が無限存在と有限存在に分かれるとすると、神は無限存在で、神に対して存在が上位概念＝類になると整理することもできそうに見えるが、もちろんこれは誤りである。神は上位の類を持たず、それが神の単純性との関係で論じられる。確かに神が無限存在であるとすると、無限と存在と二つの規定を有することになり、単純なものではなくなる。

では、類とは何なのか。類とは普遍の典型であり、複数の事物に関して述語となる。一般に類は外部を持っている。「人間は動物である」という命題において動物が類となるのは、動物ではないもの、動物の外部、動物の他者が存在するからで、「人間は動物である」が成り立つ。「人間は〈動物ではないもの〉ではない」と変形することは論理学的には飛躍を含んでいるが、妥当な変形だ。類は何ものかが限定されて成立しており、したがって類は単純ではないということになる。ところで〈存在〉は類ではなく、〈存在〉に外部はない。

神の単純性を語ることは、神と被造物が一なるものであることを語るためである。ヘンリクスの枠組みでは神と被造物との間に懸隔が生じてしまう。一般的な抽象性を備える〈存在〉概念において両者を一つにする道はあったが、スコトゥスは豊饒なる海における統一性を求める。『オルディナチオ』第八篇第一問から第三問に至る議論は「神と被造物はなぜ概念において本原的に異ならないのか」を示すためになされている。本原的に（primo）という曖昧で多義的な意味合いを持つ単語を一義性の議論の中で初めから持ち続けたのは、「海」としての神という表象に至るための仕掛けだったのである。

ここでは三つの見解が挙げられ、一つ一つ検討されていく。それらを吟味する中で、スコトゥス自身の見解が出される。

・第一の見解――神と被造物に一義的な共通の概念があることと、神の単純性とは両立しない（四四節）

・第二の見解――神は類の内にある（九〇節）

・第三の見解――或る概念が神と被造物に共通であることは、神の単純性と両立するが、しかし、その「或る概念」は類として共通なのではない（九五節）

ここで挙げられている第三の見解がドゥンス・スコトゥスのものである。第二番目の見解が異様に短いことにも示されるように、第八篇の論述は完成したものではない。第四問において、スコトゥスの真骨頂である「実体の無限なる海」という枠組みが登場し、しかも詳しく論じられているが、第八篇は、それぞれの問題や立場に対して割り振られている文章の量が極めて不均衡であり、未完成状態であることがわかる。スコトゥスはつまらないと思う見解に対しても誠心誠意、丁寧な対応をする人だ。軽く跨げると思った考えでも丁寧な分析をするので、スコトゥスが肩入れしているのかと思ってしまうほどのときもある。それが、第八篇は不均衡のままであり、メモ書きのようなところが多い。

第三問と第四問がこの第八篇の重要箇所であり、存在の一義性の到達地点が示されるところでもある。あらかじめ目標地点を示しておくと、神が「無限なる実体の海」としての姿が示されるということだ。存在一義性はそこに帰趨するのである。

ヨハネス・ダマスケヌスにおいて「実体の無限なる海（pelagus infinitum substantiae）」という概念が登場していた。トマス・アクィナスもまた『神学大全』第一部第十三問第十一項で触れている。トマスにおいて、第十三問は「神の名について」が論じられ、アナロギア論が展開されるところだ。認識の不可能性の極限において「実体の無限なる海」が持ち出される。

ドゥンス・スコトゥスにおいては、ダマスケヌスの表現とは少し違って「無限なる実体の海（pelagus infinitae substantiae）」と記される。スコトゥスは、ダマスケヌスの意図を諸無限性の海（pelagus perfectionum）として理解した。神とは純粋完全性（perfectio simpliciter）である。スコトゥスにおいては、神の認識可能性の先に「無限なる実体の海」が持ち出されている。スコトゥスが意図的にダマスケヌスの表現と変えようとしたのか判然としないが、結果的に同じ箇所を用いたトマスと別のところに辿り着いたのは面白いことこの上ない。

**或る一なるものが、あらゆる完全性を最も卓越した仕方で、一なるものにあらゆるものが含まれることができる限りで最も卓越した仕方で含んでいる。**これは、諸完全性が包含するものの形相的無限性に即して、自同的に（identice）含まれているということばかりではない。それ以上の仕方で含んでいる、つまり、諸完全性は原因の内にある如く、潜在的に含まれている、これは、自らを含む第一の最も普遍的な（あらゆるものを含んでいるのであるから）原因としての或るものに含まれている。**このようにして［神の］個体本質は海なのである。神の個体本質は形相的に無限であるのみならず、潜在的にあらゆるものを含んでいるのである。**（『オルディナチオ』第一巻第八篇第四問二〇〇節）

**「海」とは自同的に一なるもの（unum-identice）だ。つまり「神、知る者、善なる者、至福なるもの（Deus, sapiens, bonus, beatus）」といった様々な完全性が、一つに溶けあっていることを指している。この本質＝個体本質（haec essentia）」が「海」ということだ。**

この海のあり方を示しているのが第八篇第四問で、ここでこそ内包的無限性と形相的区別と存在の一義性が切り離しがたく結びついて登場している。とはいっても、スコトゥスの叙述は海を描きながらも、荒れ狂う波濤のように論述はあちこちに飛び交う。

神と被造物に一義的な概念があることは神の単純性と両立しないという議論があった。離接的様態は全面的かつ直接的に矛盾対立しているので、対立両項の間に共通に一義的なものはない。本原的に相異なるもの（primo diversa）においてはいかなる点においても一致するところがない。

類（genus）とはカテゴリーのあり方であり、カテゴリーを超えるものは類の内にはない。中立無記性は類のことではない。そういう中立無記的なものを限定するものとして、内在的様態、内包量（gradus intrinsecus）が出されている。この場合、神に見出される無限性は内包的無限性となるのである。この内包的無限性は中世においては十分に発展することはなく、近世のライプニッツやスピノザにおいて完成形態が与えられる。

### †二重の一義性の必要性

神が類の内にあることと神の単純性とが両立するかどうかというのは、少しわかりにくい問題設定である。神と被造物が矛盾対立するものであるとすると一義性は成立しなくなり、一義的なものがあるとすると神の単純性を損なってしまう。この一義性が成り立つことと、神が類の内にあるということが重なり合う。だから神が単純なものであれば、一義性が成り立つことはない。もし一義性が成り立つとすれば神の単純性は成り立たない、ということである。

スコトゥスの主張は、ある概念が神と被造物に共通であることは神の単純性と両立するが、それは「類」として共通ではないということである。これが何を意味しているかといえば、上位の類を有することは、単純ではないということである。これは論理的な話である。

問題は、一義性の基本形は上位の類を持つということだから、スコトゥスの述べる神と被造物の共通性は伝統的な意味での一義性ではなく、もし一義性が主張されているとすれば、新しい一義性が提出されているということである。

神の単純性が述べられ、神と被造物のある共通性が主張され、新しい一義性が設定され、そして上位の「類」が否定されている。

では、なぜ上位の類が否定され、「類」を認めることが単純性を否定することになるのか。一義性の典型例は「ウマは動物である」と「サルは動物である」という場合、「動物」はウマとサルに対して一義的であるということである。その場合、動物を種差が限定して、ウマとサルが規定されるのであるから、ウマもサルも類＋種差という概念から成り立っており、これは単純概念ではなく複合概念である。神は単純で複合を持たず、存在そのもの (ipsum esse) である。神は端的に単純なのである。

『オルディナチオ』第一巻第三篇の議論は神の自然的な認識可能性と存在の一義性を結びつけるものであり、そこにも新しい道具が入っていた。共通普遍性における第一位性と潜在性における第一位性を分け、伝統的な意味で上位の類についてのみ考えられていた一義性について、種差にも拡張された意味で一義性を適用できるという主張を行っていた。それは認識論的な場面での一義性の拡張であった。第一巻第八篇ではさらに神の単純性を守りつつも、神と被造物の共通な領域を確保している。そしてこの単純である神の存在が、従来の枠組みでは神と被造物の共通性を確保しないはずなのに、共通性を確保するために一義性を拡張するのである。その拡張は認識論的な場面での拡張というよりは、存在論的な場面での拡張であった。その存在論的な場面での拡張が、第一巻第八篇第四問で展開されるのである。

## 3 海としての神の個体本質

### †神の単純性

『オルディナチオ』第八篇の全体では神の単純性について扱っているが、この単純性とは神のことだけを語っているわけではない。これは神と被造物との関係をも含む枠組みであり、神と被造物の距離を測り、関係を描くための輻輳点となるところである。その場合、神は「在りて在る者（qui est）」であり、なおかつ、「存在そのもの（ipsum esse）」である。被造物の関係を含み、被造物すべてを包含している。スコトゥスの目指すところはここだ。

その最終問が第四問であり、「神の単純性は、知性の働きに先行する本質的諸完全性の区別と両立しうるのかどうか」となっている。

肯定論として、スコトゥスはダマスケヌスの典拠を挙げる。神は善である、正義である、知恵あるものであると語るとき、神の本性を語っているのではなく、神の本性の縁暈を（circa naturam）語っているという箇所を挙げる。ここでcirca（の周り、周囲）という前置詞にスコトゥスはこだわり、何度もこのダマスケヌスのこの典拠に戻る。circaのリフレイン、それは大事なリフレインは私の心に響く。circaは本質や本性ではなく、求心的包含性を有する存在のあり方を示す前置詞なのだ。

緩やかに関わりながらそれらを混然として含み、それがcircaという統一的包含に結びつくのだろう。本来的述定において「神は全である」「神は正義である」という場合、それらの述定は述語が示す形相規定を別々のものとして措定する。

ここでもスコトゥスは、完全性の海としての神的本質を語る。

> あらゆる属性の諸規定（これはつまり神と被造物における完全性を語っている）に神の側で対応しているのは本質の統一性（unitas essentiae）である。これは絶対的存在に即してではなく、被造物への関係に即してである。それは起成因の類においてでも、（中略）神から何ものかを除去するような仕方でもなく、次のような仕方においてである。つまり、**神の本質が被造物への形相因の規定に即して関係づけられる限りにおいてである。被造物において分散して不完全な仕方であるものを、自らの内に含む、あらゆる完全性の統合**（integritas）**と**

**いう仕方に即して関係づけられるのである。**（『オルディナチオ』第一巻第八篇第四問一六二節）

先ほども述べたことをここでも繰り返す。これは晩年のドゥンス・スコトゥスが繰り返したことでもあるのだ。神は「在りて在るもの」だが、それは「いわば無限なる実体の海」としてあるということだ。「神、知恵あるもの、善、至福」などあらゆる純粋完全性を統一的包含においてunum-identiveに含み、それこそ「海」となっている。

精緻な概念装置を用いて語っていることを、もしスコトゥスが画家であったならばどのように絵画に表現しただろうかと考えてみたくなる。

## †スコトゥス最晩年の著作『任意討論集』

『任意討論集』は一三〇六年か一三〇七年に執筆された。スコトゥスは一三〇八年に亡くなっているため、これは最晩年の著作である。『形而上学問題集』も長い間にわたって書かれたが、これは一二九〇年頃から一三〇〇年頃に書かれたと推定することができる。

『形而上学問題集』第七巻では個体化の原理について論じられており、これは『オルディナチオ』の個体化論よりも成熟した理論が展開されていると言われる。『形而上学問題集』第七巻には〈このもの性〉も登場するので、晩年に近い著作と考えてよいかもしれない。なお、先ほど取り上げた箇所は比較的後期の書き加えの部分である。

『オルディナチオ』第一巻第八篇はどうか。これも『任意討論集』とほとんど完全に符合し、ダマスケヌスに関連する部分はスコトゥス自身による書き加えで、重視した形跡がうかがえる。面白いことに、オッカムの批判は様々な箇所に向けられているが、ダマスケヌスのテキストについてはオッカムへのテキストを引用・分析し、真逆の見解を提示している。

内容的にはこれまで述べてきた論点と重なるが、『任意討論集』がドゥンス・スコトゥス最晩年の著作であることを踏まえ、以下の二カ所を翻訳して挙げておく。いずれの箇所もダマスケヌスの「実体の無限の海」という比喩を用い、そこに終着点を設定している。

次の一節は重要だが、難解でなおかつ少し長いため、三つに区切って引用する。無限性と有限性は独立者と非独立者、原因されないものと原因されたものなどというように矛盾対立し、共通性を持たず、乖離したものであるというのが一般的である。スコトゥスが内包的無限性という新しい道具立てを持ち出すのは、無限性が統一的包含と両立することを示すためだ。

①「無限性は存在の特有性ではなく内在的様態である」内包的無限性が無限であると言われる存在者に対しては、その存在者に偶有するある外的様態として関係を有するわけではない。また、真や善が存在の様態または存在の特有性として理解されるのと同じ仕方で関

係するわけでもない。そうではなく、**内包的無限性はその存在実質に対して内在的様態としてあって、極めて内在的であるので、その特有性ないし準特有性としてあるものをことごとく除外しても、その無限性は排除されないようなほどに内在的なのである。むしろ、その無限性はその存在実質に含まれ、一なるものとなっている。**したがって、もっとも純然たるものとして受け止められた無限者は、いかなる特有性を持たないとしても、次のように述べるのが正しい。つまり、力能のある固有なる大きさを内在的なものとして有し、それは有限なる大きさなのではないというのも有限であることはその無限者に矛盾するからである。（『任意討論集』第五問題第四段落）

神の被造物において、純粋完全態である倫理的規定が超越概念であって、被造物と共通するものであることが示される。これは存在論的一義性を確保するために必要である。

②また、この最も純然たるものとして捉えられた無限者は、善性や知恵といった属性的な特有性の規定のもとにはなく、それが凌駕する事物への本質的秩序に即して関係づけられるものである。それは限定された或る比に即してではない。もしそうであるとすれば、無限者は有限なものになってしまうから。ゆえに、**内包的無限なるものはいかなるものであ**

**れ、その内在的様態は無限性なのである。**その無限性は内在的に自らに何も欠けることのない存在を語り、そしてそれはあらゆる限定可能な日を越えて完全に有限者を凌駕するものなのである。（承前）

以下に示されるダマスケヌスからの引用「実体の無限なる海」はスコトゥスが『オルディナチオ』第一巻第八篇で愛用するのみならず、『任意討論集』でも繰り返し使用するフレーズで、存在の一義性はここに帰着する。

③この帰結はダマスケヌスの次の言葉によって裏打ちされる。つまり、「**本質は実体の無限にして無際限の海である**」という言葉である。ゆえに、**神において完全に第一者としてあり方を有する限りで実体は海と呼ばれる。海は無限で無際限のものなのである。ところで、この海には真理も善性もいかなる属性的特有性も含まれていないことはない。ゆえに、その無限性はいかなる属性よりも、本質に対しており内在的な様態なのである。**（承前）

次の箇所は今挙げた箇所と基本的に趣旨は同じだが、内包的無限性ということを何とかして定式化しようとするスコトゥスの苦労を見て取ることができる。そして、なぜ海というイメージにこだわったのかの理由が少しわかってくる。

神の本質としての本質は、**客観的に**（**ex natura rei**）固有の大きさを持つのかどうか。このことは、典拠に基づくのと理論的にと、二つの仕方で論証される。典拠となるのはダマスケヌス『正統信仰論』第一巻第九章である。そこでの論旨は次の通り。**「本質とは実体の無限で無際限の海のごときものである」**ということだ。何度か繰り返して論じてきたが、ダマスケヌスが本質を海のごときと語るのは、ある種の先行性、あらゆるものを包括する第一のものであり、そのようなものである限りそれ自体で、本質は「無限で無際限のものとしてある」ということになる。**神の本質は本質としてある限り無限なのである。**ここから次のようになる。つまり、ダマスケヌスの典拠からわかるように、**本質は、客観的に無限である。というのも、海としてあって、無限だからである。またあらゆる点で客観的に第一のものであり海と言われる。ところで、本質の無限性と言われるのはその本質に固有の大きさである。ゆえに客観的に固有の大きさを持っている。**小前提は、大きさの或る意味に関する限りは十分に明らかなことだ。というのも、量的な無限性は、本来の意味において、量そのものの外延的な無制限を意味し、内包的な無限性は完全性における至高の完全性ないし完全性の至高なる大きさを表している。（『任意討論集』第六問題第六節）

神的本質の内で諸完全性がどのようにあるのか、それは神の単純性を考える上で根本的に重要である。満たさなければならない諸条件とは、神の本質において本質的諸完全性が区別されている。神は単純で、それらの諸区別は知性の作用に先行するということである。知性の作用に先行するとは、人間知性であれ神の知性であれ、区別は潜在的であって知性による弁別によって区別が成立するということだが、この考え方は排除される。

なぜ知性の作用に先行すると言われるのか。それは一つには、外なるものへの関係によって(per respectum ad extra) 区別が生じるのではないということだ。そのことと関係してくるのだが、神の本質はそこから様々な完全性が流出 (emanatio) する源泉と捉えられている。こういった神話的モチーフであるとしても、諸完全性の内にある区別が知性によって生じるとしたら、流出論的構図と対立するのははっきりしている。神的本質の内的関係によって自ずと諸完全性が流出していくという枠組みでなければならない。神的本質の自己関係性、自己完結性を否定してしまえば、神学的典拠を否定しなければならなくなる。

諸完全性の区別が概念的区別であってはならない、というのは流出論的構図を前提しているからである。

**ダマスケヌスの「諸完全性の海」という言葉の解釈。一つの理解の仕方としては、あらゆる諸完全性を自らの内に現実的かつ形相的に本来的な形相規定において包含している、というようにである。**その場合、形相的に一なるもの（unum-formaliter）は「海」ではない。というのは、唯一なる形相規定を現実的にそれだけ多くの規定性を包含することは矛盾しているからである。**ゆえに「海」であるのは自同的に一なるもの**（unum-identice）**としてしかありえない。つまり、「神、知者、善、至福、他の同様なものすべて」という仕方である。**ただし、このような仕方でダマスケヌスは「海」を捉えていたわけではない。

（『オルディナチオ』第一巻第八篇第四問一九九節）

### †原型的ビジョンとしての「実体の無限な海」

以下の節は、ドゥンス・スコトゥスの沸騰した彼のビジョンが示されるところだ。このダマスケヌスの「実体の無限なる海」は『形而上学問題集』第四巻第二問題、『任意討論集』第六問題でも登場する、スコトゥスが徹底的にこだわった範型的構図、「原型的ビジョン」で、これを表現するために様々な概念装置を考案する。「海」と呼応し合うのが「内包的無限性」である。内在的様態、強度といった概念もすべてこの「原型的ビジョン」の構築するためのもので、ここにスコトゥスの哲学の全精力が傾けられていたと言ってもよいのではないか。

オッカムは、スコトゥスのこの「原型的ビジョン」を否定する。『命題集註解』第一巻第二篇というかなり最初のところでスコトゥス批判が展開される。

それは敵対する二人の対立だったのか、あるいは同じ目標を目指しながら、異なる道筋を選ぶ者の対立だったのか。次の一節は少し長いが、スコトゥスの一義性論の頂点であると思う。

> 別の仕方である形相的に一なるもの（unum formaliter）を理解することができる。あらゆるものが一なるものに包含されることが可能な限り、最も卓越した仕方ですべての完全性（omnis perfectio）を包含する場合である。ところで、その仕方は包含するものの形相的無限性によって自同的に（identice）包含されるのみならず（というのも各々はすべてのものを包含しているのだから）、さらに、**原因の内にある如く潜在的に含まれているのである。**包含する第一の自己原因（prima causa a se continens）のうちにあるようにである。**その原因は最も普遍的である。あらゆるものを包含しているからである。このような仕方で〈個体本質〉は「海」なのである。**というのは、いかなる強度においても、或る完全に第一なるものに至らなければならないからである。**神の多様性においては、完全に第一のものしか「海」たりえない。それは単に形相的無限であるばかりでなく、潜在的に他のものを含んでいる。単にあるものだけではなく、すべてのものを包含し、他の別の力によって包含す**

るのではなく、自らによって包含している。このようにして、神の〈個体本質〉は、形相的にして第一の無限性を有し、自らに基づいても、あらゆるものの、普遍的に原因となって潜在的に包含する無限性を持っているのである。このように、「海」はあらゆるものを包含し、あらゆるものは形相的に一なる或るものに卓越した仕方で包含されるということが可能となる。「すべてのものは海に流れ込み、そして、それらが生み出でたところに還っていくのである」。(『オルディナチオ』第一巻第八篇第四問二〇〇節)

「すべてのものは海に流れ込み、そして、それらが生み出でたところに還っていくのである」。この一節もまた、ダマスケヌスからの引用である。神が存在そのもの (ipsum esse) であるということは、神が海であるということだ。そして、被造物は海の一滴のようにそこに含まれている。これが存在一義性の一つの到着地点なのだ。

「無限なる実体の海」としての神、このダマスケヌスに由来する思想についてトマス・アクィナスも語っていたことは面白いが、この海としての神という表象に中世キリスト教のメンタリティが現れている。

これは神の中にすべて溶けてしまい、個体性を解消してしまおうとする狙いだったのか。いや、神に融合しようとすることが自我の解消だけを目指すとすれば、それは現世ということ、神の創造の業（わざ）を軽視しすぎている。現世の確固たるリアリティを同時に語るものでなければならなかった。

## †一義性から個体化論へ

存在の一義性論においては被造物が神へと結びつき、海において融合する側面が強く表れていた。しかしスコトゥスの思想は個体主義の側面も強く有しており、〈このもの性〉を強調した。では、この一義性と個体化論とはどのように結びつくのか。一義性と個体化論とは拮抗するものなのか、同じ枠組みにおいて考えられているのか、それについての枠組みが必要なのだ。そしてスコトゥスの個体化論が、唯名論に結びつくのはわかりやすい。

存在の一義性と個体化論においては、最も普遍的なものへの思考と最も個別的なものへの思考とが結びつくように感じられるが、具体的な道筋はわかりにくい。少なくとも、私にはなかなかわからなかった。神の本質が〈個体本質〉haec essentia とされ、その内実は存在自体（ipsum esse）、または「在りて在る者（Qui est）」である。この普遍的な在り方がなぜ神の個体性になるのか、そしてそれが被造物の個体性と結びつくのか、長い間わからなかった。

しかしスコトゥスがおそらく晩年近くになって、〈このもの性〉haecceitas を思いついたとき、神の〈個体本質〉と結びつく道筋を思いついたのだと思う。〈このもの性〉は「これ」という代名詞の男性形でも、中性形でもよかったはずだし、hiccitas でも hoccitas でもよかったはずだ。なぜ haecceitas なのか、それは偶然で理由はないと言うこともできる。しかし、それは神の〈個体本質〉haec essentia を被造物が模倣したものだとすれば、haecceitas という女性名詞に落ち着くのは必然なのである。

なぜ存在の一義性が個体化の原理と結びつくのか。〈このもの性〉と神の〈個体本質〉は結びつくが、どう結びつくのか。これが答えられなければ、存在の一義性も〈このもの性〉も理解したとは言えない。

ドゥンス・スコトゥスの哲学がわかっても、中世哲学全体の姿がわかったとは言えない。しかしながら、十三世紀が〈認識論的転回〉であり、大きな転回点であるという枠組みにおいては、なぜスコトゥスが転回点の契機となりえたのかを理解する必要がある。そこに存在の一義性が絡んでおり、個体化論とも結びついていることは、万難を排しても示されるべきことなのである。

# 第七章

# 個体化論の問題

存在の一義性だけではドゥンス・スコトゥスを語ったことにはならない。一義性と個体化論を関連づける必要もあり、これは唯名論とも結びつく。唯名論こそ中世の終わりにくるものである以上、そこまで語って締めくくりをつけるしかなく、なおかつ今までの話と結びつけなければならない。では、どう結びつくのだろうか。そのためには普遍論争を語り、個体化の話と唯名論まで概略的に語るしかない。

極端なことを言ってしまえば、普遍論争において普遍の位置づけは中心的な問題ではない。アリストテレスにおいてほぼ完成した枠組みが与えられており、ポルフュリオスの『イサゴーゲー』における「普遍が事物であるか名前に過ぎないのか決定しておかなかったので、普遍についての論争が生じた」という書き方により、普遍論争が中世哲学の主要話題になったという整理が流布してしまった。しかし普遍は事物ではなく、事物の内にもないことは確かであり、実在論と唯名論という対立はなかったと考えた方が話はわかりやすい。これについては旧著

『普遍論争』でかなり論じたので改めて語るのも気が引ける。あの本を書いたときは唯名論についてまったく理解できていなかったし、何よりも語る覚悟ができていなかった。唯名論を忌避する気持ちがある限り、唯名論に接近することはできない。

あの本では、中世哲学に普遍論争があったという整理がいかに滑りやすい坂道であるかということを示した。しかし便宜的に普遍論争があったと捉えてもよいし、実在論と唯名論という対比は一人一人の哲学者の位置づけに適用すると、誤りやすいが全体の構図を整理するのに便利であり、残しておいた方がよい。その上で普遍論争を語ると、個体の問題、個体化の問題としても捉えられる。

つまり、神の創造以前に個体は存在せず、存在するものは神の知性の内にある普遍のみである。創造により被造物が次々と因果性によって逐次的に生み出されていくことこそ、第二原因の系列である。この第二原因の系列においてこそ、被造物は一般的法則性を充足する個体として登場することができる。創造以降の系列の中でも、末端に個体は登場しうる。その個体の存在論的地位を語るために、普遍に関する構造論が必要になってくるのだ。普遍が事物なのか名のみのものかというのは、あまりにも誤りやすい整理だ。

普遍とは個体を浮かび上がらせるための下地なのかもしれない。いずれにしても、普遍を語る前に私は足早になるかもしれないが、個体について語っておく必要がある。

## 1　個体化とは何か

### †存在の一義性と個体性

近代的個人主義の起源が十三世紀初頭に想定されることもある。確かに、十三世紀初頭はルネサンスの兆しが見え始める頃で、特に社会思想史の観点からすると個人概念というものが重要な論点として探究され、その際、個人が自分自身を見つめる視線が大事になってくる。分野によってその様式の登場は様々で、時代的にも幅があるが、ペトラルカの『自伝』やデューラーの自画像などといった自己反照的表現行為に個人性の契機が探し求められることが多い。哲学においてミネルヴァの梟（ふくろう）は夕方に飛び立つのかどうか。そういった自己関係性に着目するものとしては、デカルトの『方法序説』（一六三七年）を待たなければならない。

また、個体性ということを他者とは異なる者として他者から離れて生きるということに見出そうとすると、世俗性から離脱して生きるということもある。その場合、砂漠の修道者や中世の修道院もそのような個人性の母床として考察の対象にもなる。内省に関する数多くの著作は、近代的個人というものが長い熟成期間を持っていたことを示してくれる。

数多くの候補の中で、アッシジのフランチェスコは近代的個人の源流として挙げられることが少なくない。世俗的権威、宗教的権威に対しても独立した態度と生活を求め、実行した彼の魅力的な姿、立ち居振る舞いは、近代的個人としてふさわしい。

本書では十三世紀の〈認識論的転回〉、自己反照的契機が虚構ではなくリアルなものであり、それを知的営為の基礎づけにしようとする流れを見てきた。近代的個人の問題が自己反照性とも結びつくのであれば、中世哲学の流れを示せたことにもなるかもしれない。

中世哲学の重要な論点として、個体化の原理をめぐる問題があった。オッカムは個体化の原理が存在しないことを示し、ドゥンス・スコトゥスの個体化論と実在論を否定したと整理される。普遍論争の観点からも、個体化論に触れておく必要はある。この個体化論というのは入り込んでみるとよくわかるが、得体の知れない問題である。

あらかじめ述べておくと、近代的個人主義の問題と中世の個体化論を結びつけるには、陥りやすい罠があることに注意しておかなければならない。

個体化論は「何であるか」という次元に定位し、その答えによって得られるのは一般的な規定で、一言で言えば「本質」である。しかし本質は一般的であるので、それをいくつ積み上げても個体に行きつくことはない。本質の外部、つまり述語の中に登場しない、少なくとも登場しにくいものが個体化の原理になる。述語にならないもの、それは普遍の外部でもある。言語として表現しにくく、哲学的にも扱いにくいものしか個体化原理とはならない、それが第一の点である。

第二の点は、近代的個人は誰（quis）という問いによって答えとなるということだ。しかし哲学の問いは誰（quis）ということは問題とせず、何（quid）を対象とする。quid（何）ということは誰に対しても共通だが、誰（quis）という問いによって答えとなるものは、当人と他人では見方も考えも異なるから一般共通性が得にくい。何（quid）を問う限りで哲学であり、誰（quis）を問う限りで倫理学となり、誰（quis）が神のペルソナ（persona）となるとき神学に入り込む。

誰（quis）という問いへの答えとなるものがペルソナで、何（quid）として作用することと誰（quis）としてなすこととは構えが異なる。英語の who と what が取りうる動詞の種類が異なるように、ペルソナという「誰が」という意味の容器となる基体は三位一体を考える場合の大前提であり、享受の対象が三位一体というペルソナのあり方であることは、享受が顔と顔（facie ad faciem）とを合わせて成り立つことの自明すぎる前提なのだろう。現代の人間が中世哲学に触れるときに感じる戸惑いは、この自明すぎる前提が我々にはわからないものとなっているからである。概念を通じての道が途絶するとき、中世の人が持っていたショートカットを我々が持っていないことは接近困難性を伴う。しかしこの接近困難性に敢えて挑戦したいと思う者をこそ、未踏の大地は招き寄せると私はずっと思ってきた。

神における三位一体もまた一つの本質と三つのペルソナ（位格）の問題であった。ペルソナとは、愛や喜びや享受や意志や正義の基体である。ペルソナに入り込んだ瞬間、哲学は姿を改め、倫理学に転じる。それは白黒の映画が総天然色の映画に変化するに等しく、根源的変容を要求する。個体化論はそういった変容の手前で立ち止まる議論である。臨界を飛び越えることは勇敢かもしれないが、その土台を破壊してしまう行為でもある。限界で立ち止まれるかどうか、それが問題なのだ。トマスは「ペルソナを自存するものとしての関係（relatio ut subsistens）」として語る。つまり父・子・聖霊がいずれも実体ではなく関係であり、誰（quis）として語られるのだ。

### †スコトゥスの〈このもの性〉とオッカムの唯名論的主張

ここで話を戻す。個体化の原理については現実存在、指定された質料、量、本質など候補として様々なものが挙げられたが、重要であり多くの人の関心を呼ぶのは、ドゥンス・スコトゥスの〈このもの性〉と、個体化の原理は不要であるとしたオッカムの唯名論的主張である。〈このもの性〉は個体をして個体たらしめる個体の独自性が提出されているように思える。その詳しい内実はこれから少しずつ検討していくが、〈このもの性〉について述べておくと、個体を成立させる個体的な存在実質（entitas individualis）とは、種に対応する規定性に付与される度・強度であるとされる。

スコトゥスの言葉をそのまま援用すると、個別は上位の事物の何性的存在実質のすべてを含み、それ以外に含んでいるのは究極的現実性と一性の度（gradus）である。個別はこの度以外に、普遍が含んでいないものは何も含んでいない。したがって、この度が個体的差異であり、〈このもの性〉なのである。では、この度・強度とは何なのか。強度は「何であるか」という問いへの答えとなる何性的規定、述語にはなじまない。では、何なのか、それが問題である。

古代ギリシアの人々に個性がなかったわけでも、自己意識がなかったわけでもないのに、古代ギリシア哲学の概念として「自己意識」や「個体性」というのは登場していない。ギリシアにおいても特定の概念にそれらの意義が込められていたとしても、哲学的問題として主題化されていたわけではない。

現代においては「自分とは何か」「自己実現」といった概念が盛んに語られる。期待されている濃密な内実とその充実に比して、結果として得られるものは思いの外空疎であるという落差があり、その構図は存在概念が希望や未来の時間との通底関係を示しているように私には見える。しかしここでは、時代を無視した先取りは避けよう。中世哲学を論じる場合には、意識の上では現代を忘れたふりをしなければならない。

中世哲学を近代的な個人概念の源流として見ることは、入りやすい入口になると思われる。これは近代的主体概念の成立の場面と考えてもよい。そういった問題が中世の個体論の中でどのように論じられていたのか。これは面白い論点を含んでいると思われる。

ルネサンスが「世界と人間の発見の時代」と整理されているのと対比的に、中世は閉じられた空間の中で人間性が抑圧されていた時代というイメージがある。個人や個体性は軽視されていたと言われるが、絵画表現において個人を描き分けるのは十三世紀の末からだ。ジョットー(一二六六頃〜一三三七)、ペトラルカ(一三〇四〜七四)、ダンテ(一二六五〜一三二一)といった人々がルネサンスを切り開いたとされ、そこでは個人性が重視されている。

ドゥンス・スコトゥスはダンテやジョットーと同時代人で、ウィリアム・オッカムもそれほど異ならない。中世スコラ哲学者と見なされる人々も、ルネサンスの気配を呼吸しながら生きていた。

スコトゥスやオッカムがルターにおける宗教改革を準備し、端緒となったことは確かで、彼らが個人や個体性を重視したことは周知の事実である。哲学史はスコトゥスを実在論(実念論)、オッカムを唯名論と整理してそこに分水嶺を置いてきたが、オッカムはスコトゥスを批判したというよりもその路線を引き継ぎ、先に進めたと考えるべきだ。二人ともフランシスコ会に属し、オリヴィの過激な思想を取り込んだ。オッカムは非常に丁寧にスコトゥスの著作を読み込んでおり、その読み込みの深さたるや驚くべきもので、これは論駁しようとしているのではなく、内在的に発展させようとしていると読むしかない。

普遍論争についても、スコトゥスとオッカム、二人の共通の典拠となるのがアヴィセンナ『形而上学』第五巻である。アヴィセンナの存在論を過小評価ないし閑却してきたことが、西洋中世哲学の理解に関する呪いの源であった。

トマス・アクィナスを中世スコラの頂点と見なすことはよいが、その後に来る人々を完成したスコラ的体系の破壊者と見なしたことは、トマス・アクィナスに関する贔屓(ひいき)の引き倒しなのである。そうは言っても、トマスが比肩する者のいない大神学者であることは否定しようがない。

### †アリストテレスの論理的な枠組みの限界

個体化とは何なのか。他の個体から見分けるための規準の問題なのか。「個体化」という用語は問題の相半ばを隠してしまうほどの大きな前提があることに最初に気づく必要がある。まず普遍があり、個体は存在の階梯、つまり、存在―最高類―質料的存在―動物―脊椎動物―哺乳類―人間―ソクラテスというように最上位に存在が座し、逆の末端に個体があるという階梯において、その末端に、究極的存在者としてあるということだ。

その場合、上位にあるものは限定されうるもの（determinabile）で、限定する項（determinans）が適用・付加された限定されたもの（determinatum）が成立するという枠組みがある。「限定されうるもの」と「限定されたもの」は可能態と現実態、ビフォアーとアフターとして歴然たる違いがあるのだが、「被限定項」と訳してしまうと両者の違いが見えにくくなる。しかしながら個体化の問題を考える場合、さらには普遍論争を考える場合にも、これは決定的に重要な枠組みである。意味を踏まえて被限定項、限定作用、既限定態と訳すると日本語として煩わしいが、取り違えることはないと思われる。

アリストテレスの質料形相論においては質料が被限定項で、形相が限定作用であった。形の定まっていない大理石が質料で、ヘラクレスの形態が形相である場合を考えればよい。大理石が被限定項であり、形態が限定作用であり、ヘラクレスの彫刻が既限定態である。

ここで問題となるのは、形相とは述語の場所にくるのが一般的ということである。存在の階梯の末端において、被限定項＋限定作用＝既限定態という枠組みが成立しているとしても、中間のところと同じ構成はとれない。存在が最高類に下降する場合の問題は超越概念として問題となる。しかしながら超越概念だけで、存在よりも特殊な領域に下降するだけでは十分ではないから、内在的様態や究極的差異といった別の概念を導入する必要がある。

個体化という存在の階梯の末端において、形相は個体化の原理としては不十分である。形相はすべて一般的なものであるから、そういうものをいくら積み重ねても個体には辿り着かない。「いや、そんなことはない。一般的規定を付け加えていけば、この世界に一人しかいない人物に辿り着ける」と現実的には考えられるが、これは様々に問題がある。

これは個体の定義に関わることで、この世に一個しかないものが個体であるというのはあまりにも大雑把である。この「私」が個体であるとして、世界に一人しかないかどうかは確認されず、思い込みでしかない可能性もある。「今・ここ」は世界に一つしかなくて、そこにいるのが「私」だということについても、「では、瞬間ごとに違った「私」が現れるのではないか」という反論があるし、時空的な軌跡の連続性を持ち出したとしても、それでは原子や分子と同じ個体性ですかという反論がある。

中世哲学では、一個しかなくても個体とは言えないという重要な論点がある。これはアヴィセンナが出した論点で、この世界に一個しかなくても普遍となりうるという論点を出すことにより、一個しかないという規準に頼ることを論駁している。確かに、世界に一個しかないかどうかは確かめようがない。アヴィセンナは可能世界という枠組みを明確に提示したわけではないが、この世界に複数存在したら普遍で、一個しかなければ個体という定義を蹴飛ばした点では議論を先に進めた。

つまり、ここでは一般的規定に規定性を付加していき、一個しかないものに行き着いても、それは個体の十分な規定になっていないということを示している。ギネスブックに挑戦して大きさ一メートルの餃子を作れば、できたときには唯一でも、その後すぐに似たものは作ることができる。世界に一個であるかどうかは偶然的で、充足する実例（an instance）の個数によって個体かどうかは決まらない。

おそらくこのアヴィセンナの指摘により、個体化の原理は始まったと言ってよい。彼は個体とは何かということを吟味し、質料形相論では個体化を説明できないことに気づいた。つまり、アリストテレスの枠組みでは個体化が説明できないことに気づいたことにより、中世哲学の議論として個体化の原理についての議論が始まったのである。

### †スアレスの個体化論

ここであらかじめ個体化論の行き着く先を見ておくと、少し見通しがよくなるかもしれない。十七世紀初頭、スペインのイエズス会の神学者スアレスは『形而上学討論集』というスコラ哲学の集大成を完成した。その第五討論において個体化論を扱っており、その立場はライプニッツにもほとんどそのまま継受された。その中心テーゼは唯名論的なものと解されており、個体化の原理など必要ないというのが一つの柱である。

「各々の事物は自ら個体化し、その存在規定以外に、他の個体化の原理を必要としない（unamquamque rem individuare se ipsa, nullo alio principio individuationis indigere, praeter entitatem suam)」（『形而上学討論集』第五討論第五篇二節）。

ここでは敢えてラテン語原文をつけておいた。このラテン語は梵字と同じで、お墓の卒塔婆と同じように眺めてもらえばよい。各々の事物は自ら個体化するのであって、個体化の原理など必要としない。個体化の原理においては最初に普遍があり、それが個体化の原理によって限定されて個体が成立するということになっていたが、「自己個体化」という論点が出てくると個体化という問題設定が意味を持たなくなる。

スアレスは次のようにも述べる。「あらゆる個別的実体は、〔それ自体で、つまりその存在実質によって個別的であり〕、その存在規定のほかに、ないしその存在規定を構成する内在的原理のほかに、個体化の原理を必要としない」（同書第五討論第六篇一節）。〔それ自体で、つまりその存在実質によって個別的であり〕というところが極めて重要なのだが、現在流通している印刷本（オルムス版）では抜けている。意図的なのかどうかはわからないが、編者が飛ばしたところだ。

ともかく、各々の事物の存在実質の全体（entitas tota）が個体化の原理で、個体的一性は普遍的な規定に何も積極的なものを付加しない。ライプニッツはスアレスの枠組みを取り入れたことにより、個体化の原理を問うことの意味が失われたことに気づき、「個体の原理」を問うことに枠組みを変更して十六歳の時に『個体原理論』（一六六三）を執筆した。

しかしそのような方向性が唯名論になるかというと、そこには大きな留意事項が現れる。「この見解は共通本性が、個別的存在実質から概念規定において（ratione）区別されうることを否定するわけではない。そして、個体はこの種の上に概念規定において区別されるものを付加し、それは形而上学的考察においては、個体的差異の規定を有している」（前掲同箇所）。

個体は普遍に何か積極的なものを付け加えることはないが、両者の間に個体的差異という落差を設定することはできる。それは知性によって与えられた名称規定（denominatio）でしかないとするのか、あるいは知性だけによるのではなく、事物の本性に起源を有している（ex natura rei）とするのか、それによって分かれてくる。

普遍の側から始めて、何が付加されると個体になるのかを問うのであれば、形相的区別の次元に入り込む必要が出てくる。個体の側から始めれば、個体の側からの抽象によって普遍を得るという道筋が現れる。

スアレスはアリストテレスに忠実であろうとしながらも、唯名論的に個体化を考える。いや、アリストテレスも十分に唯名論的だった。個体化はカテゴリーの外部であり、「何」という問いを端緒とし、何性を取り出す方向性に築かれたアリストテレスにおいて、個体とは何性を取り出す営みの外部にあることであり、したがって個体化論は論理学の外部にあった。

## †個体化論の行方

トマス・アクィナスも個体化論を論理的述語系列（カテゴリー論）の中に位置づけるのではなく、外部に求めようとした。質料を個体化の原理とすることは、カテゴリー論を外れることだった。

トマスは「指定された質料」(materia designata) を個体化の原理とした。実は、この「指定された質料」というのは、アヴィセンナが「論理学」という小篇の中で使用している概念である。トマスもアヴィセンナのこの小篇は読んでいたようだ。

アヴィセンナの「論理学」には「個体が個体となるのは、種の本性に、付随的であれ非付随的であれどちらでもよいが、外的な規定性が付加されることによってであるが、そうすることで種の本性に、何か特定の質料が指定されることになる」と書いてある。

類、種、種差といった概念規定における限定の流れに対して、個体化は付随的に関わってくる。これもまたとても大事なことだ。付随的に関わる (concomitans) ということも大きく哲学史をねじ曲げてきた概念だ。第三章で詳しく論じたことだが、付随性はアラビア語では lāzim となり、「付帯性」や「偶有性」などと訳される。たとえば、「人間」に対して「笑える」という概念の関わり方がそうである。

「笑える」ということは「人間」という概念に必ず付き添っているのだが、「人間」の本質には含まれていない。本質が必要不可欠な成分であるとすると、付帯性は必ず伴っていながらも必要不可欠というのではなく、事実的に必ず伴っているという関係でしかない。そこでこの「付帯性」には特別の地位が与えられ、「特有性」(proprium)などとも呼ばれてきた。概念の包含関係ではなく、概念が相互に不可分であるというのである。

存在と本質の関係が問われるとき、本質に含まれるものは「自体的」(per se)と言われてきた(第五章用語解説③参照)。「自体的述語づけ」というのが中世では問題になるが、「自体的」という現代人には受け入れにくい用語法なので、「分析的」「本質的」と置き直して考えてもよい。一方の概念が他方の概念に含まれている関係である。

本質に含まれていない関係が「偶有的」な関係であり、偶有性はそういった関係にある。「白い」というのはソクラテスによって本質を構成するものではない。本質を構成するのは、人間である限りにおけるソクラテスに含まれることすべてである。

本質に含まれないもの、たとえば色や身長や体重や食べ物の好き嫌いはすべて偶有性である。したがって個体性の原理となるものがあるとすれば、これは当然偶有性になりそうだ。ところが偶有性は個体化の原理とはなりえないというのが、中世哲学がアリストテレスから受け継いだ大前提であった。原理は学知を構成するものだが、偶有性は学知を構成しえないから、そもそも原理といったものになることはできないのである。

形相は本質であり、本質限定による個体化の道は個体の個体たるゆえんによって遮られる。形相的規定をいかに付加していっても個体化は実現しない。本質限定の道は、いかにそれを進めようと一般者のままにとどまる。たまたまこの世に一つしかないものに至るとしても、それは個体ではなく偽物なのである。アヴィセンナはこのことを示した。

アヴィセンナは、個体化の原理がアリストテレスの論理学の枠組み、カテゴリー論を超えていることを示したのであり、同時に可能性の概念も変更してしまっている。それまでの可能性とは、いつかこの世に成立するものだけが、言い換えればこの世に少なくとも一つの実例を持つものが可能なものであったが、この世、つまり現実世界での実現とは無関係に可能性が考えられるようになったのである。同時に個体もまた、この世界における唯一性ということから切り離されてしまう。

質料は従来、被限定項であったのに、それを限定作用に置き直したのだから、基本的枠組みについての根本的変更を加えている。確かに指定された質料によって、場所（空間規定、形態）と時間が決まれば一つに定まるし、時間の空間の連続的な軌跡によってアリバイを証明することもできる。しかし問題の根はもっと深く大きい。

個体化の問題、個体が哲学的・神学的問題として鮮烈に立ち現れる場面をどこに置くかという問題は様々に姿を変える。もし、それは主語と述語という概念の包含関係の枠組みで解決できる問題であるとすると、個体化の問題はすぐに乗り越えられるであろう。それはオッカムが自分の思想――「唯名論」というべきなのか私にはわからないが、「唯名論」という名にふさわしいものでないのは確かなことだから「オッカム主義」と呼ぼう――に立ち至った重要な論点だからだ。

## 2 スコトゥスの個体主義

### †間接的個体認識の流れ

個体化論には大きく分けて、間接的個体認識と直接的個体認識という二つの系譜が存在する。前者はアリストテレス主義として整理され、後者はアウグスティヌス主義として整理される。

中世の個体化論は様々に分かれ、個別性の原理は、①質料、②量（quantitas）、③何か別の偶有性、④量を持つ質料、⑤形相、などとされており、問題の枠組みが見えにくい。近代の個人主義との結びつきはかなり遠そうに見える。

カミーユ・ベリュベ（一九〇九〜二〇〇七）の個体認識の枠組みの整理は、流れを見失いやすい中世個体化論について道筋を示してくれた。ベリュベは『中世における個体の認識』（一九六四年）において、個体の間接的認識の系譜と直接的認識の系譜を対比させて整理した。中世の個体化論の錯綜、近代的思想を拒絶する叢林の中で道を探しあぐねていた私には、ベリュベの枠組みは啓示に思えた。

個体を認識するものが知性である限り、知性の本来的な対象は普遍であるがゆえに知性は個体を間接的に認識し、感覚が個体を直接的に認識することとなる。それに対して、知性が個体を直接的に認識するという流れも存在しており、それがアウグスティヌスの流れである。個体を直接的に認識するとは直観（intuitus）によって個体を認識することで、顔と顔とを合わせて会うことが問われ、そこでは個体よりも個人ということが問題となる。トマスは間接的個体認識論の系譜、スコトゥスは直接的個体認識論の系譜に属しており、この個体認識論と〈このもの性〉が結びつけば説明としての妥当性を得ることができる。

アリストテレス主義においては、人間の知性が適合的対象とするものは普遍であり、感覚の適合的対象が個体、質料的事物となされていた。したがって知性は個体を直接に認識することはできず、間接的に認識するしかないと考えられており、次のような二階建ての認識論の枠組みが支配的であった。

個体——感覚
普遍——知性

この枠組みで考えると、知性による個体の認識は間接的認識で二階建てになっていて、他方、知性による個体の直接的認識（直観的認識）の系譜は一階建てと整理することもできる。神秘主義はどう組み込むのだと問われれば、地下の階層を備えた一階建てと私は答えたいが、この本では神秘主義には立ち入らない。

知性は普遍を対象とし、感覚は個体を対象とする。普遍は精神の外部においては無であり、知性によって構成されて成立する。ところで、知識・学は普遍を対象とするものであり、普遍という知の対象を事物の直接関わる感覚から得てこなければならない。

知性は個体と直接関わることはなく、個体の知性による直接的認識は考えられていない。個体はあくまで間接的に＝媒介的に認識されるのである。個体は感覚によって直接的に＝無媒介的に捉えられるが、知性によって間接的にしか認識されない。個体から感覚が可感的形象を受容し、それから時間空間規定を除去して（抽象作用）、その上で普遍的なものとしての可知的形象を構成する。この過程が「知性（正確には能動知性）が事物の中に普遍を構成する」こととして捉えられていた。

知性は感覚を介し、可知的形象や可感的形象を介して間接的に個体に至りつく。この「間接的に(mediate)」ということは「立ち帰りによって＝反省によって」(per reflexionem)」と表現された。ここで「立ち帰り」を用いて知性が個体に至る道筋を表現したのがトマス・アクィナスである。トマスらしい工夫と思われる。reflexio について「反省」という訳語は様々な誤解を持ち込む。つまり倫理的な意味合いがないことばかりでなく、鏡で自分を見るというイメージを喚起してしまうのである。「反射」ということでもない。

個体の間接的認識は中世において、アリストテレス主義の伝統を構成するが、それとは対照的な系譜が存在する。中世哲学をアリストテレス主義とアウグスティヌス主義に分類するのは、古臭い哲学史観を持ち込むことになりそうだが、とても便利な対立図式である。個体化論という、現代から見ると魅力的に見えるが、実際にテキストを読むと、煩瑣で迷い道だらけの議論の森の中では通りやすい道を示してくれる。

## †直接的個体認識の流れ

個体の直接的認識の系譜は、今述べたアリストテレス主義と対極的なものとしてある。間接的認識の系譜はアリストテレス主義の系譜であり、中世哲学では主流をなすと考えてよいだろう。直接的認識の系譜はアウグスティヌス主義に属し、フランシスコ会で重視された枠組みでである。

アウグスティヌス主義においては直接的認識ないし直観（visio, intuitus）が重視された。これは「顔と顔とを合わせて相見ん」という第一コリント書（13:12）が決定的なイメージで、それをそのまま認識論の枠組みに持ち込むことはできないとしても、個体の直視ということはアウグスティヌス主義、そしてそれを汲んだフランシスコ会において決定的なイメージになる。

トマスが個体認識を「間接的、反照によって」ということを基礎としたのに対し、フランシスコ会は「直接的、直観によって」ということを基礎とした。フランシスコ会においては個体の認識ということだけでなく三位一体たる神、そしてその三位一体を構成するペルソナ、そして三位一体が神の個体性をなしているとし、三位一体こそが神の「個体本質（haec essentia）」をなすという神学における重要テーゼへの視座があった。もちろんこのことはトマスの道によって辿れないことではないが、トマスの道においては質料的事物と非質料的事物では個体化の道筋も認識の枠組みも異なっていた。分離された別々の道のりが考えられたのに対し、フランシスコ会においては統一的な道筋が求められたのである。

ドゥンス・スコトゥスの個体化の原理については議論百出であった。〈このもの性〉（haecceitas）という用語が『レクトゥラ（オックスフォード講義録）』や『オルディナチオ（オックスフォード講義録定稿）』といった主要著作に登場せず、『形而上学問題集』というかなり混乱して編集された著作や『レポルタチオ（パリ講義録）』などにしか登場しないため、〈このもの性〉はスコトゥス自身が作った概念ではないという考えも出されてきた。

また、個体化原理が一番詳しく論じられているのが、スコトゥス自身何種類も執筆した『命題集註解』の中の『オルディナチオ』であり、その第二巻第三篇で一番詳しく論じられている。その最終的な答えが、個体化の原理は「形相の究極的事象性（ultima realitas formae）」であるというものであり、この説明は期待に反するばかりでなく、はなはだ理解しがたいものだった。スコトゥス自身の呼び方も実に様々で、個体的形相（forma individualis）、個体的事象性（realitas individualis）、個体的存在実質（entitas individualis）、さらに個体的強度（gradus individualis）、〈このもの性〉など、様々に表現された。

### †スコトゥスの理論における〈このもの性〉の登場

いずれにしても、個体化の原理は一般性に付加されて個体を形成する原理と見える。しかし、〈このもの性〉が登場することで、個体化原理の論じ方は姿を変えた。

特に、個体的形相という表現については語り方をまったく変えてしまう。個体的形相という表現は、『レクトゥラ』や『オルディナチオ』には登場しない。その頃、スコトゥスは個体的差異は種的本性に付加される形相ではありえないと考えていたのだ。

というのも、種の規定は個体の規定のすべてであって、そこにさらに形相が付加されるということは考えられない。形相という用語の使い方については誤用とも言えるような語り方が『形而上学問題集』ではなされるようになる。それが「個体的形相」である。アヴェロエスの『形而上学註解』に登場する個体的形相という用語を見たからなのか、究極的なあり方として個体的形相を認めるようになる。

ここで次の二つの変化が起こった。一つには、共通本性と個体化の原理を統一的包含(conitentia unitiva)という概念で説明するようになり、もう一つは、個体的形相よりも個体的強度という語を用いるようになった。

スコトゥスの著作はいずれも明確な執筆年代が不詳である。命題集への註解をいくつも書いており、『レクトゥラ』、『オルディナチオ』、『パリ講義録』という順番であることはほぼ確実なのだが、それぞれが長い時間をかけたものであり、後になっての書き込みもあり、年代確定が難しい。『形而上学問題集』は比較的初期から書かれたが、個体論で有名な第七巻は比較的後期の著述であり、また第四巻の追加書きのところも統一的包含への詳しい言及を含んでいるため比較的後期の著述であり、『パリ講義録』と重なる。『任意討論集』は一三〇六年から〇七年頃にかけて書かれ、統一的包含についての対応する記述があるから、〈このもの性〉と統一的包含と「無限なる実体の海」という論点との結びつきは最晩年のことと考えてよいだろう。

重要な論点なので、それぞれの語について言及を重ねておく。〈このもの性〉という語は『レクトゥラ』や『オルディナチオ』には登場せず、後の書き込みにおいて登場するだけだが、『パリ講義録』や『形而上学問題集』第七巻においては頻繁に登場する。そして統一的包含という表現も、存在の一義性の最終的場面でスコトゥスはしばしば用いていたが、これを個体化論においても使用していた。しかもその頻度は、『レクトゥラ』と『オルディナチオ』ではそれぞれ一度で、『パリ講義録』では統一的包含と関連する表現が約二十五回使用されているという。

つまり、〈このもの性〉という語も統一的包含という語も、『レクトゥラ』や『オルディナチオ』においてはほとんど登場せず、両方とも『形而上学問題集』や『パリ講義録』において登場し、しかも同じ議論の中で登場している。

そして統一的包含という表現は、ダマスケヌスの「実体の無限なる海」という表現と密接に結びつき、しかもそこには神の〈個体本質〉という語がしばしば登場してきている。

統一的包含も〈このもの性〉も後期に登場した概念であり、〈個体本質〉が『オルディナチオ』の序文に頻繁に登場し、その序文が一三〇〇年頃に書かれたことが推察されるということを考え合わせると、スコトゥスが統一的包含、〈このもの性〉、〈個体本質〉といったことに行きついたのは一三〇〇年以降であると考えられる。

スコトゥスはダマスケヌスの「実体の無限なる海」というビジョンに出会い「無限なる実体の海」というスコトゥス的イメージに到り、その思想を変更した。いや変更した頃、ダマスケヌスの一節に出会っただけかもしれない。しかし、なぜ「海」なのか。私の心はそこに激しくこだわらずにはいられない。

## 3 〈このもの性〉という謎

### †謎としてとどまり続けた〈このもの性〉

存在の一義性とは結局何であったのか。個体論とどう結びつくのか。そして、それは唯名論とどのように結びつくのか。いや、そもそも唯名論とは何なのか。普遍とは名のみのものであるというような考えとして済ませたくはない。普遍については第八章で扱い、唯名論については第九章で扱って締めくくりにするしかない。紙数が足りないのは百も承知だが、そこまで書かない限り終わらせることはできないのである。無理は承知でそこまで突き進む。〈このもの性〉については膨大な量の論文が書かれてきたが、これらに目を通すにつけ、難しい概念を別の難しい概念に置き換えて盥回し（たらい）をしているような気持ちになる。ドゥンス・スコトゥス自身、何種類かの『命題集註解』で繰り返し、第二巻第三篇の箇所で扱っている。『レクトゥラ』『オルディナチオ』『レポルタチオ』と、少なくとも三回は『命題集註解』として扱い、その後（後とは必ずしも言えないのだが）『形而上学問題集』第七巻でも扱っている。どのように用語が変遷し、最終的に〈このもの性〉に辿り着くのか。内容的にどのように変化したのか。詳しく論じると大著が必要な思想遍歴がそこにはある。

確かなのは、ドゥンス・スコトゥス自身が難問を目の前にしてかなり苦闘したことだ。あの難解な文章と複雑な議論の進め方は、彼自身が難渋していたことの証拠だ。彼はスコラ哲学の伝統的な枠組みを継承しようとしながらも、かなり独自な思想を作り上げてしまった。独自性を目指したというよりも、知らず知らずのうちに独自な思想を作り上げてしまったのだろう。

スコトゥスはトマス・アクィナスの個体化論とはまったく異なる結構を持った理論を作り上げたが、意識して違うものを作り上げたということも半ばありながら、出発点となる思想の基盤が異なっていた。よって同じ問題を扱い、同じ用語が出てきたとしても背負っている背景が異なるため、並列すると両者の違いが浮かび上がるようにはなっておらず、別々の地平で思索がなされている。同じ風景であっても、違う地平の中で別々の風景を構成する二つの思想群なのだ。

ここでは〈このもの性〉について時間を追って姿を解明するという手順はとらず、冒頭ネタバレのごとく早わかりで結論部分から話をしていく。

類+種差=種という種別化の図式と、種+個体的差異=個体の図式との対応関係が念頭にあると、〈このもの性〉は個体的差異だから形相的なものだと考えてしまう。「動物」を「理性的」に限定することで「人間」に辿り着くとすると、個体とは「この人間」と表すことができる。「人間」を「この」が限定するときも、これまで見てきたように「これ」の内実をどのように捉えるかによって多種多様に分かれてくる。

スコトゥスが〈このもの性〉(haecceitas)と表現するとき、それは「ソクラテス性」「プラトン性」として表現されて人間性に付加されるため、この世に唯一なる人間を構成する形相的な原理なのだろうと考えてしまう。形相的なものは「人間」にしろ「日本人」にしろ複数のものに当てはまるが、ソクラテス性となればソクラテスにしか当てはまらないものであり、それこそ個体化の原理のように見える。それは頭髪の中に隠れた「666」という数字かもしれないし、心の奥に秘められた秘密の思いかもしれない。スコトゥス自身、〈このもの性〉が何であるか、人間知性は知ることはできないと述べる場合もあるから、そのように捉えたくなる。

スコトゥス自身、『オルディナチオ』では個体的規定について「存在者の究極の実在性(ultima realitas entis)」と記し、そこで筆を擱いている。複合的実体(被造的事物のこと)においては質料、形相、合成体のそれぞれに一般的なものと個体化するものがあり、六つの構成要素からなると述べている。要するに、複合的実体には三つの〈このもの性〉があると述べているようだ。この『オルディナチオ』の記述は、個体化論について最も詳しい記述でありながら、「存在者の究極の実在性」と収まりの悪い表現で終わっている。そして『形而上学問題集』第七巻には〈このもの性〉も登場し、詳しいがやはり理解が困難で宙ぶらりんの記述が続くこととなった。

### †その後の〈このもの性〉の理解――ザバレラ『個体構成論』をめぐって

〈このもの性〉は弟子たちによって歪曲されて伝承されることになった。近世に入って、ライプニッツが『個体原理論』において、スコトゥスの個体化論を批判する場合、歪められた理解を踏まえている。一言で言えば、スコトゥスの〈このもの性〉は「全体の質料(materia totius)」であるという整理である。

「全体の質料」とは何であるのか。ザバレラの『個体構成論』(De Constitutione Individui, in *De rebus naturalibus*, 1590)は後世への影響力も大きく、比較的明晰な説明を行っている。

ザバレラの該当箇所を訳してみる。この論考は個体化論の歴史を知る上では全訳に値するものだが、ここでは〈このもの性〉の理解に関連するところに限定した。

スコトゥスは個体の構成について『命題集註解』第二巻第三篇で、連続する七つの問いにおいて極めて冗長に（fusissime）考察している。そこで我々もまた、論駁したところの他の学者の様々な見解を論駁している。以下のような見解である。つまり、個別性の原理は、①質料、②量（quantitas）、③何か別の偶有性、④量を持つ質料、⑤形相、が個別性の原理であると述べる見解を、我々は真であると思うものであるが、スコトゥスは論駁していない。したがって、スコトゥスはこの見解に接近していたと思われるし、実際のところ、この見解は我々の見解に容易に引き付けることが可能であり、すぐ後に考察することにしよう。（ザバレラ『個体構成論』、第八章「二種類の形相、二種類の質料、個別性の原理に関するスコトゥスの見解」引用者訳）

ザバレラはスコトゥスの個体化論を『命題集註解』第二巻第三篇と『任意討論集』第二問第二項を踏まえて丁寧に分析する。ザバレラの整理は以下の通りである。あらゆる合成体において形相は二種類で考察されるべきで、一つは部分の形相（forma partis）、もう一つは全体の形相（forma totius）である。部分の形相とは、合成体の一方の部分をなすものと述べている。たとえば「人間」においては「理性的性格（rationalitas）」がそれである。全体の形相というのは抽象的に捉えられた人間の何性全体のこと、つまり「人間性」のことである。質料は何性の部分であり、たとえば「人間性」は人の形相を意味するばかりでなく、形相と質料を同時に包含する。質料と形相は相互に関連し、一方が語られるのと同じような仕方で語られることになる。

したがってこの二重のあり方をする形相に対応して二重に語られ、形相の場合と同様に部分の質料と全体の質料と言われる。部分の質料とは合成体の一方の部分となり、部分の形相の基体となり、その形相に関係するような質料のことである。他方、全体の質料は全体の形相に対応すると言われ、その全体の質料を個体的差異（differentia individualis）、ないし個体的存在実質（entitas individualis）とスコトゥスは呼ぶ。これが全体の形相、つまり何性を凝集する（coarctat）。というのも、何性はすべて普遍的であり、個体的存在実質に凝集されるからである。それゆえに個体的存在実質は質料の位置を占め、それに全体の形相が対応し、スコトゥス学派において個別性の原理を意味するものとして〈このもの性〉と呼ばれている。（ザバレラ、前掲書、同箇所）

「全体の質料」とは通常の意味での質料ではない。あくまで、スコトゥスは形相が個体化の原理であると考える立場に分類されている。これは不注意による混乱なのか。そうではない。形相性、ここでは「人間性（humanitas）」を例にとると、被限定項（determinabile）としての共通本性が本原的に異なる〈このもの性〉という限定項（determinans）によって限定されているのである。この限定する作用を持ったものは質料ということができる。ザバレラはスコトゥスの個体化論の枠組みを把握していながら、質料・形相という多義性を持った枠組みで語り、スコトゥス独自の用語法を駆使していないために誤解されやすい記述を残した。言葉が足りないのだ。

ザバレラは次のように続ける。

したがって〈このもの性〉は無であるという選択肢しか残っていない。この困難を解決してスコトゥスは次のように述べる。個体的差異は偶有性ではなくて、あらゆる偶有性に先行的に随伴するもの（quiddam prius omni accidente adveniens）であると。それは種的差異から事物として（re）異なる実体でもなく、実体に付加される他のものでもなく、単に他の事象規定（alia realitas）なのである。それは、別の存在者（aliud ens）や別の事物（alia res）を意味するのではなく、別のある存在様態（modus essendi）を意味し、この存在様態に負って事物は個別的なものと言われるのである。（ザバレラ、前掲書、同箇所）

アリストテレスの『形而上学』第五巻第六章の「一」に関する章には、「数において一であるとはその質料が一であるということだ」という箇所がある。この質料が「全体の質料」だと見なされてきた。この全体の質料が〈このもの性〉、個体的差異であってこれが個別性の原理をなすのである。

スコトゥス自身も質料は個体化の原理ではないと述べながらも、個体化の原理を質料と述べることもできると記述したりしていて、揺れがある。

ザバレラは〈このもの性〉を「あらゆる偶有性に先行的に随伴するもの」として正しく捉えている。それこそ、スコトゥスが〈同時的全体〉として語ったものだ。

## †〈同時的全体〉としての個体

〈同時的全体〉(simul totum) という重要な概念が登場する。これは「一挙に一度で全体を包括している状態」のことである。

先ほど触れたところであるが、重要論点なので繰り返す。スコトゥス自身、『オルディナチオ』では個体的規定について「存在者の究極の実在性 (ultima realitas entis)」と記し、そこで筆を擱いている。複合的実体(被造的事物のこと)においては質料、形相、合成体のそれぞれに一般的なものと個体化するものとがあり、六つの構成要素から成ると述べている。要するに、複合的実体には三つの〈このもの性〉があると述べている。

このように考えてしまうと抜けられない迷路にはまり込んでしまう。私が辿り着いたのは次のように考えることだ。〈このもの性〉とは〈同時的全体〉(simul totum)のことであり、個体に含まれる規定をすべて一つに包含したあり方だ。

この概念は関連する概念を引き連れている。『形而上学問題集』の第四巻の前半は比較的若い頃に書かれ、第七巻は比較的後に書かれたと推定されているが、その第四巻の後期に書かれた書き加えのテキストのところに「統一的包含(continentia unitiva)」の話が出てくる。これは神が被造物を内在的原因として包含しているあり方でスピノザ的な風景と重なる。偽ディオニュシウス・アレオパギタ(五〇〇頃活躍)に登場し(『神名論』第五章)、この語をラテン語化し、基本重要語として使用したのがロバート・グロステート(一一七五頃〜一二五三)だった。

スコトゥスはこのグロステートのテキストを踏まえて神と被造物の関係を「統一的包含」とし、この表現を愛用している。存在の一義性においては、神の存在と被造物の存在の関係を表現する場合に使用している。そして神の存在はすべてのものを海の如く一つに溶けあわせて包含しているが、しかしそれでも被造物相互の区別は残っているとする。ちょうどそのあり方は、存在と超越概念との関係に等しいとも述べている。この〈同時的全体〉と統一的包含とは重なっており、そのような定式化に辿り着いたのが『形而上学問題集』の第七巻においてであった。そこにスコトゥス個体化論の到達地点がある。私が辿り着いた目的地もそこにある。

存在の一義性とは、神の存在を「無限なる実体の海（pelagus infinitae substantiae）」として捉えるヨハネス・ダマスケヌス（ダマスコスのヨアンネス、六五〇頃〜七五〇頃）の思想を取り入れ（ダマスケヌス『正統信仰論』第四章の表現に準拠）、被造物の存在と神の存在との融合的関係を表現した思想である。「無限なる実体の海」という表現は、スコトゥスの最晩年の著作『任意討論集』でも盛んに用いられたものだ。

〈同時的全体〉と統一的包含とは内容的に重なり、しかも〈同時的全体〉は『形而上学問題集』の個体化論の結論部分で使用され、〈このもの性〉と言い換えられるところはないとしても、ほとんど重なるものとして用いられている。

ドゥンス・スコトゥスはsimul totumという用語を愛用する。これはギリシア語のシュノロンを踏まえており、ここでは〈同時的全体〉と訳しておく。アリストテレスにおいてシュノロンは質料と形相の合成体のことだが、スコトゥスはその用法に言及しながらも、個体化を論じる場合には別の意味であることを明言している。直観的認識の対象がシュノロンとしての個体であると述べている。つまり、直観（visio）ないし直観的知性認識（intellectio intuitiva）が対象とするのは〈同時的全体〉で、現実存在する限りでの個別者（singulare in quantum existens）だ。この論点はトマスの抽象的認識論との重要な対立点となってくる。

スコトゥスによると、アリストテレスはシュノロン＝〈同時的全体〉ということを究極的に限定された合成体（compositum ultimate contractum）と解する場合もあるし、また合成体一般として受け取る場合もあるという。しかし厳密に考える場合、〈同時的全体〉を合成的実体の個体として捉えている。というのは、その概念規定のうちに自然本性ないし何性の述語づけを拒むようなものを含んでいないからである。人間の何性は「この人間」に述語づけられる。というのも合成的実体が時間から抽象され、現実存在から抽象されるように、「この人間」とその類の述語づけの全配置、「この人間」としての人間の個体が時間から抽象されると「人間」となるが、厳密に考えると〈同時的全体〉ということで、「この人間」や「現実存在する石」ということが知解されているのである。

### †〈このもの性〉という海——様々な概念の輻輳点として

しつこく論点を繰り返しておくと、〈同時的全体〉ということで、感覚可能な偶有性のもとで捉えられたこの特定の現実存在する人間（hic homo existens）やこの特定の現実存在する石（hic lapis existens）が考えられている。このようなものには、定義や学知といったものはない。この〈同時的全体〉ということが、〈統一的包含〉と並んで、最晩年のドゥンス・スコトゥスの頭脳の多くを占めていたと思う。そして、ここにスコトゥスの個体化論、〈このもの性〉の中核があると思う。

そして、この〈同時的全体〉として捉えられる〈このもの性〉はエクシステンチアともほぼ重なり合う。統一的包含ということともこれらは重なるが、スコトゥスは少しずつ異なったニュアンスを込めて用い、ほとんど重なり合うことを十分承知しながら使っている。エクシステンチアの捉え方の流れを追いかけることはここではできない。スコトゥスの整理を足早に紹介するだけだ。

エクシステンチアの条件とは〈今・ここ〉(hic et nunc) ということである。エクシステンチアは何性的存在実質とも個体的存在実質とも異なるが、直視 (visio) という知性認識をもたらすものである。(スコトゥス『形而上学問題集』第七巻第十五問題二五節、引用者訳)

エクシステンチアは日本語にならない。エクシステンチアとは、一つの個別的具体例の中にその個体が属する種の様々な規定性をすべて取り込みながら〈今・ここ〉で存在していることである。

スコトゥスは現実的エクシステンチアをも語る。「現実的現実存在」と敢えて醜悪な訳語を選ぶべきなのか。現実的エクシステンチア (existentia actualis)、これをどう訳せばよいのか。「現勢的現実存在」とでも訳すべきなのか。エクシステンチアを「現実存在、現存在」と訳してしまうと間延びしてしまう。

心はここで少し止まる。西行に「年たけてまた越ゆべしと思ひきや命なりけり小夜の中山」という歌がある。二つとない単独的なもので反復もなく、そこに当の存在者が担いうるすべての規定が現に働きながら現れているということだ。それは、概念規定的に（in quid）表現されることはない。述語として単一の名詞として表現されるようなことではない。述語的規定をすべて載せ、それを主体に対して一挙に提示している。凝縮された緊張性を伴った強度性、これが〈このもの性〉ではないのか。

〈このもの性〉とはエクシステンチア、統一的包含、〈同時的全体〉、無限なる実体の海、〈個体本質〉などが輻輳する場所なのだ。〈このもの性〉とは存在の一義性という器に広がるスコトゥス的な海なのである。

存在の一義性の説明にこれほど手間がかかるとは思っていなかった。これでは「中世哲学入門」ではなく「存在一義性入門」になってしまう。もちろん存在一義性の問題は、十三世紀におけるイスラーム存在論の受容とその影響を考える上でも、そして、その後の唯名論の登場を考える上でも避けることのできない根本問題である。私の人生は何度もこの一義性から逃避しようとしながら、結局そこに戻らざるを得ない、いや戻ってしまった問題・課題なのである。

ドゥンス・スコトゥスの生涯を追いかけて見ると、一二六五年頃にスコットランドのドゥンスという小さな村に生まれ、一三〇八年にケルンで早すぎる人生を閉じるまでに巨大な足跡を残したが、その思想は一二九八年頃から一三〇七年頃という十年前後の短い期間に集中的に生み出されている。

一方、オッカムは「実体の無限なる海」というダマスケヌスの言葉を結晶核とするスコトゥスの一義性思想について、彼自身の『命題集註解』第一巻第二篇というかなり冒頭の部分で、スコトゥスのテキストを丁寧かつ長く引用した後に激しい批判を加える。そこに、スコトゥスの実在論とオッカムの唯名論の対立を見ることは容易であるが、オッカムはスコトゥスの中核を批判することで、スコトゥスの思想の中核を世に知らしめていたと読むこともできる。テキストの表層と深層は異なる。スコラ哲学を読みながらそう思う。

## 1 十三世紀の普遍論争

### †普遍論争とは何だったのか

普遍とは何か。実のところ、普遍論争は存在したのかということの方を先に問いたいのだが、とりあえず、普遍論争はあたかも存在していたという擬制で始めなければ、中世哲学は始まらない。騙されてもよいから、普遍論争という門をくぐって中世哲学に入門することは王道なのである。

普遍論争は滑りやすい坂道のようなもので、安全に下ることも登ることも難しいが、数多くの神学者・哲学者の名前と生没年を羅列しても中世哲学の姿は見えてこない。中世哲学の姿を見るとは中世哲学のミッションを探り当てることであり、十三世紀にスコラ哲学の盛期があって、その後衰退したという「衰退史観」を反復し続けることではない。

普遍とは何かという問いは、アリストテレスの普遍(カトルー)への問いに始まる。普遍が精神の中にあるだけなのか、事物の中にあるのかを決定しなかったため、それが中世においても論じ続けられたというような記述がよくあった。

しかし、西洋中世哲学の一エピソードでしかないものにそんなに関心が湧くわけではなく、したがってそのままでは大学受験の世界史の暗記項目でしかない。高校生の私は岩崎武雄『西洋哲学史』(有斐閣)を貪るように読んだが、中世哲学のところには関心が湧かないまま読み飛ばした。面白いとも思わなかったのだ。普遍について個物の前、個物の中、個物の後と整理するのは、中世人が単純な頭をしていたことを示す効果しかないのではないか。哲学は発展するもので、中世の人は未開の段階にあったという意識がそこにはあったように思う。

私自身『普遍論争』という本を書いたために普遍ということに関わるようになったが、ここまで深入りするとは夢にも思わなかった。何十回も普遍論争について書きながら、普遍ということに接近できたという気持ちを今でも持てたことはない。その後何度も原稿を頼まれると、普遍とは何かということを考えるだけで吐き気がするようになった。私は中世哲学の専門家ではないので書くネタも限られ、知識の在庫も尽きてしまっているのに書け書けと仕事は押し寄せてきた。なぜ私がこれほど普遍について書かなければならないのか。私は普遍についての専門家でも何でもないのに。そういう思いをずっと持っていた。

普遍論争について説明を重ねていくと問題が錯綜していき、結局何の問題なのか、見えにくくなっていくのが常なので、あらかじめ結論を述べておく。普遍論争とは実在するかどうかということではなく、言語の中で現れる事物の記述の仕方であり、事物の中に差異と区別を読み取り、それを表現する場面での問題である。つまり、普遍論争とは差異の問題である。しかも差異として一番問題なのは事物の中にある差異ではない。存在と非存在との間の差異、思惟の対象と思惟作用との差異という場面に根源的な差異があるとする場合、それがどのように言語に反映されるのかという問題なのである。事物の中にある普遍など普遍論争の中心問題ではない。だからこそ、十三世紀の〈認識論的転回〉は普遍論争を蘇らせた。

## †〈認識論的転回〉の時代

普遍論争については私自身『普遍論争——近代の源流としての』という本を書いたせいで何十回も解説を書かせられた。ここでもまたそれを書くのはためらわれるが、必要最小限度は書いておく必要があろう。

アリストテレス自身は普遍が事物の内にあるか精神の内にあるのか、一なるものか多なるものか、可能態か現実態かを明確に定めなかったため、それが後世において論じられるようになったというポルフュリオスの整理が普遍論争の起源とされてきた。

しかし普遍についてはアリストテレスが『デ・アニマ』において語っているし、ボエティウスも語っている。後世の人々は、普遍についてそれが何であるかを十分に説明していないとして論じ続けたということなのだが、いろいろと話が歪んでしまった。普遍とは事物なのか名前でしかないのか、というのがかなり問題である。

普遍とは何かという問題設定の下で普遍論争が展開されたわけではない。アリストテレスの『カテゴリー論』への註解においてはもちろん、普遍についての議論はたくさんあるのだが、十三世紀的普遍論争は別の場面で語られるのである。ここではどうしても再び、アヴィセンナに登場してもらうしかない。

まずは〈認識論的転回〉について語ることから始める。十三世紀の後半は〈認識論的転回〉の時代である。その衝撃をトマス・アクィナスもヘンリクスも、ドゥンス・スコトゥスもオッカムも全身で受け止め、自分たちの思想を形成したと整理してもそれほどおかしなことではない。もちろんヨーロッパの人々はそれを肯定したくないだろう。

日本人も自分たちの思想のほとんどが中国と朝鮮からの外来思想に由来することを認めたくないだろうし、きっと全力で否定するだろう。それと同じことだ。自分の国はいつも美しく正しく、世界で一番の場所である。それは事実の次元に置かれることではなく、要請されることだ。

話を進める。〈認識論的転回〉とはアリストテレスの言語哲学的枠組みに対して、イスラーム哲学、特にファーラービーとアヴィセンナが加えた影響のもとに生じたと整理してもよいだろう。乱暴なことは百も承知だが、それくらい整理しないと迷い道を三千里ということになってしまう。極論すれば第二志向とは何か、〈理虚的存在〉とはいかなる仕方で実在的かということに帰着する。もっと逸脱すれば、存在とは何かという問いは、非存在とは何かという問いに行きつくのである。そこで立ち止まるのか、さらに進むのかで哲学の構えは変わってくる。

さて、アリストテレスの出発点とアヴィセンナの出発点は異なり、その違いは普遍論に見られる。アヴィセンナが観念(ma'na)を出発点にとったことはドゥンス・スコトゥスの存在一義性に直結し、オッカムの唯名論にも結びついている。アヴィセンナの存在論はガンのヘンリクスの範型論的存在論やドゥンス・スコトゥスの存在一義性、オッカムの唯名論、エックハルトの知性主義的存在論を生み出したが、その大きな影響については過小評価されてきた。アヴィセンナが中世哲学に及ぼした影響を記さない中世哲学史は、孔子と孟子の影響を無視する日本儒学史のようなものだ。

## †十三世紀の普遍戦争の舞台裏——アヴィセンナの影響

普遍論争の歴史的展開を正確に知るためには十二世紀の普遍論争、十三世紀の普遍論争、十四世紀の普遍論争などと一世紀ごとに分けて整理する必要があるかもしれない。しかも十七世紀に、普遍論争の構図が過去に投影されて成立する姿を記述するためには、時代を遡ったり下ったりという振動を繰り返さなければならない。そうした思想史的振幅の必要性については前述の『普遍論争——近代の源流としての』にまとめてある。そこで出会った宿題を、大幅に締め切りを過ぎた今、提出しようとしているのがこの本なのである。宿題が増えただけで、書けば書くほど未来に締め切りの海が無限に広がるだけのことなのだが、愚痴をこぼさず話を進める。

十二世紀の普遍論争はすべて割愛し、十三世紀の普遍論争の舞台裏を示す。中世の中心的普遍論争はアヴィセンナの導入とともに始まることはどうしても動かせない事実だ。ヨーロッパの思想にこそ哲学の中心と華があると捉える人も、これは認めなければならない。

アヴィセンナは普遍を三通りに分ける。これは「人間」というように複数の個物が与えられている場合の普遍である。アリストテレスは普遍を「多なるもののうちに、多なるものに関して」と定義づけた。「多なるもののうちに（in multis）」とは、「人間」が「アリストテレス、プラトン、ソクラテス」といった様々な個体のうちにあるということであり、「多なるものに関して（de multis）」とは、「アリストテレスは人間である、プラトンは人間である、云々」というように、様々なものの述語となることができるということである。この普遍の捉え方はアリストテレスと共通である。

しかし第二の普遍、第三の普遍となると、アリストテレスからずれてくる。フェニックスや七角形の家やら、この世に存在しないものであろうと述語づけることを妨げるものがない限り、普遍であるというのだ。七角形の家はとても住みにくそうだから存在しないだろうし、定規とコンパスでは正七角形は作図できないため、存在しないものの例となっているのだろう。五角形は作図可能であり、作図できない辺が最小の多角形が七角形ということのはずである。一つも存在しない以上、多なるもののうちにあることも、多なるものの述語となることはない。ではなぜ、このフェニックスや七角形が普遍と捉えられているのか。

第三の普遍の例も見ておく。アヴィセンナが提示するのは「太陽」や「月」で、こういったものは一つしかないから個物であるとされている。しかし、アヴィセンナはただ一つしかないからと言って個物とは見なさない。確かに個物が一つしかないものであるというのは、常識的な理解だろう。「世界に一つだけの花」は個物であるし、世界に一人しかいない、この「私」も個物であるというのが普通の理解である。

しかしアヴィセンナは、ただ一つしかないというのはたまたま現実世界について成り立っていることに過ぎないと捉え、個体の唯一性、普遍と対立するという意味での個体性を備えてい

ると は考えない。ここで個体が「世界にただ一つしかない」ということは、個体の十分な条件とは考えられてはいない。そこでは世界の側で一つしかないのか、多数あるのかということは問題とされておらず、存在が魂の内部に取り込まれ、その概念が主語となる概念について述語となるのかが問題とされている。「フサインの家は七角形の家である」という命題が成立するためには、概念と概念との包含関係が成立すればよい。そこでは世界に実例（an instance）があるのかどうかは問題ではない。

この実例が存在するかどうかは普遍の成立にとって必要ないということはさらに、実例が一つしかなくても、普遍は普遍であるということに結びつく。確かに概念を見る限り、太陽や月の概念に複数あることを妨げる条件は含まれていない。実例の個数や実例として見出しうること（instantiability）は問題ではない。いずれにしても、普遍が「多なるもののうちに、多なるものに関して」というアリストテレスが挙げた条件は反故（ほご）にされてしまっている。

普遍は三種類に分かれることはまだ理解しやすい。難しくなるのは、普遍は第二志向だということである。この第二志向とは知性の認識を対象とする認識作用、つまり第二階の反照的作用であるということが論点に加わり、事物の中に実在性の起源を設定しようとする枠組みと抵触し始めると、途端に概念と言葉のお祭りが始まるのである。

## 2 志向という概念

### †志向とは何か

ここではどうしても志向（intentio）という概念の説明が必要である。第二章用語説明①とも重なるが、少し繰り返して説明しておく。志向とは「概念」（conceptus）とほぼ同じで、アラビア語のマアナ（ma'na）、マクル（makul）という語をラテン語にしたものだ。アラビア語では精神の構成要素となるもので「思い、考え」程度の意味だが、ラテン語になるとintentioという厄介な概念として通用してしまう。それは「意図」という意味ですでに用いられていたからだ。

普遍を問う場合、「普遍は第一志向か、それとも第二志向か」が問われ、第二志向であるということが十三世紀の解答である。そういった立場の名称があるかないかということではなく、ほぼ全員が第二志向と考えているので、実在論か唯名論かという対立は二項対立的な論争にはならない。後世の分類を踏まえると、全員が唯名論者（概念論者）なのである。

十五世紀はこういった道具立てを忘却し、普遍は名称か事物かを問うものと理解してしまった。その時点で実在論と唯名論という対比から構成される普遍論争が出来上がる。

普遍は第一志向ではない。もし第一志向であるとすると、普遍が事物として存在していることになり、普遍の物象化を夢見るというプラトニズム以上のウルトラ・プラトニズムが生じる。普遍は可感的形象でも可知的形象でもないことは明らかだ。普遍は知性の認識作用だが、第一志向ではなく第二志向であり、その場合、対象となる事物（複数の個体）の現実存在を全体しない以上、対象的存在（esse obiectivum, tantum esse in anima）や〈理虚的存在〉であっても普遍は普遍として成立しているのである。

普遍が事物（res）から独立してその実在性を持つようになり、普遍は普遍としての条件を獲得するようになった。知性の知解作用そのものを対象とすることが普遍のあり方になっていったのである。

論理学は〈理虚的存在〉を対象とする。そして形而上学は実在的存在（ens reale）を対象とするということで棲み分けがなされ、その違いが後に「古い学者（antiqui）」と「新しい学者（moderni）」の違いにも反映することになったと思われる。

あらゆる〈理虚的存在〉を扱うことが論理学の課題となり、実在的存在のすべてを扱うことが形而上学の課題となった。両者の学問は十四世紀以降に分かれていき、〈理虚的存在〉はもともと実在的なものだったのに唯名的と見なされ、哲学的な立場の対立と受け止められるようになった。〈理虚的存在〉とは一種の非存在だが、存在論の中心課題は非存在だったと言うこともできる。もちろんアリストテレスからスアレスに至る正統的存在論において、形而上学の主題は実在的存在だが、唯名論の系譜において形而上学＝存在論の対象は非存在だったとも言える。

### †スコトゥスとオッカムの理論の連続性

ドゥンス・スコトゥスの著作はどれも難解でわかりにくい。彼の立場はしばしば「極端な実在論」と言われてきたが、十四世紀半ばにそのような図式が造られたように思える。ドミニコ会などの神学者たちはフランシスコ会の神学を攻撃する際、フランシスコ会を代表する二人の神学者、つまりドゥンス・スコトゥスとオッカムとの間に対立を設定し、ドゥンス・スコトゥスは極端な普遍主義、オッカムは極端な個体主義として整理した。その中間としてヘルウェウス・ナタリスの立場が置かれている。

オッカムの立場は「精神の外部にある事物は志向と呼ぶことはできない。志向となるのは知解作用だけである」と整理される。普遍は第二志向であり、第二志向は第一志向を対象とする第二階の知解作用であるから、普遍は事物でも事物のうちにもないことになる。

他方、スコトゥスの立場は「普遍とは知性のあらゆる働きとは独立に事物の本性の中に存在している」と整理されている。

第三の立場とは、普遍とは事物の内に（in re）あるのではなく、知性に由来し（ab intellectu）、知性によって構成され、それが事物に（de re）述語づけられるということであり、そこに普遍が成り立つとされた。

普遍とは第一志向に由来する第二志向であるというのが中心的見解となった。この点でオッカムもスコトゥスも極端な立場であるように見える。オッカムは第一志向と第二志向の区別を破壊しているし、スコトゥスは普遍と第一志向と取り違えているというわけである。

オッカムはスコトゥスの弟子であり、忠実とは言えないとしてもスコトゥスの精神を汲み、全体の枠組みではスコトゥスを大いに継承している。これは確かだ。フランシスコ会の神学の中に大きな分裂を見出すことができれば、スコトゥスの立場もオッカムの立場も両方とも極端な見解として葬り去ることができるのである。

そこまで悪意に満ちた批判だったのかわからないが、プラトのフランシスクスの『論理学』（Franciscus de Prato, *Logica*, 一三四一頃〜四五）におけるスコトゥスおよびオッカム批判を読むと、その構図が明確に浮かび上がってくる。

第二志向をどう捉えるかは論理学のテーマとされていたので、スコラ哲学の中での位置づけが周辺的なものとして捉えられてきた。しかし十三世紀のスコラ哲学を考える場合、決定的に重要な契機となっている。

ドゥンス・スコトゥスにおける志向の理論を捉えるためには、彼の論理学的著作を見ておく必要がある。

### †スコトゥスの論理学的著作における普遍と志向

「普遍は第二志向であるので、第一志向の表す事物に偶有する」(スコトゥス『ポルフュリオス「イサゴーゲー」問題集』)。第一志向は事物に向かう知解作用ないし述語だが、第二志向は第一志向を対象とする第二階の知解作用ないし述語だ。これが十三世紀スコラの基本命題である。

普遍は第二志向であるというのは、ドゥンス・スコトゥスにもオッカムにも共通するところである。ドゥンス・スコトゥスとオッカムはこのように接近した思想を持ちながら、この二人の思想を極端な実在論と唯名論として仲たがいさせた。これは敵対する立場からのプロパガンダだったのだが、この悪意ある整理は普遍論争の迷走のきっかけにもなった。

志向は事物と知性の双方を起源として構成されるものである。「事物は志向(=普遍)の全体原因ではなく、機会でしかない。つまり、知性が現勢的に考察するように知性を動かす限りにおいての機会なのである。知性こそが主要な原因なのである」。(スコトゥス『アリ

ストテレス・カテゴリー論問題集』第三問）

この箇所ではスコトゥスが吼えており、大胆な理論が主張されている。だからこそ、事物のうちの形相性には志向に備わる一性よりも小さな一性で十分なのだ。第二志向の語が第一志向の事物に自体的に（per se）述語づけられることは不可能である。第二志向は第一志向への知性の作用、知解作用による構成作用が加えられている。

志向を表すいかなる述語も、第一志向の事物についての一義的述語となることはない。しかしある志向的に一義的な述語が自体的には（in se）、第一志向の事物に一義的ではない仕方で述語づけられる。（スコトゥス『アリストテレス・カテゴリー論問題集』第三問）

ここでもスコトゥスが吼えている。スコトゥスの神学的問題への関心の移行と根本的変身は、一二九七年から九八年にかけて生じたと整理されたりもするが、もう少し早いうちから現れていたように思う。スコトゥスの論理学的な著作にもスコトゥスの熱い、激しい思いが溢れ出ているように思う。

## 3 アフロディシアス的伝統

### †〈本質存在〉とは何か——ニゾリウス『異教的哲学反駁』

アリストテレスの『カテゴリー論』で扱われる可述語、つまり、類・種・種差・特有性・偶有性という五つのものが普遍であり、それがアリストテレスの論理学の内部で論じられる限り、様々な立場があったとしても大論争とはなりにくい。

ところがアヴィセンナの存在論が〈馬性の格率〉によって中立無記性の領域を設定し、そこで語られる〈純粋本質〉が一つのエピソードとしてではなく、アフロディシアス的伝統の下に物事の生成と分化の原初的場面を扱うものであることに気づいたとき、哲学を根本から考え直す契機になってしまう。しかもそれは〈純粋本質〉という存在論の場面のみならず、第一志向と第二志向というように知性の働き、知解作用をどのように位置づけるかという問題とも結びついてくる。ここでは、〈純粋本質〉と呼ばれたり〈本質存在〉と呼ばれたりする概念について考察する。

なお〈本質存在〉とはラテン語 esse essentiae で本質の存在・エッセということだが、これは「馬性はそれ自体では馬性でしかない」という場合の中立無記的な自体を指している。〈本質存在〉という訳語自体、十三世紀後半に作られたもので、ギリシアにもイスラームにも直接対応するものは存在していない。おそらくガンのヘンリクス、またはその周りの大学の人々が一二七〇年代に暫定的に使用し始めたものであろう。使用例はもう少し遡るが、アヴィセンナの由来を踏まえながら使用されるのは一二七〇年代以降のようだ。このような由来のはっきりしない言葉を導きの糸にするのは、この語は近世初頭になっても重要な導きの糸になっているからである。

近世の哲学者で典型的唯名論者とされるニゾリウス（一四九八〜一五七六）の『異教的哲学反駁（アンティバルバルス）』（一五五三、一六七〇、一六七四）はライプニッツが編集出版したもので、著書自体はよく知られているが、中身はあまり読まれることがない。しかし近世における唯名論の流れを知るには重要な著作である。

ニゾリウスはここで唯名論的な立場を明確に主張している。普遍を三種類に分類し、第三番目の領域にあるものをそれ自体で（in se）あるもの、ないし〈本質存在〉（esse essentiae）と呼び、この〈本質存在〉を捏造されたものと考えている。この〈本質存在〉は十三世紀にガンのヘンリクスがアヴィセンナの存在論を受容して定式化したものである。そしてこの〈本質存在〉の否定がニゾリウスにおいて顕在化しており、その点を唯名論の徴表と捉えることができる。

この〈本質存在〉の呼称も一様ではなく、〈純粋本質〉、「共通本性（natura communis）」などとも呼ばれている。また、〈本質存在〉の実在性を認めることが十三世紀以降の実在論の特徴と見なされることもあり、中世末期においては潜在的普遍と見なされる場合もある。様々に解釈され、議論の余地の多い概念である。この〈本質存在〉が第三領域を構成するのか、そして第三領域を認めることが「実在論」となるのかどうか、少し考えておく必要がある。

この〈本質存在〉の系譜はアフロディシアスのアレクサンドロス、アヴィセンナ、ガンのヘンリクス、ドゥンス・スコトゥスとつながっていくが、ここでその輻輳点をなすのがアヴィセンナである。

## †馬性の格率と普遍、そして「中立説」の系譜

アヴィセンナは『形而上学』第五巻第一章で自らの普遍論を語っており、そこでは「馬性それ自体（equinitas in se）」という有名な用語が登場する。その概念は「馬性はそれ自体では馬性でしかない」という格率――以下「馬性の格率」と略記する――、一見して不思議な形式の格率において語られる。内実は以下の通りである。馬性はそれ自体では馬性であり、個物の中にあるか知性の中にあるか、普遍か個物か、可能態か現実態か、といった点に関しては、そうい

った対立する両項のいずれでもない、しかもそれらのどちらか一方の規定は偶有性として付随するに過ぎないと述べられている。ここで示されている論点は「中立無記性」――以下「中立説」と記す――と呼ばれるものである。しかもここで登場する「馬性」――この「馬性」は一つの実例でしかないが、その概念を表す用語はなかなか定着しなかった――とそれをめぐる論点は中世においてなかなか理解されず、ヘンリクスが詳しく解説するまでは（一二七七年頃）話題になることもなかった。

「馬性」という用語そのものはアリストテレスには登場しない概念で、中立無記性と偶有性という論点はなかなか理解されなかった。しかも「馬性」には明確な用語が長い間与えられなかった。イスラーム圏・西洋中世のいずれにおいても存在論の迷子の如く、彷徨（さまよ）うことになる概念である。様々に呼びならわされるが、アヴィセンナにおいては〈純粋本質〉、ヘンリクスにおいては、〈本質存在〉という用語を基本として話を進めていく。

〈純粋本質〉は、二項対立的な選言的述語について（「Aまたは～A」という形式の述語）、それ自体ではどちらでもないものと考えられている。この中立無記性を持つ〈純粋本質〉が多くの困難を引き起こすのである。特徴としては以下の点が挙げられる。

①〈純粋本質〉は普遍ではなく〈共通者〉である、②〈純粋本質〉は中立無記的である（「Aでもなければ～Bでもない」）、③〈純粋本質〉は選言各項に先行する（個物に先行する）。

このような特質を有する〈純粋本質〉の伝統こそ、マルティン・トゥウィーデイル（一九三七〜）が「アフロディシアス的伝統（Aphrodisian tradition）」と呼んだものである。この〈純粋本質〉の系譜は普遍論争のみならず十三世紀後半のスコラ神学、ドゥンス・スコトゥスの一義性論、オッカムの唯名論とも密接に結びつくし、ネオプラトニズムとの結びつきも深いと考えられる。

この系譜は二十世紀になっても、アヴィセンナのテキストや翻訳・研究が進展しない状況ではほとんど気づかれないままであった。この伝統の系譜を辿ったのがトゥウィーデイルとアラン・ド・リベラ（一九四八〜）であり、ここではド・リベラが切り開いた途を辿ることにする。その途とはアレクサンドロス、アヴィセンナ、ガンのヘンリクスを経由する、「本質の中立無記説」＝「中立説」の系譜である。

アレクサンドロスはアリストテレスの『デ・アニマ』第一巻第一章の「普遍としての動物は無か（個物よりも）後のものである」という箇所への註釈において、普遍とは別個のものとして、〈共通者〉（to koinon）という概念を持ち出し、この〈共通者〉の問題次元を取り出した。この箇所は『難問集』に収められたが、この箇所はアラビア語に訳されて広く読まれ、アヴィセンナにも知られることとなった。〈共通者〉については後に論じる。

さて、アレクサンドロスにおいては普遍は無ではないから、個物よりも後なるものとして考えられている。そのため彼の立場は従来、徹底的な反実在論と見なされてきた。ところがトウィーデイルはアレクサンドロスに実在論的な契機が見られることを強調する。

アレクサンドロスは〈共通者〉と普遍を明確に区分し、普遍が偶有性であり〈共通者〉が先行性を有するという議論も取り出し、実在論的な傾向を取り出す。そして、この系譜がドゥンス・スコトゥスにも及んでいるとトウィーデイルは述べる。この系譜の指摘は哲学史的には極めて重要である。というのも、いわゆる「実在論」の系譜に中心的論点を抽出するのに枢要だからである。問題は〈共通者〉を措定することが実在論を含意するかということであり、そもそも〈共通者〉とは何なのかが問題なのである。アヴィセンナの存在論が実在論と言えるのかという点も重要であり、しかも唯名論として整理されるオッカムは明確にアヴィセンナの存在論をかなり受容している以上、事柄として重大である。

アレクサンドロスの立場をトウィーデイルは実在論的に解するが、ド・リベラに従えば、やはり唯名論的な立場に分類するのが無難である。にもかかわらず、普遍は個物に先行するとアレクサンドロスは語っており、この論点が錯綜を生み出しているのは事実である。普遍と共通者は厳密に区別されるものではないという点をトウィーデイルは用いる。その傾向はありながらも、しかしこのことが個物に先行するものとして語る普遍実在論になるわけではない。この〈共通者〉は中世ではアヴィセンナを経由し、ドゥンス・スコトゥスの〈共通本性〉に継承される。

### †アヴィセンナの普遍論

アレクサンドロスの〈共通者〉は、アヴィセンナにおいて〈純粋本質〉として継承されるが、その論点に入る前に、アヴィセンナの普遍論を見ておく必要がある。

アヴィセンナは「中立説」を述べるのに先立ち、まず普遍の三分類説を提示している。西洋中世でも普遍の三分類（個物の前、個物の中、個物の後）はあるが、それとは対応せず、しかも受容されなかった普遍論である。ここには〈純粋本質〉を捉えるための決定的な論点が現れている。

普遍の三分類は個物の前（ante rem）、個物の中（in re）、個物の後（post rem）に分けられるというのが標準図式となっているが、アヴィセンナにおいてはそれとは異なった分類法が提示される。①「人間」のように現実の複数のものの述語となっているもの、②「七角形の家」や「フェニックス」のように現実には存在していないとしても、複数のものの述語となることが可能であるもの、③「太陽」や「地球」のように一つしかないものであっても、複数のものの述語となることを妨げる点を含んでいないもの、の三つに分けられる。このような分類はアレクサンドロスの伝統を受容し、しかもムータジラ派の存在論批判を含むことが解明されている。

上記の三分類で問題となるのは②と③である。「七角形の家」も「フェニックス」も実在しないものだが普遍とされている。「七角形」が普遍となっていることに、人工物も「普遍」となりうるという考えを見る解釈もあるが、ここではコンパスと定規では作図できないものとして「正七角形の家」が挙げられており、「フェニックス」と同様の存在論的地位が与えられていると考えられる。

アリストテレスにおいて普遍は「多のものの内にあり多のものに述語づけられる〈in multis et de multis〉」ものである。「七角形の家」や「フェニックス」はアリストテレス的な普遍の要件を満たさないが、概念として見る限り、存在しないことを妨げるものはなく、それ自体として複数の事物の述語となることは可能である。

また太陽や月に関して、それらが「多」なるものに内在したり、述語づけられたりすることはないからアリストテレス的普遍の要件を満たさないが、概念として見る限り、複数の月や太陽があることを妨げることはない。普遍の成立する要件は実例の実在に依存しないのである。

このことが「馬性はそれ自体では馬性でしかなく、一でも多でもない」ということの意味である。つまり馬性それ自体＝〈純粋本質〉にとって一であるか多であることは、偶有性として付随することである。これが「普遍偶有性説」であり、その論点と密接に結びつくのが〈純粋本質〉はそれ自体では、一でも多でもない、という「本質中立無記説」――以下「中立説」と略記する——である。

「普遍偶有性説」を示すのは以下のテキストである。

馬性の定義は普遍性の定義の外部にあり、また普遍性は馬性の定義に含まれてはいない。というのも、馬性の有している定義は普遍性を欠いているのではなく、その馬性に普遍性が付随するのである。（中略）馬性はその定義に複数のものが含まれている限り普遍であり、指定された特有性や偶有性とともに捉えられる場合は個別である。ゆえに、馬性はそれ自体では馬性に他ならない。（アヴィセンナ『形而上学』第五巻第一章）

「普遍偶有性説」は普遍に先行するものがあり、それが一や多に分類されるという枠組みを予想させる。そして、それこそがアレクサンドロスの立場だった。まず〈共通者〉＝中立無記的なものがあり、そこに普遍性や個別性が付随するとすれば、〈共通者〉という一種の普遍が先に存在しているという実在論が展開されているように見える。それこそトウィーディルの読み方なのだが、それは正しいのか。

外界の事物でも表象でもないものは存在しないとアヴィセンナは考えていた。「第三世界」を拒絶することこそアヴィセンナの立場である。さらに、アヴィセンナが十三世紀の普遍論争に新たな論点を付加したことは確かである。しかしながら、アヴィセンナを非存在の対象の理論の開祖として捉え、アレクシウス・マイノング（一八五三〜一九二〇）の「第三世界」の考えの先駆と捉えるのは誤解である。

### †ヘンリクスの論点

ヘンリクスはアヴィセンナからアフロディシアス的伝統を継承し、アヴィセンナの存在論から少なくとも二つの契機を受容する。一つの契機はアヴィセンナ『形而上学』第一巻第二章の「存在と事物は精神に第一の印象によって刻印される」という論点と、第五巻第一章の「馬性はそれ自体では馬性でしかない」という論点である。

ここからヘンリクスは「神は被造物と存在において共通する」、「存在は神と被造物に共通である」という論点を取り出す。一見するとこれはスコトゥスの存在一義性の先駆けに見えるが、このヘンリクスの共通性はスコトゥスの一義性に対立するものであり、注意が必要である。

①「人間」と「ロバ」の場合であれば、上位の類概念、つまり、ある共通なものにおいて一致する（in aliquo communi convenire）ことがある。しかし、人間と神において、存在（esse）がそのような仕方で共通することはない。存在の中に被造物と共通するところと、被造物

とは異なるところができてしまうが、それは不可能である。というのも、神において存在は端的に単純である。存在は類概念ではなく、神と被造物との間に実在的に共通なものが存在することはない。両者の間には純粋に多義性でも一義性でもなく、アナロギアが成り立つとされる。(ヘンリクス『形而上学問題大全』第二十一篇第二問)

②神と被造物との間に実際に共通な積極的なもの (re commune Deo et creaturae positivum) があるのではなく、単に否定的なものしか (negativum solum) ない。(ヘリクス前掲書同箇所)

ヘンリクスは神と被造的の間に否定的な道を立てるが、スコトゥスはそこに反対する。否定的なものは愛の対象にならないし、しかも神と被造物との統一ということを見えにくくしてしまう。神秘的な合一 (unio mystica) があるかもしれないが、それでは神学という学知の過程が跨ぎこされてしまうのではないか。スコトゥスの哲学の中には神秘主義のかけらもない。

## 4 スコトゥスと「中立説」

ドゥンス・スコトゥスがガンのヘンリクスを通してアヴィセンナの形而上学に触れ、アヴィセンナの思想を大幅に取り入れたことはよく知られている。

ヘンリクスがアヴィセンナの存在論から受容した二つの契機、つまりアヴィセンナ『形而上学』第一巻第二章の「存在と事物は精神に第一の印象によって刻印される」という論点と、第五巻第一章の「馬性はそれ自体では馬性でしかない」という論点は、いずれもドゥンス・スコトゥスに受容される。特に最初の「存在は第一の印象によって刻印づけられる」という理論は重要である。これは存在一義性の立場であるように見えるが、この論点の源泉であるアヴィセンナの存在論は存在一義性を擁護する立場として整理される場合もある。ヘンリクスはここから一義性説ではなく、アナロギア説を導き出す。

ここで、アヴィセンナとスコトゥスの思想の近さが問題となってくる。アヴィセンナとヘンリクスの近さはほぼ確定されているが、アヴィセンナに範型論がないのに対し、ヘンリクスでは範型論があるという理解もある。しかし、アヴィセンナに範型論を見出すことも可能なので、両者の距離は近い。ではヘンリクスとスコトゥスの距離はどうなのか。両者ともアヴィセンナの強い影響下にあるが、ヘンリクスがアナロギア説でスコトゥスが一義性説であり、明確に異なる。しかしながら、アナロギア説と一義性説とが思想の対極に位置するかの如く語られる場合も多かったものの、いずれもアヴィセンナの思想の枠内で語られている以上、対極を成すものでなく近接したものと捉えるべきではないのか。

というのも、ヘンリクスのアナロギア説とスコトゥスの一義性説は共通する論点を有するものだからである。

アヴィセンナの「中立説」はドゥンス・スコトゥスの存在一義性説とも結びついている。アヴィセンナとの関連は『デ・アニマ問題集』や『形而上学問題集』に見られ、スコトゥスの一義性説にアヴィセンナの理論が強く影響したことが窺える。

ドゥンス・スコトゥスの『デ・アニマ問題集』第二十一問においては「〈存在〉は人間知性の第一の対象なのか」が論じられており、そこでスコトゥスはアヴィセンナを一義性説の思想家と見なしている。

アヴィセンナの『形而上学』第一巻第五章「〈もの〉と〈存在〉は、魂に第一の印象によって刻印される」こそ、一義性説の重要な根拠なのである。「神は被造物の存在性の原因であり、勝義の〈存在〉であり、したがって〈存在〉は神と被造物に一義的に語られる。これこそアヴィセンナが『形而上学』において語ったことである」(スコトゥス『デ・アニマ問題集』第二十一問)。

また、スコトゥスの『形而上学問題集』は長きにわたって執筆され、初期の思想と後期の思想が混在する著作となっている。第四巻は存在の一義性を扱った部分で、初期に書かれた第一問では「存在はアナロギア的に語られる」と記され、後期の思想とはかなり異なる。そこではアヴィセンナの立場が一義性説として捉えられ、批判されている。また後期の書き加え部分である第二問においてはヘンリクスによるアヴィセンナ理解が分析され、個体化を否定的なものによって生じるとするヘンリクスの立場が批判され、個体化は積極的なものによって生じると述べられている。

### †肯定的なものとしての〈本質存在〉

スコトゥスの時代変化を辿ることはここでは行わず、見通しを述べるならば、スコトゥスは当初アナロギア説を取り入れていた。アヴィセンナの一義性説を批判的に受容していたが、ヘンリクスのアヴィセンナ理解に大きな影響を受けながら、ヘンリクスのアナロギア説に批判的な態度をとるようになり、アヴィセンナの立場に接近していった。

ここで重要なのは、一義性説とアナロギア説が対極的な思想として語られ、しかもその対立軸が、ヘンリクスのアナロギア説とスコトゥスの一義性説として立てられてきたことだ。しかし、いずれの立場もアヴィセンナの存在論の中での対立であり、一義性説とアナロギア説は近接した思想として捉えた方がよいのである。

ヘンリクスにおける〈本質存在〉とは、ある事物は神によって思考される限りで構成されるということで、スコトゥスはこのような思考化（ratification）を拒絶する。スコトゥスにおいて、存在者は二重の妥当性（ratitudo）を有する。一つは現実存在に関連するもので、それは神に実在的に依存する。もう一方は形相的構成に関連するもので、先ほどとは反対に、存在者の無矛盾ということにのみ依存する。このことはスコトゥスにおいて、実在的な可能性を超えてさらに別の次元があること、つまり、論理的可能性の次元があることを意味する。

この論理的可能性の領域にこそ、人々は本質の中立性というアヴィセンナ的な理論の完全なる展開があることを見出そうとしてきた。そしてこの思想は「馬性は馬性に他ならない」というよく知られたスローガンによってまとめられてきた。しかし、そこには誤解が隠されている。「中立説」の真の姿はアヴィセンナにおいてもヘンリクスにおいても根本的に異なっており、それどころか、まったく対立しているのである。この理論が示しているのは、物理的存在ないし心的存在との関係における中立的・中立無記的名本質の領域の存在ではない。外的な実在においてであれ心的な存在においてであれ、あらゆる本質は常に存在しているという確信を含意している。ドゥンス・スコトゥスの形而上学は〈もの〉と〈存在〉とが分離可能であることを認める。

アヴィセンナの存在論がガンのヘンリクスを介し、スコトゥスに流れ込んでいった道筋は次のようになる。スコトゥスはアヴィセンナの『形而上学』第一巻第五章、第五巻第一章を踏まえてアヴィセンナの本質論を継承し、そこに一義性説を認めていた。そしてスコトゥスはヘンリクスを介してアヴィセンナ説を取り入れ、当初はアナロギア説をとったが、のちに転じる。スコトゥスはヘンリクスにおける否定的契機に反発し、積極的契機を存在論においても個体論においても強調し、ヘンリクス批判を行った。ヘンリクスの〈本質存在〉はスコトゥスにおいて「共通本性」として受容され、〈本質存在〉にあった中立無記性はスコトゥスに受容される。〈本質存在〉に見られた共通性は実在的なものではなく否定的なものであったが、スコトゥスはそれを肯定的（positivum）なものとして捉え直そうとする。

## 5 唯名論への扉

### †スコトゥスとオッカムの断絶を超えて

「アフロディシアス的伝統」に対してオッカムの立場、そして後の唯名論がどのような立場をとるのか。オッカムがドゥンス・スコトゥスの実在論を批判したことは中世哲学史の基本図式であり、スコトゥスの実在論とオッカムの唯名論との間に中世と近世との分水嶺を見出すこともできるかもしれない。

確かに、オッカムはスコトゥスの形相的区別やこのもの性や〈共通本性〉に対して与えられる小さな一性（unitas minor）を批判した。しかしながら、オッカムは一義性の理論や神の絶対的能力、カリタス論においてはスコトゥスを継承している。スコトゥスとオッカムは同じフランシスコ会に属し、同じ思想潮流に属していると捉えるべきではないか。中世と近世を分かつような大断絶を見出すことは誤っていると判断する。

オッカムは本質はそれ自体では一でも多でもないという中立説を明確に否定する。この点でオッカムはアヴィセンナを輻輳点とする伝統、「アフロディシアス的伝統」を拒絶する。そして、この流れは第3部見たニゾリウスの近代的唯名論に結びつく。しかしながら、この〈本質存在〉の領野＝第三領域を否定することこそ、スコトゥス的実在論とオッカム的唯名論の共約不可能な対立を意味するのではないと私は考える。存在論と論理学に跨る問題としての普遍の意味論と、倫理神学の場面での神の絶対的能力において、スコトゥスとオッカムは予想以上に連続的であるというのが私の見通しである。

「である」と「でない」のいずれでもない領域を扱うとは、二つに一つという言語の制約に対して、その排中律事態がある条件のもとで成立していることを示すことだった。「ある」と「あるのではない」ことの間に「ある」ことの起源が示される。

スコトゥスは第三領域の「である」「でない」の間に、「でありうる」という次元を設定した。新プラトン主義は「である」と「でない」の間に「なる」という次元を介在させる。オッカムに発する唯名論の流れは、第三領域を否定する流れだったのである。

オッカムは中立無記的なものとして措定される〈本質存在〉を否定し、さらに中立無記的なものを代示（suppositio）の理論で否定する。〈本質存在〉はオントロジスム（存在本体論）の視点から見るとキマイラのように得体の知れないもののままだが、〈認識論的転回〉を経た視点から見れば志向への志向、知解作用への知解作用であり、それが精神の内部に位置づけられれば個体にもなる。それを示す道具立てとして代示（suppositio）の理論を見ることができる。これは記号論における指示の理論として考えられてきたが、普遍論争を考える上でもオッカムの思想を考える上でも重要である。

## †記号論の道具としての代示（スッポシチオ）

事物（res）と記号・徴（signum）という対立が根本的にあった。res を事物というか、〈もの〉というかは難しく、これはリアルで切実なものだ。記号・徴は言葉と置き換えてもよいが、あくまでも事物の代理（vicarius rei）である。記号とは人間の精神が造った遊びのごときものである。

そういった〈実〉〈虚〉の対比が事物と記号・徴の間に置かれ、それが精神の外部（extra animam）と精神の内部（in anima）に置かれてきた。精神の外部の存在者（ens extra animam）は

〈実〉なるもの、客観的リアルなものである。それに比して精神の内部のもの（ens in anima）は〈虚〉なるものであり、精神によって構成された事物の代理という枠組みが支配的であった。

しかし言葉は真理を担いうるものであり、人間の社会や政治を成立させるリアルな記号装置でありながら、〈虚〉に位置づけられてきた。中世の普遍論争において普遍を〈実〉なるものと考える立場は、それを事物の側に配置しようとした。唯名論は普遍を〈虚〉の側に配置しようとしたと整理されてきた。しかし〈実〉と〈虚〉の構図を変更した上で、実なるものとしての記号の側に普遍を配置する枠組みが唯名論だとしたら、唯名論という語が拭いがたく持っている〈虚〉の雰囲気は普遍論争を常に隠してきたと言える。

その姿はスッポシチオの理論にもすでに見られる。スッポシチオは「代表、代示」などと訳されてきたが、ここでは代示という訳語を選ぶ。supponere pro というもとの意味は「あるものを別のものの代わりとして受け取る」ということだった。supponere A pro B という構文をとっていたが、スコラ論理学では十三世紀以降、supponere pro とイディオムとなって古典ラテン語では使用されなかった独自の意味を持つようになった。中世の独自の理論とも考えられ、また普遍論争とも関連が深いので説明を加えておく。

意味作用（significatio）と代示（suppositio）では対比的な関係にある。意味作用は記号の働きでもあるので記号作用や表示作用と訳してもよい。意味作用は或る一般的な意味を表示するものである。「人」というのは人間の定義によって意味表示される一般的なものを指している。これは辞書や通念によって知られ、教育によって学ばれる。

これとは異なる機能が名詞に付与される場合があり、その一つが代示である。中世の教科書の定義では「名刺を或る事物に代わるものと見なすこと」という持って回った言い方で説明されるが、私なりに説明をすると、命題を真理とする条件を充足するため、名詞が具体的に示す事物を説明する機能である。

「人が走る」という場合、この命題が真として成り立つのは人(単数)が走る場合であり、特定の個々の人間、たとえばソクラテスやプラトンが走っている場合である。「人」は「ソクラテス」や「プラトン」を代示している。「人は漢字である」という場合、この命題が真となるために「人」は「人」という漢字そのものを代示している必要がある。「人」は「人」という記号自身を代示している。「人は種である」という場合、人の表す「人間性」という普遍的で単純なものを表していると考えられる。

### †個体的代示と単純代示

最初の例は「個体的代示(suppositio personalis)」と言われる。「ペルソナ的代示」と言うこともできる、このペルソナ(人、人物、個人)というのは人間にのみ適用できるが、この代示は人間にのみ限定されるのではなく、「リンゴ」でも「石」でも適用できる。よって適切な命名ではないが、人間の個体を他の事物の個体の代表と考えてそう名付けられたのだという説明が出された。大事なのは、この個体的代示においては「人」という全体が分割され、「人」に含まれている構成要素（contenta）――ソクラテスやプラトン――に降りていることである。だが「人は種である」という場合、「人」は構成要素にまで降りることができない。「人」は普遍であり、単純なものと考えられているため、これは「単純代示」と言われる。とにかく、普遍が個物とは異なるものとして言及されている。さらに言い換えると、「人は走る」という場合、その命題を真ならしめる具体例（instances）への関係が示されている。「人は走る」において、「人」は複数の具体例を代示している。しかし「人は種である」という場合、「人」の実例は生き物である多数の構成要素に降りていくことはできない。

「人は漢字である」という場合、「引用」されているという説明もなされるが、中世では多くの場合自分自身を代示していると説明される。自分自身と言っても記号の場合、唯一性を持ったタイプとトークンの区別がある。「人」はここでは多数のトークンと考えてもよいから、唯一の自己関係性は成立していない。

意味作用が理解を提供するのに対して、代示はその文・命題が真であるとするように、名辞が実際に示している具体例を挙げる。「豆腐は鉋で削って食べる」という命題を真ならしめるには、「豆腐」に「六条豆腐」という堅い豆腐を代入すればよい。代示は現代の意味論における指示作用と対応させて考えられてきたが、特殊な使い方をするのである。

単純代示においては「人は種である」という場合、「人」が普遍を代示していると説明され、それが精神の外部に実在的に存在するから実在論の一つの基準と見なされてきた。オッカムはそれを否定し、単純代示という分類を除去して、代示において名辞が代示するのは概念であると考えた。これは、普遍は概念であるというオッカムの主張と重なる。オッカムは、第二志向は〈理虚的存在〉であって普遍であり、実在的であると述べる。普遍は〈虚〉なる存在者ということではなく、普遍は概念であり、実在的であるということである。

すると、ここでは精神の内なる存在者、第二志向、縮小的存在、〈理虚的存在〉といった、それまで〈虚〉なるものとして捉えられてきた諸概念が〈実〉なるものであるということを示すことが重要になってくる。これはオッカムにおいて際立った仕方で登場してきたが、すでにスコトゥスにおいても成立していた。

代示ということで特に示しておきたいのは、次のことである。単純代示においては普遍が代示されていたが、それがオッカムにおいて否定され、名辞（概念）が名辞（概念）自身を代示するものとして捉えられたことである。つまり、普遍が精神の外部に存在することが否定されるようになったのだ。

### †普遍をめぐる三つの看板

普遍をめぐる捉え方については様々であるが、ここでは次の三つの看板で代表させよう。

①オッカム――知性の外部に存在するものはいかなるものも普遍ではない。

②スコトゥス――普遍は事物の本性の内に（in rerum natura）ある。

③トマスとヘルウェウス――知性の外部に普遍的事物は基体的にある。しかしこうした普遍的事物の一性は、理虚的一性であって、実在的一性ではない。

第二志向は普遍であり、〈理虚的存在〉は実在的ではない。これが実在論者の主張であり、オッカムは〈理虚的存在〉は実在的であると述べる。

オッカムによれば〈理虚的存在〉は精神のうちに基体的に存在し、トマス・アクィナスとプラトのフランシスクスは〈理虚的存在〉は精神の内に対象的にのみあると捉える。オッカムにおいては〈理虚的存在〉は実在的であり、トマスとプラトはほぼ無であると考える。

ここでは、①普遍とは第二志向なのか、②第二志向は〈理虚的存在〉なのか、③〈理虚的存在〉は無なのかリアルなのか、少なくとも三つのことが問われている。

知解作用を知解する場合、認識対象としての知解作用はどのようにあるのか。質（qualitas）と同じように実在的にあるのか、と言い換えてもよい。〈理虚的存在〉は形相的に無である。事物だけが本物で、〈理虚的存在〉は事物の代理でしかなく、事物が取り去られればそれ自体では無である。〈理虚的存在〉とは、対象的な存在のみを知性のうちに（tantum esse obiectivum in intellectu）有するものである。この「対象的な存在しか持たない」ということは非存在の性格であり、知性の内にしか成立していないということだ。

十四世紀前半、一三四〇年頃、ボローニャは〈理虚的存在〉に関する熱い論争の中心地となった。オッカムがイタリアに避難してきて、オッカム説がイタリアで論じられたということが一つの機縁になっている。ヘルウェウスは〈理虚的存在〉を無と見なした。トマス主義者ヘルウェウスとオッカムとの対立がここにはある。

### †〈虚〉なる存在者への態度

縮小的存在（ens diminutum）という少々変わった概念がある。これは「小さくされた存在者」の意味である。小さくされていることは劣ったという意味合いになりそうだが、フランシスコ会は「小さい兄弟の会（Ordo fratrum minorum）」というのを正式名称にするぐらいだから、小さいということを本来的な姿として好む。よって、縮小的存在という名称を喜ばなかったはずがない。

しかもこの縮小的（diminutum）というのがほとんど誤訳に基づいて生じてきたことは概念の卑小なる由来を示し、私には好ましく見える。正しさや正義が自慢顔で誇る世界を私は好まないから。

「縮小的」という語の起源はギリシア語のロイポン・ゲノス「他の類」（アリストテレス『形而上学』1027b33）という言葉で、ロイポンというギリシア語で少し勘違いが生じて「欠如した・不完全」の意味で受け止められ、アヴェロエスの註釈がラテン語訳されたとき、ens diminutum（縮小的存在）として定着した。精神の外部の存在は実在的かつ完全なものだが、精神の内部のものは完全な（completum et perfectum）ものではなく、縮小的存在と捉えられた。メルベケのギヨーム（一二一五頃～八六）は正しく捉え、トマス・アクィナスも正しく捉えたが、不正確でも面白い伝承の方が広がりやすい。

これにより精神の内部の存在者（ens in anima）と〈理虚的存在〉（ens rationis）、縮小的存在（ens diminutum）を同等に捉える図式が定着した。精神の外部の存在者こそ本物であり、残りのものはすべて事物の代理（vicarius rei）で紛い物であると考えられた。精神の外部のものは神が造ったものであり、精神の内部のものは人間の知性が作り出した写しであり、コピーでしかない。外部と内部、本物と模倣という対比が壊れてくることが〈認識論的転回〉であり、唯名論の始まりである。〈認識論的転回〉の始まりに位置し、その過程を駆け抜けたのがドゥンス・スコトゥスであり、それを完成させたというよりも喧伝したのがオッカムであった。〈認識論的転回〉とはどういうことか。「知性のうちに対象的にあるもの」というのは、外界の写しでしかなく、幻のごときものだ。知性のうちに基体的にあるとは、知性の働きや質としてリアルにあるということだ。スコトゥスは〈理虚的存在〉について、考察作用そのものを考察すること、事物への関係に対して持つ二次的な関係として捉えている。〈理虚的存在〉は事物への関係への二次的関係として、実在的なものとしての資格を得た。〈理虚的存在〉を実在的だと明確に語るのはオッカムだが、その準備はすでにドゥンス・スコトゥスにおいてなされていた。

中世スコラ哲学が形而上学、存在論の世界であるとすると、近世の哲学は認識論の哲学である。中世と近世という対比的な枠組みを逃れたいとは思いながらも、完全に免れることは難しい。

十三世紀に始まる〈認識論的転回〉が十七世紀に完成し、新しい時代が始まったと言うことができるが、それと同時に、スコラの伝統は強く残存し、カントの哲学にも太く流れ込んでいることは確かである。

# 第九章　中世哲学の結実

この入門書も中世という時間の上では終わりが近づいてきたのだが、フィナーレが近づいてきた感じはしない。中世スコラ哲学のフィナーレは、ドイツ観念論のイマヌエル・カントになると私は思っている。

大学生のときにカント＝最後のスコラ学者というテーゼを聞いて「そんなことがあるものか」と思っていたが、年を重ねるにつれて、それは案外正しい見方だと思うようになった。カントにはスコラ哲学の伝統が極めて濃厚に流れ込んでいる。カントに至る道を辿るためには近世初頭のイエズス会を中心に展開されたバロック・スコラ哲学の系譜にも触れる必要があり、大まかな見通しだけで終わるしかないのだが、スコトゥスの主意主義、唯名論、イエズス会の神学（ルイス・デ・モリナ）、カントという流れを考えるのは無理なことではない。

いずれにせよ、中世哲学にちょうどよい区切りはないのだが、中世という時代が十四世紀末頃に終わる以上、その時代の主流思想であった唯名論で話を終わらせるのが無難である。私の本音を言えば、中世スコラ哲学はまだ終わっていないどころか、進行中だと思う。

残りも少ないので、書かなければならないことを述べておく。唯名論を語る場合、もちろん唯名論とは何かを示すことも大事だが、それ以上に、①スコトゥスとオッカムはどのように異なるのか、②リミニのグレゴリウスを中心とする唯名論の系譜はどのように継受されたのか、③イエズス会に見られる唯名論的傾向の背景を示すということが大きな課題となる。思想史的展開を追う中で「唯名論とは何か」という問いそのものが融解していく可能性は高いし、私もまた正面から答えられるような問いの条件を備えていないと思う。よって、ここではむしろ、これらの三つの課題に答えることが狙いとなる。それがある程度示されてこそ、この本は終わりを迎えられる。

## 1 〈認識論的転回〉——中世哲学のドラスティックな変革

### †唯名論は中世哲学を滅ぼしたのか

唯名論は評判が悪く、特に中世哲学研究者やカトリック信者にそういった声が多い。トマス・アクィナスに頂点を迎えたスコラ哲学を衰退に導き、宗教改革への端緒を切り開いたのだから無理もないだろう。その唯名論の元祖がオッカムであり、生前から評判の悪かったオッカムに対して憎さ百倍というのもわかる。しかし、たった一人の人間の力で中世スコラ哲学を倒せるわけがなく、時代の流れの中で、中世スコラ哲学は歩みを速めることができなかったのだ。思想がコンテンツを重視し高度化しようとすれば、自らの滅亡を速める。メディアの形式に合わせることができない学問は絶対に滅びる。唯名論もまた近世の荒波の中に消えていった思想なのである。いかなる思想も栄えて滅びる。真理は永遠ではあるが、その永遠性は理念なのであり、現実と理念を混同する者は容易に滅んでいく。ここに歴史の快哉がある。

中世に戻ろう。三位一体論、受肉論、恩寵論、徳論、功績論、ペルソナ論、これらのどこを見ても、アリストテレス哲学では部分的にしか扱えないテーマばかりである。中世スコラ哲学のわかりにくさはスコラ神学の困難にあると言ってもよい。私自身、キリスト教神学を理解しようと追いかけてきて、その中に入り込むと決して理解不可能な体系ではないと思うようになった。この本でスコラ神学の枠組みを説明することはできないが、十字架が普遍的救済論としての根幹をなすという理論を構築するためには、スコラ神学の枠組はぜひとも必要な理論体系だったと考えるとわかりやすい。中世哲学が唯名論により終焉したというのは神話なのか、真実なのか、あるいは憎悪によるものなのか。それについて、わかりやすい方法で提示されていないのである。

唯名論という概念が多くの歪みを与えてきた。とりわけ唯名論が中世哲学を崩壊させたという「中世哲学没落史観」が優勢で、中世哲学の崩壊を唯名論のせいにする理解が主流となってきた。これこそ「唯名論伝説」と呼ぶにふさわしい。

一三四〇年以前において、オッカムの思想はパリではほとんど知られていなかった。オッカムは普遍を名のみのものと捉えたのではなく、普遍は概念であると主張した。そして、スコトゥスが極端な実在論であるという主張も極めて疑わしい。

オッカムがスコトゥスを批判したことは確かだが、それは実在論と唯名論という大きな対立ではなく個体化論と差異をめぐる小さな対立であり、倫理神学においては連続性が多く見られる。スコトゥス哲学の理解もオッカム哲学の理解も立ち遅れ、両者を図式的に対立させて捉える旧式の理解が幅を利かせてきた。

## †〈認識論的転回〉の嫡出子としての唯名論

十三世紀は中世哲学の大きな転回点であった。アリストテレスの存在論的な枠組みに対して、イスラーム哲学を母体とする認識論的枠組みは大きな修正を求めた。イスラーム哲学の影響をあまり過大評価すべきではないという見方も十分に成り立つが、かなりの影響を及ぼしたことを否定することはできない。

アヴィセンナは〈認識論的転回〉の立役者ではないが、その転回において彼の影響力は極めて大きい。その偉大さを見定めることができなければ、西洋中世哲学の流れを押さえることはできない。ヨーロッパ好みの人は知りたくもないことかもしれないが、アヴィセンナは論理学と形而上学の関係を第一志向と第二志向という枠組みを導入することで整理した。これが十三世紀のスコラ哲学の基本的枠組みを形成した。

論理学の主題とは「第一次的に知解された志向に付随する第二次的に知解された志向」であった。ここから十三世紀の普遍論争は始まり、十四世紀の半ばまでこの図式が支配する。これだけでは第一志向と第二志向が何であるかわからないからこそ、二種類の志向を探究する論考が数多く著された。これらの論考はオッカムの登場以前に盛んに論じられ、十四世紀の普遍論争の下地を作った。唯名論はこの〈認識論的転回〉の嫡出子なのである。〈認識論的転回〉とは類似性と連続性を重視し、因果論的なプロセスの記述に出来事の生成を見ようとするものであった。〈認識論的転回〉は媒介しえない乖離をそのプロセスに見出し、乖離を乖離として受け入れる思想だった。乖離は直接性という論点を導入することにより、排除されることなく場所を得るのだ。

〈認識論的転回〉の流れに対しては抵抗勢力も多かった。その筆頭がヘルウェウス・ナタリスである。ヘルウェウスの役割を知らなければ十四世紀の普遍論争はわかりにくい。ヘルウェウスは一二五〇／六〇年頃の生まれであるから、志向性をめぐる論争に加わったのは比較的遅い。ヘルウェウスが『第二志向について』という論考を著したのは一三一〇年代である。オッカム批判が盛んになるのはオッカムの晩年、一三四〇年代である。オッカム批判の論陣に最初に加わったのはドミニコ会士で、イタリアのドミニコ会士プラトのフランシスクス、リエティのステファンなどであった。

ここで、一三一八年にドミニコ会の総長になったヘルウェウスのことを見逃すわけにはいかない。ヘルウェウスは一三二三年に総会長としてトマス・アクィナスの列聖に努力し、成功した。一三四〇年代以降のオッカム批判はドミニコ会士によってなされ、彼らがオッカムに対抗する論拠としてトマス・アクィナスとヘルウェウスを用いたことが、その後の哲学史の構図を左右することになった。

ここには対象的存在（esse obiectivum）、対象的実在性（realitas obiectiva）と形相的実在性（realitas formalis）、対象的（obiective）と基体的（subiective）といった、これまで何度か登場してきた難物がたくさん登場する。

こういった錯綜の中から、近世において「観念」という錯綜から超脱した哲学概念が登場した。観念（idea）という語をラテン語においてイデアという意味ではないものとして用い、それを定着させたのがデカルトである。スコラの錯綜に溺れることなく、錯綜を見通し自在に分析できた上で超脱できた哲学力は尋常なものではない。この錯綜状況を整理しようとしたのが拙著『「誤読」の哲学――ドゥルーズ、フーコーから中世哲学へ』（青土社、二〇一三年）だった。錯綜を解明したというよりは、なぜ哲学史が中世末期から近世初頭の哲学史の流れを整理できなかったのかを確認することはできた。

### †オッカム的唯名論に至るまでの道のり

ここで唯名論――正確にはオッカム的唯名論だが――を準備する流れを押さえておく必要がある。ペトルス・アウレオリ（一二八〇頃〜一三二二）は若くして亡くなったが、画期的な認識論を出すことで、オッカムへの道を切り開いた。

精神の外と精神の内、事物と概念という二項対立図式に対して、アウレオリは中立的な第三項として、仮現的存在（esse apparens）、志向的存在（esse intentionale）、対象的存在（esse obiectivum）、仮想的存在（esse ficticium）といったものを持ち出す。これらはかつて縮小的存在（esse diminutum）と言われたものの子孫たちである。

ここで問題となるのは、やはりここでも志向とは何かということだ。知性作用の対象なのか、事物を知性に伝える媒体なのか、知性作用そのもののことか、知性作用によって構成されたものか、知性を含む精神の構成要素なのか。このように様々に分かれて実に多様な名称で呼ばれ、混乱した状況があった。

可知的形象(species intelligibilis)と志向とを同一視してよいかは問題の分かれ目になる。可知的形象とは事物から与えられた情報である可感的形象に抽象を施して成立したもので、知解作用の媒体であり対象であり構成されたものだが、作用そのものではない。志向は知解作用そのものであり、知解作用そのものは事物から独立に成立している。幻覚であれ錯覚であれ、作用としては実在的に存在し、それが幻覚や錯覚だとして判断されるのは事後的確認でしかない。可知的形象は事物を認識のすべての起源とする発想のもとにある。この点ではヘルウェウスもアウレオリも同じだ。

十五世紀の『命題集註解』にはアウレオリの議論が必ずと言ってよいほど登場し、しかも最初に記載されることが多い。十五世紀においてトマス主義の第一人者(princeps Thomistarum)と呼ばれるカプレオルスの『命題集註解』は膨大な学説の倉庫で、そこではヘンリクス、ドゥランドゥス、ゴドフレドゥス、リパのヨハネスといった名前が挙げられているが、多く引用されるのはヨハネス・カプレオルスとリミニのグレゴリウスで、オッカムが言及されることは皆無である。

問題ごとに論駁される神学者は変わってくるが、ほとんど必ずペトルス・アウレオリの議論が紹介され、論駁されている。著述の半分近くがアウレオリ関係だと言ってもよいほど、アウレオリが主要論敵と見なされている。それどころか、アウレオリはトマスの「主たる論敵」と見なされたのである。

### †ペトルス・アウレオリの理論

アウレオリは対象的概念を考案した思想家として知られている。トマスにおいて、可知的形象が認識を成立させる媒体であり、それが知解の対象だった。アウレオリが対象的概念を持ち出すとき、大きな変化が起きているようには見えないが、実は大きな変化が生じていた。対象的概念が歴史的には正しいが、オブジェクトと言った方が新しさは際立つ。

仮現的存在という場合、それはある絶対的なもの（aliquid absolutum）である。一見わかりにくいが、重要な論点が含まれている。これはアヴィセンナが起こした志向性革命の影響なのである。アヴィセンナのいう志向は形象とは異なる。形象とは事物を起源とする因果論的な流れを知性に伝えるものだ。その場合、媒介や作用というような事物と知性の間にあるものはすべて事物の代理（vicis rei, vicarius rei）である。しかしアヴィセンナが第一志向と第二志向を提出したとき、少なくとも第二志向は事物の代理（vicis rei）ではなく自分そのものの代理（vicis sui）であった。つまり、それ自体が本物なのであって、別のものの模造物ではない。これがアウレオリでは絶対的なものとして位置づけられる。

中世の認識論において縮小的存在、可感的形象、可知的形象が論じられる場合、事物と認識者を結びつける媒介は事物の代理でしかない。ところがアヴィセンナが第二志向を提出したとき、それはもはや代理物ではなく独自の絶対的なものとなった。つまり、認識とは事物を再現するだけのものではなくなったのである。光や媒体はもはやありのままに伝達するだけのものではなく、それ自体が事物の現象様態を規定し、認識能力の発現する条件となっていった。認識の基本的枠組みは因果連鎖によって類似性を保存したままで事物への回帰を目指すのではなく、媒体そのものが独自の位相を持つものと見なされるようになった。〈認識論的転回〉とはそういったドラスティックな変革だったのである

アウレオリは媒介における独自のあり方を対象的存在（esse obiectivum）と表現した。それはもはや事物の代理ではなく、独自の存在を持つものであった。事物が色づけられたもの（coloratum）として現れるとき、色づけられていることは事物そのものの規定ではなく、認識能力との対応関係において現れる。たとえば、虹の七色もそうだ。また、流れている船から見た川辺の樹の動きが自分の位置によって生じた現象であっても誤った認識ではないし、事物を起源としてそこに現象の機序が還元されることで説明される出来事でもない。

認識とは事物を起源とし、事物そのものが本物でそれから遠ざかるにつれて実在性が希釈されるという過程ではない。事物そのものに還帰することで認識の起源を説明することにはなら

ない。

一二七〇年代に〈認識論的転回〉があったと提唱した中世哲学研究者がいる。デ・レイクである。本書は彼の整理に準拠するところが大きい。それまでの認識論は外的事物について、感覚を介して知性に至る過程を因果的に捉えることが主流だった。つまり、事物について、感覚が認識する際に事物の似姿である可感的形象が与えられ、それを受動的知性が受け入れ、それに能動的知性が抽象という操作を加えることで、可知的形象が得られるというのである。知性の側からの作用面から見ると、知解作用の対象として直接的に可知的対象があり、間接的に外的事物があると整理することもできる。

その場合、可知的形象は事物の似姿であり、似姿に操作を加えて可感的なものから可知的なものに至ることで知的認識が成立する。これはアリストテレス的な認識論を整理したもので、個別的な対象から普遍を把握する過程が描かれている。この認識論の枠組みは普遍論争とも重なり、いわゆる「穏健な実在論」を構成する。

ところが一二七〇年代以降、こういった図式に対して反論がなされ、アヴェロエス的な論点とアヴィセンナ的な論点が加わってくる。こういった流れはガンのヘンリクスに始まり、その後十四世紀に入ると、新しい枠組みが主流となる。これが〈認識論的転回〉で、実在論から唯名論への移行と言えなくもないが、普遍が名のみのものとして捉えられるようになったという理解では事柄を見損なう。この〈認識論的転回〉がオッカムまでどのように展開されていくのか、それを知るのが、中世哲学への入門として必須のことである。

### †〈認識論的転回〉の推進者として

ペトルス・アウレオリはドゥンス・スコトゥスの少し年下であり、スコトゥスがパリで講義していたときにアウレオリもパリで学んでいた。二人ともフランシスコ会士で、アウレオリがスコトゥスの講義を受けたこともありうるが、直接の影響関係はないようだ。先ほど触れた〈認識論的転回〉を推し進めたのがアウレオリである。

アウレオリの思想の中心を知る場合に中心にくるのが「対象的概念」と「仮現的存在」である。中世における「対象（オブジェクト）」は客観や事物ということではなく、認識の相関項のことであり、外界の事物の存在を必ずしも前提していない。独立したものであるから「絶対的なあるもの（aliquid absolutum）」ともいい、それがほぼ「仮現的存在」と重なる。

アウレオリが〈認識論的転回〉を進めたのは一三一〇年代である。アウレオリの思想は『命題集註解』に見出されるが、アウレオリが最初に『命題集註解』を講義したのはボローニャとトゥールーズ（一三一二〜一六年頃）においてであり、パリでその註解を改訂した形で講義した（一三一六〜一八年）とされる。

錯覚、残像、蜃気楼、夢、幻覚などは偽りで人を欺き、虚妄と見なされているが、アウレオリはこういった諸現象から知覚理論を導出しようとする。そして、そういったものを仮現的存在(esse apparens)、志向的存在(esse intentionale)、対象的存在(esse obiectivum)、仮想的存在(esse ficticium)、見られた存在(esse visum)、判断された存在(esse iudicatum)、直観された存在(esse intuitum)など、様々な仕方で呼びならわす。実物から離れた幻のごときものへのこだわりは、光学に関する新しい知見が切り開いた世界への新しい視座なのだ。

私も長い間、アウレオリの決定的重要性が少しもわからなかったが、彼の革新性は昔からしばしば指摘されてきた。十七世紀のスペインのイエズス会士アントニオ・ペレスは、「私がこれまで読んできた神学者と哲学者のすべての中で最も明敏」であると称揚している。また十七世紀のマストリは、アウレオリを「最新学説の宝庫(Promptuarium Neotericorum)」と呼んでいる。つまり、十七世紀の新しい学説はアウレオリを源泉としているというのだ。それが正しい評価なのか否かについては今後検討する必要はあるが、対象的概念についてはやはりアウレオリが源泉となっている。

アウレオリはトマス・アクィナス、ヘンリクスの思想を批判したが、何よりもスコトゥスの思想を批判したことが重要である。アウレオリの新しさはスコトゥス哲学を批判したことから現れたと考えることもできるが、スコトゥス哲学の中にあった新しさを推し進めたと考える方がわかりやすい。

スコトゥスとアウレオリの関係を考える場合、両者をスコトゥスとオッカムの対立の先駆けとして、実在論と初期唯名論の対立と見てしまうのは月並みに過ぎる。

アウレオリはスコトゥスを「真理により近く接近した人（aliqui, ad veritatem propinquius accedentes）」と考え、その直観的認識論を紹介している。直観的認識と抽象的認識の対比において、対象の現前・非現前がその分岐点になる。抽象的認識は存在と非存在から抽象され、事物の現前性からも抽象されて成り立つ。

アウレオリはそこにドゥンス・スコトゥスから継承した概念、神の絶対的能力（potentia Dei absoluta）を持ち込む。しかも神の本質の現前性と現実存在によってではなく、神の意志の権能によってのみ、知性が動かされるという論点を持ち込む。ここで「対象のない直観的認識」という大きな問題を孕む枠組みが提出される。アウレオリは神の絶対的能力という途方もないものを持ち出して説明するが、それは案外身近な場面に登場する。

### †「或る絶対的なもの」としての直観的認識

アウレオリはスコトゥスから直観的認識を継承したが、批判も加える。スコトゥスは直観的認識ということを事物との対面的認識として考えている。つまり、直観的認識は対象の現実存在への関連や実在的関係であって、それ自体で成り立つ絶対的なもの（solum quid et absolutum）ではないと考える。ところが正反対に、アウレオリは直観的認識を絶対的なものであると捉える。これは決定的に重要な論点である。

この「或る絶対的なもの」とは、独立に存在するもののことである。このように見てくると、アウレオリでは事物そのものは認識において見られる三項（認識対象－認識作用－認識内容）における一つの項でしかないことになり、一種の現象主義になるように見える。

しかし、志向的存在は弱い存在でしかないのか。松明（たいまつ）が手で素早く回転され、炎の輪が見えるとき、その炎の輪に対応するものはない。これは奇蹟ではなく、日常的かつ自然に生じることだ。事物の現前は知覚の条件ではない。そして、この目の前に明晰に見えている炎の輪を直観的に認識しているとなぜ言ってはいけないのだろうか。炎の輪が実際にはないことは、その認識過程を第三者として見るか、後から見るか、というように外部から観察するしかない。

直観的認識は、絶対的実在性に即して考えると、形相的に異なるあらゆる外的なものから独立している。ただし、直観的認識は神と対象については因果的に依存しているのだが。

（アウレオリ『命題集註解』序文第二部九四項、引用者訳）

絶対的実在性（realitas absoluta）とはアヴィセンナの馬性と同じことで、直観的認識はここでは絶対的本質を認識する。現象学と符合するようなモチーフに我々は驚いてはならない。アウレオリはもがきながら直観的認識を定式化しようとし、「直観的認識は対象的に現実化する認識となり、そしていわば措定的に現実存在するようになるものについての直接的現前的認識」であると説明を試みる（『命題集註解』序文第二部一〇四項参照）。

このような記述がわかりやすいものとはとても言えない。冗長であり言葉足らずで、しかも事柄をうまく説明していないように見える。しかしここで大きな変革が起きているのは事実だ。アヴィセンナに淵源し、スコトゥスに継承され動き始めた存在論の流れは、アウレオリにおいては大きく曲がっていき、オッカムに流れ込む。

直観的認識が事物から切り離された絶対的なものである（aliquid absolutum）という主張は、オッカムにおける非存在者の直観的認識に結びついていく。

## †錯覚と対象的概念

アウレオリもスコトゥスの直観的認識と抽象的認識の定義を受け入れて話を始めるが、事物の現前を求めるという定義では十分ではないと捉える。というのは、直観的認識は事物が非現前でも現実的に現前していないとしても、生じうると考えるからだ。そこでアウレオリが提出するのが①太陽や眩しい光を見た後に残る残像、②夢、③恐怖に苛まれる人が経験することだが、恐怖で分別を失い、物音を聞いて怖いものを見てしまう場合、④だまし絵を見せられた場合なのか否か判然としないが、「遊び絵において」(in ludificatis) 城やイヌや野ウサギなどそこにいないものを見てしまう場合、⑤目が弱い場合、激しい赤色を見ると、その赤色が消えても見えるものがすべて赤に見える場合、という例である。

こういったものはすべて錯覚であって直観的認識とは関係ないという主張もありそうだが、アウレオリによると、現象の真偽を問うことは直観的認識の現象そのものには影響がないという。視覚の真偽とは視覚内容と視覚対象の一致によるもので、視覚の真理にとって現実存在する対象の実在的現前は必要だが、視覚のリアリティにはそういった現前は必要ない。

直観的認識とは、対象から切り離されても成立する絶対的なもの (absolutum) であるが、これでは「欺く神」を導入してしまうのではないのか。他の認識の基礎・源泉と直観的認識が外部の事物から切り離されうるものであるとすることは、懐疑主義に道を開くのではないのか。アウレオリの真意はどこにあるのか。直観的認識が絶対的なものであるということは、対象項なしにもそれ自体で成立するのであるから、知性の内にあるものだということにもなりそうだ。現象主義、懐疑主義、表象主義、様々な呼称で呼ぶことができようが、しかしそれで正しいのか。様々な問題点が輻輳している。

対象的概念はすでにペトルス・アウレオリに登場していたが、形相的概念と対をなして固有の問題圏を構成するようになったのは、少し時代が経ってから、十六世紀のカエタヌスにおいてであった。心の内にある概念が形相的概念であって、それが表示するものが事物（res）ではなく、概念（conceptus）とされるのはなぜなのか。

まず、「対象的概念」という語にはすでに、そしておそらく初めてアウレオリにおいて登場していたが、錯覚においては水に差し込んだ棒を誰もが曲がったものとして見てしまうように普遍的に見誤ってしまう。概念と事物の対応関係において、普遍的に合意が成立することは真理であるはずなのに、錯覚においては普遍的に見誤ってしまう。ある事物に関する概念が与えられ、誰もがそのように見るとき、事物もまたそのようになっているはずだ。曲がったものとして認識されたもの（res cognita ut curva）は曲がったもの（res curva）なのだ。しかし錯覚においては、認識されたあり方はものそのものに適用されることはなく現象にとどまる。それをアウレオリは仮現的存在ないし志向的存在と呼んだ。概念の表現するものは事物とは限らないのだ。

「曲がって見える棒」と述べる限り、そこに誤りはない。そして所与として「曲がって見える棒」の表象しかない場合、「曲がった棒」なのか「（本当は）まっすぐな棒」なのか、我々には決定する力は与えられていない。

〈認識論的転回〉の時期において、志向的存在は実在的存在に比較すれば弱いものであるとされた。サン＝プルサンのドゥランドゥス（一二七〇／七五〜一三三四）は弱い存在（esse debile）を志向的存在に付与しており、ドゥンス・スコトゥスが縮小的存在（esse diminutum）を付与したことと軌を一にしている。アウレオリが好んで用いた仮現的存在（esse apparens）も同じことである。

（鏡に映った像などが）実在的存在を持つのか、志向的存在しか持たないのか問う者は、それらが対象的存在だけ（esse obiectivum tantum）を、そして虚構的ないし仮現的存在（esse ficticium seu apparens）しか持たないのか、そうではなくて、実在的で確固たる存在を、知性の把握作用とは独立に外的事物の内に持つのかを問うことを意図している。ここから明らかになるのは、志向的存在は対象的視覚作用ないし現出（visio aut apparitio obiectiva）でしかないということである。したがって、知性の内には対象的概念（conceptus obiectivus）しかないことになる。（『命題集註解』第一巻第二十三篇、一五九六年版、ローマ、五三〇頁）

ここに「対象的概念」がほぼ最初に（この箇所が最初ではないとしても）登場し、哲学史にデビューする。精神の外部／精神の内部という二元論的対立が超えられようとしており、オッカムへと結びつく論点である。

最後の「知性の内には対象的概念しかないことになる」という一節を見ると、対象的概念という用語はアウレオリに由来するとはいえ、カエタヌス以降の概念と異なっていることがわかる。というのも、カエタヌス以降であれば、知性の内にあるものは形相的概念の方だからである。形相的概念との対比の上で枠組みが構成されているのではないが、ここに対象的概念の問題論的構制が現れる。

もう少しアウレオリが持ち出す別の例を見てみよう。たとえば、船に乗って川を下っていると、岸辺に立っている樹々は動いているように見える。樹々の動きは眼の中に対象的にあるが(est in oculo objective)、これを視覚作用(visio)と考えることはできない。動きを見ているのであって、もし動きが視覚作用であるとすると、視覚作用は視覚の対象(obiectum visus)になってしまい、視覚作用が見られることになる。そうなると、視覚は反省的能力になってしまう。反省的能力であるのは知性であり、感覚にはそのような働きはない。動きが視覚作用でないとすると、動きは樹々か岸辺にあることになる。そうすると、樹々か岸辺が動いていることになってしまうが、これはありえない。また、空気の内にもない。したがって、動きは実在的にではなく志向的に(intentionaliter, non realiter)あり、見られた存在、判断された存在の内に(in esse viso et in esse iudicato)あるのだ。アウレオリは〈認識論的転回〉において最重要な哲学者であるが、研究は進んでいない。このように研究されるべきだが、研究の及んでいない思想家が中世は山ほど存在している。

## 2 オッカムと概念主義

### †シャルペによるオッカム理論の紹介

アウレオリについて語るべきことはまだあるが、オッカムの唯名論との関連で語られるべきことが多いため、オッカム理論のシャルペによる紹介に話を移す。ペトルス・アウレオリは〈認識論的転回〉において決定的に重要な役割を持つが、その詳細についてはタカウの本を参照されたい。

最近、中世の哲学者が普遍論争についてどのように考えたか、様々な見解を整理している文献が発見され、校訂版が刊行された。ヨハネス・シャルペ（ジョン・シャープ）の『普遍論』(Johannes Sharpe, *Quaestio super universalia*, ed. by A.D.Conti, Firenze, Olschki editore, 1990) である。

シャルペは中世哲学史においてはほとんど無名であるが、オックスフォード・リアリズムの系譜においては重要である。シャルペは一三六〇年頃ミュンスター近郊に生まれ、一三七九年にプラハ大学でバチェラー（学士）となり、オックスフォードでその後の学問人生を過ごした思想家で、一四一五年以降に亡くなったと推定される。

シャルペは普遍についての見解を、①ビュリダン、②オッカム、③ペトルス・アウレオリ、④エギディウス・ロマヌスとアルベルトゥス・マグヌス、⑤プラトン、⑥ドゥンス・スコトゥス、⑦ウォルター・バーレー、⑧ウィクリフ、⑨自らの見解、というように分類する。

この並べ方は恣意的ではなく、秩序がある。近世的普遍論争の図式に陥る以前の姿があり、しかもオックスフォードでのリアリズム的傾向を表している。この分類の中で①から③は唯名論的立場であり、④から⑨が実在論的立場である。シャルペの分類では唯名論と実在論という対比が明確に出されているが、この分類を一瞥しただけでは様々な疑問が起こる。十二世紀を考慮に入れていない、アヴィセンナとアヴェロエスの影響関係が考慮されていない、トマス・アクィナスへの言及がない、シャルペが強固な実在論者であってその見解が強く反映している、などの問題点はあるが、中世の哲学に映じた普遍論争の姿を知る上では非常に便利な本である。

イギリスでは近世以降唯名論が盛んであり、唯名論の祖オッカムもイギリスの哲学者であるが、唯名論が主流かと言えばそうではなく、シャルペの整理では圧倒的に実在論的立場が有利である。シャルペの分類で重要なのは普遍が実在するかということではなく、もちろん普遍とは名のみのものでもない。

第二番目の説〔＝オッカムの説〕はとても有名であり、普遍とはすべて志向または意味作用において志向に従属する記号（omne universale est intentio vel signum ei in significando subordinatum）であるというものである。しかし志向と記号とは次の点で異なっている。つまり、共通の志向の方が本来の意味での普遍であるという点においてである。共通の志向は自然的記号であり、自然的な仕方で種としてまたは類として適合する多数の個体を表示するものである。しかし恣意的に意味付与された外的な記号（signa ad extra）は偶有的にのみ、そして二次的に普遍であるにすぎない。というのは、共通性はそれらに自然的に適合するのではなく、ただ意味付与によってまたは従属的に適合するからである。（シャルペ『普遍論』五二頁、引用者訳）

では、オッカムの立場はどのように位置づけられるのだろう。シャルペのこの著作では、冒頭に「記号以外に、事物の中に（in rerum natura）何らかの普遍が存在するかどうか」と問題設定されている。「事物の中に」というのは、現代では「客観的に」と言うと意味合いは伝わるが、適訳は難しい。

この箇所で「志向に従属する記号」という箇所があるが、「人は動物である」という場合、

「人」という様々な解釈が可能である志向において、その解釈の一つとなるようなものが普遍であると考えてよいだろう。

シャルペにおいて普遍とは、複数のものの述語となりうるものである (omne universale est praedicabilis de pluribus) という定義が出されている。述定 (praedicatio) であれば、これは命題の中でしか成り立たないから記号であると言ってよい。

シャルペの整理では、オッカムの見解は次のようになる。普遍は志向であり、概念の記号でもよい。その場合、記号は意味作用 (significatio) において捉えられ、しかもその概念に下属するものを意味する限りにおいて普遍と言われる。たとえば homo (人間) について語るにあたり、「homo は四文字である」という質料的代示 (「人は漢字である」という場合、名辞の質料的・素材的側面を示す) で語る、あるいは「homo は種である」というように単純代示 (単純なる本性を代示し、普遍を指示する。唯名論者は普遍が実在するということを否定するため、こういった単純代示を認めない) で語る場合もある。

### †〈フィクトゥム〉とは何か

この志向 (intentio) とはいかなるものなのかについてはこれまで何度も触れてきたが、ここでもしつこく再び扱う。デカルトが観念 (idea) という語を導入することで思想史の交通整理を行ったが、それまでは志向の方が主役で、観念が登場したことにより志向は主役の位置を譲った。

志向についてはオッカム解釈において様々に議論されてきたが、たとえば〈フィクトゥム〉(fictum)という概念がある。共通の志向は自然的記号であり、自然的な仕方で多数の個体の記号であるという。普遍は複数のものに述定される一(unum de multis)であるから、これは普遍である。オッカムの立場において普遍とは概念であり、それも複数の個物を意味する限りにおいてである。

〈フィクトゥム〉は、「仮構」の意味と考えられるため普遍は概念であり、その概念は〈フィクトゥム〉であるとなると過激な唯名論が主張されているようにも見える。しかし〈フィクトゥム〉は虚偽(falsum)とは異なるというのが一般的であり、オッカムにおいても似像(idolum)とも言い換えられており、〈フィクトゥム〉は中世では「事物の表象」程度の意味で使用されていた可能性もある。

「仮構」を表すには fictum とは別に ficticium(虚構)、figmentum(虚構)という用語があり、fictum は ficticium とは異なると、シャルペは現代人への注意であるかのごとく記している。

ここでは清水哲郎が『オッカムの言語哲学』(勁草書房、一九九〇年)で示した道筋を示しておく。普遍とは基体的存在(esse subiectivum)を持つ現実的なものではなく、対象的存在(esse obiectivum〉を持つものでしかなく、〈フィクトゥム〉であるというのが〈フィクトゥム〉理論の大枠である。〈フィクトゥム〉を清水氏は「虚像」と訳しているが、これは〈フィクトゥム〉の意味を限定しすぎるように思える。〈フィクトゥム〉は虚像というより、知性によって構成されたものということだろう。

概念が〈フィクトゥム〉として定式化して問題となるのは、〈フィクトゥム〉が虚構であるからではない。普遍は述語として現れ、そして述語はすべて命題の中に現れるから、普遍が概念であるとしても述語としての機能を担いうるように説明しなければならないが、〈フィクトゥム〉は述語の機能を担う条件を備えていないから、その説明は捨てられたのだと私は考える。

そして別の見方として、概念および普遍は精神の内に基体として存在する「性質（qualitas existens subiective in mente）」であるという説が記されているオッカムの写本があり、これが「性質説」である。基体（subiectum）とは考察の仕方とは独立に、それ自体で常に成立していることである。「性質」は知識、徳、病気、健康などのように固定的なものと浮動的なものとに分かれるが実体に宿るもので、それ自体で考察しうるものである。

〈フィクトゥム〉は対象的存在を有するものであり、「性質」は基体的存在を有するものだ。概念が〈フィクトゥム〉であるとすると、それは概念の一面を表しながらも不十分な記述になっている。概念は〈フィクトゥム〉以上の存在である。概念は事物の側にある〈純粋本質〉から独立しているわけではないが、〈フィクトゥム〉は知性が構成する契機だけで成立している以上、「概念」とは重ならない。

「概念」を「性質」として捉えると、〈フィクトゥム〉説よりも状況はよくなるが、「性質」は傾向性（disposition）であり、概念は現実的な作用を含んでいるため問題がある。概念とは心の中で形成され、命題を構成し、判断作用の中で機能を果たしているものだ。判断は知性の働き、知解作用（actus intelligendi）であり、それを言い換えると〈インテレクチオ〉になるのは当然のことだ。普遍が概念＝志向であり、それが〈インテレクチオ〉であるというのは、オッカムの独自の論点がそれほど加わっているとは言えない。

## †オッカムの概念論のテキスト

ここで、オッカムの唯名論、いや概念論が展開されているテキストを挙げておく。

> まず第二志向の名辞が扱われ、その次に第一志向の名辞が扱われる。ところで、第二志向に属する名辞としては「類」「種」などの普遍がそのようなものであると語られたが、それゆえ五つの普遍として措定されるものだけがここでは語られる。（中略）
> 最初に個物は二通りの仕方で解されることが知られるべきである。一つには、一であっ

**て多ではないすべてのものを意味する場合である。この意味においては、「普遍は自らをではなく、多くの事物を示し、多くの事物に述語づけられる精神の或る性質である」と主張する人々は、いかなる普遍も真に実在的に（vere et realiter）個物であると言わなくてはならない。**なぜなら、どんな言葉も、たとえ人為的制定によって共通なものであるとしても、一であって多ではないのであるから真に実在的に個物であり、数的に一であるのと同じように、外界の多数の事物を表示する精神の志向も、たとえそれが多数の事物を表示するとしても、一であって多ではないのであるから真に実在的に個であり数的に一である。

今一つの意味で「個別」という名辞は、①一であって多ではなく、②多くの事物の記号となる本性を有してはいないすべてのものを意味すると解することができる。このような意味で個別という名辞を理解する場合、いかなる普遍も個物ではない。なぜならば、どんな普遍も多くの事物の記号であり、多くの事物に述語づけられる本性を有するものだからである。それゆえ、**数的に一でないものを「普遍」と呼ぶとしたら——多くの人が普遍をこのように解している——、いかるものも普遍ではない、と私は言いたい。**（中略）

それゆえに次のように言わなくてはならない。**いかなる普遍も一にして個別的なもの（una res singularis）であり、それが普遍であるのは、それが多くのものの記号となる意味表示によるからである。これこそ、アヴィセンナが『形而上学』第五巻のなかで述べてい**

**ることである。**「知性における一なる形相は、多くのものに関係づけられており、この関係respectus」によって普遍なのである。普遍は、どんなものであろうと、その事物に対しても同じ関係を持つような、知性の中の志向だからである」と語っている。彼は続けて、**「この形相は、諸個物との関連においては個物である。しかし形相がそこに刻みつけられている個別的な心との関連において普遍であるが、**というのは、この形相は、知性のうちに存する諸々の形相のうちに一つだからである」と述べている。アヴィセンナは次のことを言おうとしている。**普遍は、心の中で、多くのものに述語づけられる本性を有する一つの個別的な志向である。**(『論理学大全』第一巻第十四章、引用者訳)

オッカムはアヴィセンナに準拠して彼の唯名論的主張を構築し、普遍とは志向・概念であり、その志向が個物であると述べている。ここでもアヴィセンナの影響は大きい。第二志向は概念への概念、関係への関係であり縮小的存在と見なされてきたが、ここではほとんど外界の事物と対等の存在者となっている。

同じ第十四章のもう少し先では、次のように普遍が整理されている。

さらに次のことを知る必要がある。普遍には二通りある。あるものは自然本性的な普遍

(universale naturaliter)、すなわち、自然本性的に多くのものに述語づけられる記号のことである。それはちょうど煙が火を自然本性的に表示し、呻(うめ)きが病人の苦痛を自然本性的に表示し、笑いが内面の喜びを自然本性的に表示するのに類似している。精神の志向はまさにこのような意味での普遍であり、したがって精神の外のいかなる実体も、精神の外のいかなる偶有性もこのような意味での普遍ではない。(中略)今一つは任意の設定によって普遍的なものである。話された言葉は真に数的に一なる性質であるが、多くのものを任意の設定によって意味表示するように一なるものであるから、普遍なのである。(オッカム、前掲書同所)

## 3　なぜ唯名論は憎まれたのか

### †アヴィセンナの普遍理論——オッカム的唯名論の準備として

問題の要はどこか。アヴィセンナにおいては〈純粋本質〉の領野が存在していた。排中律の適用できない領野である。これは精神の内部にある世界、事物の世界や精神の外部の世界とは別個に考えられる〈第三の領域〉である。〈第三の領域〉はどこにもない、いや、どこかにあると言えるようなものでもなく、そこにあるものは一でも多でもなく外部にも内部にもなく、中立的なものだ。しかし重要なのは、現実的にはいかなる述語も持たないものでありながら、可能態においては多様な述語を受容しうるものなのである。いずれでもないが、いずれでもありうるものこそ〈第三の領域〉の存在者の性格なのである。

しかしオッカムは一貫して排中律を用いる。そして一つの事物（res）に換言できる場合、形相的区別といった曖昧な区別を否定し、スコトゥスを批判する際もこの排中律を使用する。オッカムは〈第三の領域〉を認めないが、アヴィセンナもスコトゥスも排中律の適用できない領野を認める。もちろん、現実の世界の中にそういう領野があるのではない。存在と非存在を超えて、そういったものが仮定されるのである。そういう存在論的幽霊を想定すると、通常の論理では処理できない領野ができる。そういう領野を否定したければ、アヴィセンナの用いる志向（intentio）を〈純粋本質〉から切り離し、精神に内在するものにすればよい。その際、重要なのは、一なるものでありながら多なるものを意味表示できることだ。〈フィクトゥム〉や「性質」では多なるものの表示機能と矛盾することはないが、それを担うには不十分である。〈インテレクチオ〉であれば、その機能を担う必要十分条件を備えている。〈フィクトゥム〉や「性質」では矛盾を来すというよりも、普遍として果たすべき条件を少なくしか担っていないのである。

いずれにしてもオッカムにおいて普遍とは個物なのであり、そしてその論点をアヴィセンナから受容したというのは大事なことである。普遍が個物であるというのは奇妙な考えではないが、これは決定的にオッカムの思考に入り込んでいる。普遍論争も十三世紀的問題を抜け出して、新しい舞台に立つようになる。

いかなる普遍も個別的なものであること、そしていかなる普遍も意味表示作用によってのみ普遍であると言われるべきである。なぜなら、普遍とは複数のものの記号だからである。(『論理学大全』第一巻第十四章、引用者訳)

普遍は魂の一つの個別的な志向であり、多くのものに述語づけられる本性を有するものであり、同様に複数のものに述語づけられる本性のために、概念であることによってではなく、複数のものを代示する(supponere pro)ために、志向は普遍と言われる。(オッカム、前掲書、同所)

上記の二つの引用においても普遍は概念であり、概念であって精神の内にある限りは個物で、多なるものを意味表示する限りでは普遍と考えられている。この論点はオッカム自身が引用していることから示されたが、アヴィセンナ『形而上学』第五巻に由来している。アヴィセンナの普遍理論は〈純粋本質〉を提出した点で実在論を準備したとも言えるが、オッカムの唯名論を準備したというのはとても興味深い。

知性の単一の形相は多くのものに関係づけられており、この関係によって普遍なのである。（中略）この形相は諸々の個物との関連において普遍であるが、しかし形相がそこに刻みつけられている個別的な魂との関連においては個物である。なぜならば、この形相は、知性の内に存する諸々の形相の内の一つだからである。（アヴィセンナ『形而上学』第五巻第一章、オッカム『論理学大全』第一巻第十四章で引用）

オッカムは第八章において抽象名詞を扱い、次のように述べる。アヴィセンナの『形而上学』第五巻第一章の〈馬性の格率〉の登場する箇所、つまり、「馬性は単なる馬性以外の何ものでもない。それ自体としては一でも多でもなく可感的物の内に存在するのでも精神の内に存在するのでもない」という箇所について、馬性は実在的に一でも多でもなく、精神の外の外的な事物でも精神の内のものでもないということではなく、「馬性の定義の中には、一／多、精神の外のもの／精神の内のもののどれも措定されない」と述べている。

る。ここでは馬性それ自体の中立無記性を見出し、アヴィセンナの純粋本質の理論に賛成してい
る。アヴィセンナの普遍論について、普遍とは心の中の多くのものに述語づけられる個別的な
観念であるという主張を行ったものと捉えており、その理論をオッカム自身が追随している。

### †ドゥンス・スコトゥスへの批判

第十五章の表題は「普遍は心の外のものではない」で、ドゥンス・スコトゥスの実在論批判
の中心的テキストとして取り上げられる。

この章の狙いは、普遍は実体でないことを示すことだが、これは過激な思想でも何でもなく、
一般的な見解である。実体ではないということは、リアルではないということにはならない。
普遍とは精神の中の志向（intentio）であり、知解作用（actus intelligendi, intellectio）に他ならな
い。そして、これらは性質（qualitas）というカテゴリーに属し、それらは独立に存在するもの、
絶対的なもの（res absoluta）なのである。

この〈絶対的なもの〉ということはアウレオリにおいても登場していた。アウレオリは対象
的概念をかつて〈絶対的なもの〉と見なした。単に心的なものでしかないというのでもなく、
外界の事物でもなく、〈物〉と〈言葉〉の間の媒介や第三項としてでもなく、中立無記的なも
のとして立てられたことは画期的に重要である。第三番目の項ではないとしても三つあるよう

に見えてしまうがそうではなく、一なる、いや一ともいえない中立無記的なものがあり、それが二つに分節する。未分節なる二が分節化された二になると言ってもよいかもしれない。

中立無記性の領域を扱っていると、すぐに言葉はグズグズになってしまう。インド哲学もイスラーム哲学も中世哲学も、この中立無記性の領域を扱うと認識的靄があたりを覆い、闇をもたらす。そういう闇を虚妄や悪として絶滅しようとするか、善や生命、個体性という倫理的なものの原生地と考えるかで哲学のあり方は変わってくる。もしそういう存在の原生地を守りたいのであれば存在論の闇は闇として放置するのではなく、光によって消滅させようとするのでもなく、固有のあり方を保存したまま守るという、これまた絶望的な方策を考える必要がある。おそらくそんなものは考えつくはずもない、しかし考え続けずにはいられないとしたら、考え続けるしかない。それだけが最後の結論なのだろう。

その上でオッカムはドゥンス・スコトゥスの考えを批判する。オッカムはスコトゥスの考えを、「普遍は精神の外部に何らかの仕方で存在し、だが諸々の事物と実在的に異なるのではなく、単に形相的に異なる」と批判している。哲学史はここにスコトゥスの実在論とオッカムの唯名論との根本的対立を読み取ろうとした。細かい議論は置くとして、スコトゥスが設定した形相的区別は普遍を〈もの〉として措定する立場ではない。確かにオッカムは普遍を実体とする説を批判し、その流れでスコトゥスをも批判している。しかし、スコトゥスは普遍を実体であるとは絶対に語っていない。

普遍に関する理論は、後のオックスフォード・リアリストのシャルペの整理を見てもわかるように様々であり、そのような当時の思想史的地図を踏まえると、オッカムが批判したのはスコトゥスだけではないように思える。スコトゥスだけが取り上げられてはいるが、オッカムはスコトゥスの思想とかなり接近するところに落ち着いたとは言えないとしても、スコトゥスを源泉としているとは言えそうだ。

オッカムにおいては実在的（realis）が〈もの〉（res）に由来し、そこに安定性の根拠を見出していたパラダイムからの脱却が目指されていた。オッカムがその代わりに重視したのは、〈絶対的なもの〉で、これは実体の中に性質か量として内在することによって確固たる存在性を有する。そしてこの精神の外部にある個物ばかりでなく、認識する精神もまた実体であり、そこに観念として登場する普遍＝知解作用もまた性質であり〈絶対的なもの〉なのである。

それまで実在性の起源は、〈もの〉の方にあった。神が創造した〈もの〉だった。しかし、精神という実体もまた、神が創造した個体的な実体であるとすると、そこに観念＝志向として普遍＝知解作用もまた確固たるものなのである。普遍が個物であるという語り方は、パラダイムの変更を意識した上での物言いだったのである。

### †〈理虚的存在〉

反オッカムの論陣を張ったのがプラトのフランシスクスで、彼は第二志向の理解においてドゥンス・スコトゥスとオッカムの理解を反駁し、第三の中間的立場を示した。また、〈理虚的存在〉についても反オッカムの論陣を張った。オッカムの立場は以下のように整理される。

　ウィリアム・オッカムと他の人々は次のように述べる。知解作用は二通りに考察されうる。一つには知解作用がそれ自体で作用であり、知解能力を完成させる或る能力である限りである。この場合に知解作用は（中略）真の実在的存在者（verum ens reale）である。もう一つの仕方では対象の代わりに代理として（loco et vice obiecti）、つまり、その対象を表現する限りにおいて（inquantum repraesentat suum obiectum）である。この場合、知解作用は〈理虚的存在〉であり、縮小的存在（ens diminutum）である。（プラト「〈理虚的存在〉について」引用者訳）

他方、トマスとヘルウェウスの立場は、反オッカム論として次のように整理される。

（オッカムの立場とは）異なる聖トマスと師ヘルウェウスの見解がある。その見解によると、〈理虚的存在〉は知性の内に実在的に基体的に存在するものでも、実在的存在の仕方で或る実在的自然本性の内にあるものでもなく、知解された対象から帰結する或る様態（quidam modus consequens obiectum intellectus）でしかない。知性の対象とはその対象が知性によって知解されている限りということだが、その結果、〈理虚的存在〉は知解作用の側から成立するものではなく（non tenet se ex parte actus intelligendi）、知性理解されたものないし知解されている限りにおいて、知性の対象の側から成立しているものである。（プラト前掲書）

プラトはヘルウェウス・ナタリスの弟子であったが、ヘルウェウスもまた反オッカムの論陣を張っており、ヘルウェウスはオッカムの立場を「〈理虚的存在〉とは知解作用である」と整理している。オッカムは第二志向も〈理虚的存在〉も知解作用であり、知解作用は実在的存在者であり、そういった知性の作用を実在的なものとして捉える。他方、ヘルウェウスとプラトもトマス・アクィナスの立場を持ち出し、事物の代理でしかないと述べる。

〈理虚的存在〉は知解作用であるが、知解作用は二通りに理解される。一つは自分自身の代理（vice sui）としてであり、この場合、知解作用は〈理虚的存在〉ではない。別の仕方では知解された事物の代理（vice rei intellectae）として捉えられ、その場合、知解作用は〈理虚的存在〉である。
知解作用は事物と対比され、事物の代理でしかない限りは縮小的・代理的なものである。オッカムは知解作用も第二志向も〈理虚的存在〉もすべて知性の作用として捉え、それを実在的なものと見なす。だからこそ、オッカムは次のようにも述べる。

虚構（figmenta）は神によって創造されることが可能なものである。虚構は真なる実在的存在だからである。同様に嘘（mendacia）も不可能なもの（impossibilia）も〈理虚的存在〉も実在的存在（entia realia）であり、神によって創造されることが可能である。（オッカム『七巻自由討論集』註解Ⅱ、四五頁、渋谷克美訳）

知性の行う知解作用を実在的なものとして扱うということは、神の創造した事物（res）に対して、人間の精神が構成したものは縮小的なものだということへの批判を含んでいるのかもしれない。オッカムの立場は、事物としては個物のみを認め、事物以外の人間の構成物も実在的であるとする。

次のことが知られるべきである。「志向概念（intentio）、概念（conceptus）、あるいは心の様態（passio animae）は精神の質（qualitas mentis）である」と主張する見解によると、或るものが〈理虚的存在〉（ens rationis）と呼ばれるのは、それが実在世界に存在する真なるもの（vera res existens in retum natura）ではないという理由からではなく、それが理性（ratio）の中にのみ存在し、精神が他のものの代わりに、他のもののために用いるものだからである。このように精神における命題や推論や名辞は〈理虚的存在〉であり、しかも事物の世界において真に実在的に存在するものであり、いかなる物体的な性質よりもより完全でより実在的な存在である（entia perfectiora et realiora）。（オッカム『大論理学』註解Ⅰ、第四十章、引用者訳）

トマス主義に立つヘルウェウスは〈理虚的存在〉を単なる心的存在と見なしその虚構性を主張するが、それとは正反対にオッカムは〈理虚的存在〉を心的存在と見なし、心的なものも実在的であると捉え、〈理虚的存在〉は心的存在であるがゆえに実在的であると見なす。〈認識論的転回〉を受容していない者と〈認識論的転回〉を受容した者との違いがここには現れている。〈理虚的存在〉の扱い方の中に〈認識論的転回〉の有様が典型的に示される。〈認識論的転回〉以前のスコラ哲学が〈もの〉に真理の根拠を求め、〈もの〉への往還的な因果連鎖の記述の中に、実在性（realitas）を求めた。だが、対象的存在（esse obiectivum）の扱いをめぐる移行期の中間段階を経て、スコトゥス以降の唯名論の潮流の中で〈もの〉との間に求められていた因果的連鎖は徐々に影を薄くしていった。

直観にしても〈理虚的存在〉の実在化にしても、それは哲学の起点を〈もの〉の方から主観の方に移行させるパラダイムの変換であった。いずれにしても、十三世紀に〈認識論的転回〉という転換点を認めることは中世と近世という対立図式を捨て、新しく歴史の構図を書き換える必要性があることを示している。

終章 # 中世哲学の構図

前章の冒頭で次のような三つの課題を挙げた。①スコトゥスとオッカムはどのように異なるのか、②リミニのグレゴリウスを中心とする唯名論の系譜はどのように継受されたのか、③イエズス会に見られる唯名論的傾向の背景を示す。ここでは、これらの答えられていない課題に答えていく。

### †スコトゥスとオッカムの関係

まずはスコトゥスとオッカムの関係である。両者の間に中世と近世の境界を設定する論調はこれまでの中世哲学史でよく見られたが、その関係は微妙である。オッカムはスコトゥスの普遍論と個体化論を激しく批判するが、それはつまるところ、形相的区別を認めるかどうかに行きつく。実際にオッカムのテキストを読むと、スコトゥスへの批判は全面的なものではない。『命題集註解』における様々な論点でオッカムはスコトゥスに付き従う。では普遍論、個体化論ではどうだったのか。

形相的区別は確かに曖昧な理論構成であり、それゆえに批判されるというのは理解できるが、オッカムの批判には最も大きな理論全体の枠組みに対する批判が込められていると私は思う。スコトゥスが形相的区別を持ち出すのは、実在的区別の起源を示すためだ。理虚的区別（概念的区別）が事物において一つであるものが概念において区別されるということでしかないとすれば、実在的区別と理虚的区別は無関係に離れたものとなってしまう。

起源と生成を問う場合に、形相的区別装置が現れる。オッカムが執拗にスコトゥスの形相的区別を否定しようとするのは、オッカムは起源を問わないからである。トマスが認識の枠組みにおいて因果的に記述することで原理から生成過程を記述しようとしたのに対し、スコトゥスは直観的認識の枠組みを持ち出し、因果的説明が認識上の落差を説明しきれないと考えた。起源からの生成を説明することが、認識の妥当性を裏打ちするわけではない。

形相性が一種の普遍であるわけではないし、形相性に数的一性より小さな一性があると認めることは普遍の外的実在性を主張するものではなかった。普遍の起源は〈もの〉の内にはない。この点ではスコトゥスとオッカムは一致する。

唯名論は絶対的なもの、絶対的な捉え方、起源から独立してそれ自体を問うことを重んじる。絶対性はとても誤解されやすい。起源からの生成を説明しようとするのが実在論だとすれば、唯名論は第二原因消去論に見られるように、起源から独立しようとする。スコトゥスの一義性論は生成を語ることを排除していないが、それは因果的な生成でも時間的な生成でもなく、ア・プリオリな生成を語る。アヴィセンナの馬性は馬性以外の何ものでもないという〈馬性の格率〉も起源の問題なのである。

## †グレゴリウスの系譜

リミニのグレゴリウスの系譜こそルターに流れ込む唯名論の系譜である。そしてグレゴリウスこそ、唯名論（nominalism）という名称の起源になる理論を述べた人物である。つまり、「義なる」という規定は、外的名称規定（denominatio extrinseca）に過ぎないということを宣言した人なのである。「義なる」という、魂の救済に関わり、信者の魂の形相的規定であると思われていたものが「見られた」と同じような、外側から与えられた規定でしかないということは、功績の内在主義的立場から見れば異端に他ならないが、行為主義も功績主義も中世末期のキリスト教の混乱の中では、一般民衆の宗教心性に合致したものとはなっていなかった。魂の救済が保証される条件の緩和は、黒死病の流行、世俗権力の間の終わりなき戦乱、印刷術など新たな技術の創出、都市化の進行などといった、激動の時代において必然的な流れであった。「近代化」は最初のうちは緩やかであったが、後に速度を上げて進行していったのである。

オッカムの唯名論は反教皇の立場にあり、政治的対立の構図ではグレゴリウスの理論と重なるが、重ならないところも多い。義認論の構図ではスコトゥスから始まる流れにおいて、義認は恩寵がなくても神の絶対的能力によって可能であるとされ、それがオッカムにも継承された。義認も功績も信仰者の行為ではなく神の受容（acceptatio divina）によるのであり、それらは外的名称規定であるという考え方は救済への希望を拡大するものであった。義認をめぐる唯名論と普遍をめぐる唯名論とは異なる。

神は第二原因を介してなしており、第二原因なしに直接的になすこともできる。被造物の働きをすべて取り除いても実現できる以上、被造的な恩寵なしでも人々を救うことができる。恩寵のハビトゥスが信者になくとも救済することができる。したがって嘉（よみ）されている（gratus）というのは外的名称規定であるというのがグレゴリウスの立場である。

リミニのグレゴリウスは唯名論的であり、スコトゥスとオッカムの思想を取り入れている。スコトゥス、オッカム、グレゴリウスは功績論において、唯名論という誤りやすい名称で呼ばれてきたとしても連続する系譜なのである。世界の偶然性、全能にして慈悲深い神、知の対象の物象化への批判において軌を一にする。知の対象はオッカムにおいては命題であり精神内部のものだが、グレゴリウスにおいては複合的意味対象（complexe significabile）であり、心的なものではない。そしてこれは精神の外部のものでもない。オブジェクトが精神内部のものでも精神外部のものでもなかったように、複合的意味対象も精神の内部か、さもなければ外部かという二項対立的枠組みを脱している。外部か内部かという二元論的分割は実は古臭い発想なのである。

この整理はフーコーに原型がある。フーコーは『言葉と物』を書いた後、中世哲学研究者になるべきだったと私は思う。過去への希望など無駄の最たるものだと思うが、いまでもあるべきことだと思う。

## †イエズス会

イエズス会の哲学的傾向を全体的に整理することは途方もなく難しいが、スアレスの個体化論には唯名論的な側面が強く見られる。スアレス自身は唯名論という名称で語られる立場に批判的である。存在実質の全体（entitas tota）というライプニッツも『個体原理論』で採用する原理は個体化（individuatio）の原理ではなく、個体の原理である。個体化の原理と個体の原理はまったく異なっている。個体化の原理とは普遍を存在論的に先行するものと捉え、そこに普遍性に座を有するものが付加されて個体が完成するというもので、つまり普遍に普遍が付加された個体が成立する。

しかし、普遍にいくら普遍的なものが付加されても個体にはならないと捉える立場が十三世紀以降に現れ、その流れの中では個体化の原理は否定される。個体は初めから存在していて、普遍の後なる存在者ではない。個体はそれ自体で個体であって、個体の原理はあっても個体化の原理はないということになる。スアレスの立場も存在実質の全体を個体の原理と捉えるものであり、唯名論的傾向に属する。ルイス・デ・モリナの自由意志論も唯名論的主意主義の系譜を継承しており、イエズス会全体を唯名論の流れで捉えた方がよい。そしてこの唯名論の流れこそ近世の主流傾向であり、イエズス会の近代性を考える場合にも唯名論の特徴を強く読み込んだ方がよい。ここでも唯名論は新しい名前を帯びて、哲学史の中に新たに位置づけられるべきなのである。

## †中世哲学の構図

ここで〈認識論的転回〉が生じるまでの哲学とそれ以降の哲学を分けて語ることにするが、そんな分類は存在しないため、〈ゴシック哲学〉と〈ポスト・ゴシック哲学〉と呼んでおこう。これはあくまで時代区分のための暫定的な名称である。

〈ゴシック哲学〉の特徴は三項図式であり、外界の事物の認識において可感的形象や可知的形象など形象という媒介物を用いて因果的な説明を行った。外界の個物の認識において抽象作用を用い、個体化の原理を説明する場合には普遍の優位性のもと、普遍を個体化の原理が限定することで個体が成立するという枠組みが主流であった。〈ポスト・ゴシック哲学〉においては媒介は否定され、二項図式になる。因果性よりもハビトゥスが重視され、外界の事物からの影響を受動的に受け取るよりも、ハビトゥスが対象を受容する能力の方が重視される。形象が全面的に否定されるわけではないが、可知的形象は明確に否定され、形象を用いた認識の因果的説明は採用されない。個体化の原理についても普遍性の優位が崩され、初めに普遍があるのではなく個体が本来的な存在者と見なされるので、個体化の原理は必要ではなくなる。個体化の原理は普遍を先行するという枠組みにおいてのみ議論が成り立つ。個体が先行する枠組みでは個体の原理はありえても、個体化の原理はなくなってしまう。個体はそれ自体で存立するものなのである。

フーコーはルネサンスのエピステーメーについて、類似性の枠組みが支配する三項図式の時代と整理し、十七世紀の『ポール・ロワイヤル論理学』に媒介と類似性を排除した二項図式の成立を見た。『ポール・ロワイヤル論理学』はアウグスティヌスの記号論を祖述したものであり、アウグスティヌスの記号論は三項図式であるから、『ポール・ロワイヤル論理学』に二項図式の古典主義を見出すことはできないように思えるが、ライプニッツの記号論には媒介を否定した二項図式の記号論が登場しており、それこそ十七世紀中葉であるから、十七世紀は古典主義の成立の時代としてよい。

しかし三項図式は古代から連綿として続き、そして十三世紀に〈認識論的転回〉が胚胎し、二項図式への進展が始まったと考えた方がよい。その流れの中で中世哲学から近世哲学のへの移行が進んでいった。トマス、スコトゥス、オッカムらはその流れの中にある。いや、きっと中世と近世という区分が誤っているのであり、〈ゴシック哲学〉〈ポスト・ゴシック哲学〉〈バロック哲学〉という分類の方がよい。そうすれば中世という時代区分やルネサンスという時代区分を消し去ることができるし、私の夢がかなう。

フーコーは十七世紀の古典主義において二項図式の成立を見出したが、その傾向は十三世紀における〈認識論的転回〉に始まっていた。〈認識論的転回〉を介して三項図式は二項図式へと変わっていき、十三世紀に始まった〈認識論的転回〉は様々な媒介を消去していった。ドゥンス・スコトゥスは神の絶対的能力を導入し、理論的に裏付けようとした。神の絶対的能力はその後多くの学者に取り入れられていったが、唯名論の伸長と重なっていた。少なくとも、唯名論は普遍を名のみのものと考える立場とする唯名論軽視観は廃棄されるべきである。唯名論は、哲学の〈もの〉への隷属から解放してくれた思想なのである。

〈認識論的転回〉、神の絶対的能力、唯名論という三題噺を結びつける中世末期の思想史はこれから書かれなければならないのである。

# あとがき

中世哲学の全体を見通すことは難しい。本書は徹頭徹尾、存在の一義性ということを中心の視座に据えた。だが、存在の一義性とは何なのか。

この問題は、私だけでなく、中世哲学に関心のある人にも、現代哲学のドゥルーズに関心のある人にも重要な論点となるだろう。中世哲学を見渡すための視点として存在の一義性を捉えられないのだろうか、その思いだけで本書は書かれている。

この本は中世哲学入門と題してはいるが、実のところは、存在の一義性への登攀記録である。私にとって、『存在の一義性』（花井一典との共訳、一九八九年）が、登山道入口で、『普遍論争』（哲学書房、一九九二年／改訂増補、平凡社、二〇〇八年）で一合目、『天使の記号学』（岩波書店、二〇〇一年／新版、二〇一九年）で四合目、『存在の一義性を求めて』（岩波書店、二〇一一年）で五合目に達した。今回の『中世哲学入門』でやっと六合目に達したという感じである。

もちろんのこと、頂上を目指しているのではない。若い頃はそういう野望を持ったこともあるが、今では頂上の手前で十分だと思っている。存在の思索に同行すること、いや随伴することが楽しいのだ。私はそれを享受している。スコトゥスも頂上の手前で終わったと捉えれば、私はスコトゥスのもっと手前で十分だ。

確かなことは、約束された地点として、決して辿り着かない存在論の頂上には、存在の海が待っていることだ。それだけはわかっている。その海が何であるのか、私なりの見方を本書で書いてみたのだ。まだ見ぬ、いや決して見ることはないのかもしれない、果てしなく広がる存在の海があるということ、それが希望なのだ。だからこそ、呼びかけてくる声を頼りにして、海を目指して私は山を登る。中世哲学とはそういうビジョンで私に与えられたのである。

スコトゥス以降の流れも見通さなければならない。オッカムの立場を「唯名論」と呼ぶことには大きな問題はあるとしても、そこからある大きな流れが現れたことは確かだ。オッカムの立場は、ドゥンス・スコトゥスと対立するというよりも多くの側面を継承するものであると私は思う。オッカムもまた存在の海のビジョンを継承したと思う。そこに存在の海を航海していくものが個体であるという論点を強く織り込む。スコトゥスにあった個体主義を強化したのだ。存在の海ということは、十六世紀の哲学に、そして現代にも流れ込んでいる。

本書は、『普遍論争』の続刊のような形となった。ずいぶん時間が空いてしまった。実のところ、『普遍論争』を書いて以来、何度も続編を試みたが、ことごとく挫折した。今から振り返れば当然のことであるとよくわかる。書けるはずなどないのである。その理由は本文の第一章で記した通りである。これ以上の言い訳をするのは無駄でしかない。要するに、本書は存在の一義性と〈このもの性〉がどのように登場してきて、それが唯名論への前哨となっていることを示そうとした本である。

入門書でありながら難しいところも出てきたことをお詫びするしかないが、中世哲学の流れの概要を押さえようとすると、トマス・アクィナスだけでは全体を見通したものとはならず、スコトゥスとの関係を概観して、唯名論との関係も示そうと思うと、ガンのヘンリクス、ペトルス・アウレオリ、アヴィセンナにも触れるしかない。他にも多数の思想家は関連してくるのだが、新書の形式に収めるためには、これ以上盛り込むわけにはいかない。

アヴィセンナなどイスラム哲学についても何本も論文を書いてきた。本書では、第三章で、旧稿「イスラム哲学からの視座」(飯田隆ほか編『哲学史の哲学(岩波講座哲学14)』岩波書店、二〇〇九年所収)、第八章で「〈ある〉の第三領域」(土橋茂樹編『存在論の再検討』月曜社、二〇二〇年所収)、第九章で『「誤読」の哲学』(青土社、二〇一三年)などを、手を加えた上で一部を活用した。

本書において、唯名論の概要を記すことはできなかったし、それは課題として残った。イエズス会を中心とするバロック・スコラ哲学にも触れなければならないが、それもできなかった。

全部紹介することなどできるはずもないのだが、イエズス会が中世後期のスコラ哲学とどのような関係にあるのかは私自身知りたいし、その流れが十七世紀のドイツ哲学にどう影響を及ぼし、カント哲学に結びつくのかも、知りたいところである。そのように考えると、入門者以前のまま、大いなるものを待ち受けて、中世哲学の門前に佇み続けている気分である。それもまた楽しい。

執筆を後押ししてくれた、筑摩書房の松田健さんには頭が上がらない。書き上げるのに五年ほどかかってしまった。松田さんの激励なしには完成しなかった本である。振り返ると、コロナ禍の最中に出来上がった『世界哲学史』(全八巻別冊一巻)のときには松田さんの猛烈な編集力に驚嘆し、そして編集者一同が皆助けられた。今回の本も、松田さんの熱意と支援によって出来上がった。ありがとうございます。心より感謝の気持ちを表したい。

二〇二三年四月

山内志朗

ちくま新書
1734

# 中世哲学入門
## ――存在の海をめぐる思想史

二〇二三年六月一〇日　第一刷発行

著者　山内志朗（やまうち・しろう）

発行者　喜入冬子
発行所　株式会社 筑摩書房
東京都台東区蔵前二―五―三　郵便番号一一一―八七五五
電話番号〇三―五六八七―二六〇一（代表）
装幀者　間村俊一
印刷・製本　株式会社 精興社


ISBN978-4-480-07563-5 C0210

# 人名索引

## あ行

## か行



## さ行



## た行

## な行



## は行

## ま行



## や行



## ら行

# 事項索引

（太字は用語解説で取り上げた事項と掲載頁）

## あ行



## か行

## さ行

## た行

## な行



## は行

## ま行



## や行



## ら行